한국 경제의 킹핀을 찾아서
성장 한계를 돌파할 결정적 열쇠

포스트 수출 강국 신성장 해법 1

한국 경제의 킹핀을 찾아서

박광기 지음

매일경제신문사

프롤로그

한국은 트럼프 발 관세전쟁, 글로벌 밸류체인(GVC) 재편, 중국 물량 저가 공세 등 통상환경의 판이 근본적으로 바뀌는 상황에서 수출주도형 경제체제의 임계점에 직면해 있다. OECD는 한국이 획기적 정책 변화를 이루지 못하면 2033년부터 잠재성장률이 0%대로 떨어질 것이라고 경고했다.

역대 정부는 신산업 육성과 수출 다변화 정책을 추진했으나, 장기 저성장의 흐름을 되돌리지는 못했다. 저출산·고령화로 인한 인구절벽, 세계 최고 속도로 증가하는 국가부채로 인한 재정절벽, 제로성장으로 수렴하는 성장 절벽이라는 복합적 위기에 직면해 있는 것이다. 이 모든 위기는 한국 경제의 근간이었던 산업 모델의 비교우위(국가 전체의 유기적 성장 틀)가 사라지면서 발생한 것이다.

단편적인 대책(기술적, 분절적, 대내적 처방)으로는 해결이 어렵고 종합적인 국가 단위 경쟁전략과 경제 비전을 다시 세워야 한다. 저성장, 양극화, 청년 실업, 지방소멸 등 복잡하게 얽힌 문제들을 해결하기 위해서는, 이를 도미노처럼 변화시킬 '결정적 킹핀(King Pin : 볼링 핀 10개 중 스트라이크를 치기 위해 맞혀야 하는 5번 핀으로 핵심 목표를 의미하기도 함)'을 찾아야 한다.

오늘 우리 국민의 삶은 국제 사회와 밀접히 연결되어 있다. 국제 정세의 변화를 먼저 파악하고, 이후 국내 문제를 해결하는 것이 순서일 것이다.

우리나라는 태생적으로 글로벌 환경 속에서 생존의 길을 찾아야 하는 소규모 개방 경제의 통상 국가다. 국내총생산(GDP)의 40%를 차지하는 수출을 기반으로 국내 투자와 내수 소비가 순환되는 구조로 되어 있다. 이러한 통상 국가의 내치는 외치의 종속변수이며, 개방 경제의 사회 문제는 글로벌 환경의 종속변수다. 글로벌 경쟁 환경의 변화라는 맥락에 철저히 종속되어 있으며, 외부 요인에 대한 대응 없이는 국내 문제의 해결이 어렵다는 뜻이다.

지금 우리 사회는 국가 전체 기회 총량이 줄어들면서 사회 전체가 제로섬 게임(Zero-sum Game)을 넘어 네거티브섬 게임(Negative-sum Game)으로 치닫고 있다. 이런 상황에서 균형발전, 양극화 해소, 내수 경기 활성화를 독립적으로 달성하는 것은 불가능하다. 이는 단순히 잘못된 출산 정책, 균형발전 정책, 노동 정책의 결과가 아니라, 국가가 국제 사회 비교우위를 상실하면서 발생한 문제들이다. 따라서 노동, 교육 등 내부 개혁도 중요하지만, 국가 단위 기회 총량을 결정하는 국제 사회 국가 포지셔닝 전략부터 재정립해야 한다.

우리 사회가 직면한 문제들은 모두 경제 구조, 산업 구조, 통상 구조의 결과물이다. 이들 구조는 국제 정세와 긴밀히 연계되어 있으며, 한국은 경제정책, 산업정책, 통상정책이 삼위일체로 작동하는 경제 체질로 되어 있다. 따라서 문제 해결의 첫걸음은 국가 경제 흐름을 변화시킬 돌파구를 국제 관계에서 찾아야 한다. 태생적으로 세계 속에서 생존의 길을 찾을 수밖에 없는 나라로, 국가 전략이 곧 세계 전략이며, 세계 전략은 통상 전략을 기반으로 한다. 내치에만 갇혀 문제를 해결하려다 실패한 시대와 지도자들의 한계를 극복하려면, 반드시

상류 과제인 외치에 우선순위를 두는 대외 지향적, 글로벌 안목과 구상이 사회 문제 해결의 밑그림이 되어야 한다.

우리 사회는 지금 저성장 위기, 저출생 위기, 기후위기를 강조하는 것도 중요하지만, 예상되는 피해를 줄여주는 현실적인 해결책을 갈망하고 있다. 새로운 성장 돌파구가 없는 시대정신은 공허한 메아리다. 시효를 다한 수출주도형 경제를 한 단계 업그레이드하고 양극화 해소의 시대정신을 구현할 신성장 해법과 새로운 시대의 리더십을 기다리고 있다.

전환기에 접어든 한국이 직면한 가장 중요한 과제는 막힌 경제 흐름을 뚫고 재도약을 준비하는 것이다. 수출 강국으로서 국가 단위 산업 경쟁력이 비교우위를 상실하고, 통상 환경의 변화 속에서 기존 성장 모델이 한계를 맞았다. 전환기는 기존 패러다임을 넘어 완전히 새로운 길을 찾아야 하는 시기다. 전환은 과거에서 미래로 나아가는 과정이며, 단순한 변화가 아닌 한 단계 높은 발전으로 이어져야 한다.

지금 필요한 것은 상투적인 정책의 반복이 아니라, 뉴패러다임에 기반한 시대적 요구에 부응하는 혁신적 정책 전환이다. 전환은 곧 미래를 설계하는 과정이며, 명확한 비전이 출발점이다. 수출 강국 2.0, 비교우위 산업 2.0, 국부창출 2.0, 내수경제 2.0, 통상 모델 2.0, FTA 2.0, 산업정책 2.0, 동반성장 2.0 같은 구체적 비전을 바탕으로 경제·산업·통상 구조를 새롭게 구축해야 한다.

이 책은 이러한 전환 비전을 제시하고 미래로 나아갈 로드맵과 개혁 모델을 구체화하는 데 목적을 둔다. 특히 '수출 강국, 초격차 전략, 추격자의 한계' 등 우리 사회의 기존 통념을 뒤집는 새로운 패러다임을 통해 한국 사회의 진정한 도약을 모색하고자 한다. 목차별로 일부 내용이 중복되더라도 그대로 두었다. 독자들이 관심 있는 부분만 골라 읽어도 전체 내용이 이해될 수 있도록 구성한 셈이다. 또한 필자의 저서 《산업한류혁명》, 《제2 창업시대》를 바탕으로 공공기관 정책제안, '포용과 혁신(www.piis.or.kr)' 등 연구모임 출판물, 〈신성장학파〉 유튜브 강의, 언론 기고, 외부 강연, 소셜미디어 등을 통해 필자가 피력했던 국가 성장전략 관련 내용을 발전시키고 한데 모아 엮었음을 밝혀둔다.

첫 손주가 태어난 2025년 봄, 그 아이가 살아갈 미래 한국을 생각하며 쓴 이 책이 우리 사회의 새로운 이정표가 되기를 바란다.

박광기

목 차

프롤로그   4

PART 1 | '수출만이 살길이다'라는 믿음은 여전히 유효한가?

사회문제의 뿌리, 인구·사회적 시대변화에 뒤처진 산업 구조   14
    1. 사회 구조와 산업 구조 간 괴리가 역대 최대로 확대   14
    2. 역대 최고 고용 지표의 이면은 역내 최고 일자리 질 개악   16
    3. 경제 위기(저성장)의 실체, 생산성 저하   18

상품 제조·수출형 산업 모델이 지속 가능한가?   22
    1. 알고 보면 이제 수출 강국이 되어서는 안 되는 나라!   22
    2. 선·후발국 사이 넛크래커 처지에 놓인 K-제조업의 한계   30
    3. 사회 진보를 막는 역주행 산업개혁   36

트럼프 발 관세전쟁과 대내적 환경변화, 위기와 기회   42
    1. 탈세계화와 신냉전의 이면   42
    2. 아무도 자국의 상품 시장화를 원하지 않는다   48
    3. 글로벌 경영의 낙수효과가 사라진 내수경제 해법   50

PART 2 | 포스트 수출 강국, 신성장 3대 비전

[국가 포지셔닝 뉴딜] 수출 강국·제조 강국에서 국제 개발협력 플랫폼 국가로   54
    1. 선진국 함정에 빠진 한국 경제, 초격차는커녕 초저성장이 온다   56
       국가 전체 기회 총량(기업 일감, 국민 일자리)이 줄고 있다   56
       선·후발국 사이 경계 국가의 운명, 피크아웃 경로 vs 신성장 경로   63
       초격차와 축적의 시간에 낀 국가산업   69
    2. 선·후발국 간 기술 브릿징 역할의 지경학적 국제 허브, 글로벌 산업 수도   90
       지정학적 리스크의 지경학적 헤징(다자연대 국제 허브, 팍스코리아나)   91
       글로벌 뉴딜, 아웃바운드 '개발협력 플랫폼 국가' ↔ 인바운드 '글로벌 산업 수도'   93

3. [통상정책 2.0] 상품 제조·수출형 통상에서 산업 파트너십 통상으로 전환	98
경제·산업·통상·민생 개혁의 출발점	98
국가 단위 비교우위 기반 비대칭적 경쟁전략형·비유기적 편승성장형 신성장	104
경쟁 기반 상품 수출 시장에서 국제 사회 '개발 아젠다 시장'으로 이동	107
상품 제조·수출형, 도급수주형 사업에서 '국가 아젠다 맞춤형 개발사업'으로 전환	112

[내수경제 뉴딜] 수출낙수효과 기반에서 글로벌 집적효과 기반 내수경제로   125

1. 내수침체는 수출주도 경제의 임계점 현상	125
한국 내수의 태생적 한계, 총수요보다 총공급 확대로 대응	127
2. [내수경제 2.0] 신경제 시스템, 국제 허브형 내수경제 체제로 전환	133
3. 국제 사회 자본과 인재가 모여드는 글로벌 집적효과 환경조성	137

[일자리 뉴딜] 고탄소 제조·수출형에서 친환경 지식서비스 기반 일자리로   142

1. 일자리 대란 시대, 역대급 고용률은 역대급 불완전 고용	143
불완전 고용 확대는 곧 고용의 불안정성 확대다	143
최고 업스트림 개혁과제, 산업개혁은 곧 국민 일자리 혁신	144
산업개혁의 최대 걸림돌, 법안규제보다 사회 통념	150
2. 포스트 수출 강국의 미래산업 조건	155
반도체, 배터리, 바이오 등 첨단 제조가 우리의 미래인가?	155
선진형 경제는 축적된 자산운용	156
지식사회는 인적자원의 경험 노하우를 활용하는 지식서비스 기반 일자리	157
3. 본사 일감 기반 지식서비스 일자리 환경으로 전환	159
경쟁우위 혁신에서 운용 혁신으로 전환	159
축적된 자본·기술·경험 노하우를 부가가치화시키는 운용 혁신	160
지식서비스산업으로의 전환 로드맵	165
산업전환을 위한 포용적 구조개혁	176

PART 3 | 실효적 정책 수단의 글로벌 뉴딜, '신통상 3대 플랫폼 + 내수경제 개혁'

[아웃바운드] 국제 사회 개발 아젠다 맞춤형 '산업단지' 사업	187
1. 지역경제 기반에서 밑 빠진 독으로 전락한 국가산단	187
국내 과밀구조 해소 및 공급 과잉력 출구	187
각자도생 탈한국이 산업공동화 초래	189
국민 기피 제조 업종 글로벌 재배치 및 일감 업그레이드	191
2. 전통제조산업 경쟁력 재건 전략, K-국제 산단 조성	193
취약 경제 주체들이 보유한 중·저위 적정기술 기반 맞춤형 산단 기획	193
국제 개발 아젠다와 국내 문제를 매칭시켜 동시에 해결	200
대·중소기업 간, 중견·중소기업 간 납품 관계 기반 동반 진출	203
3. 국제 산단 기획 예시	213
세대 상생형+경험 활용형+부가가치 창출형 일자리 창출	213
[아웃바운드] 국제 사회 '산업도시·신도시' 개발 및 '경제특구' 사업	220
1. 한국 경제 피크아웃, 유기적 성장한계 봉착	221
인구구조·잠재성장률 추락·주력산업 경쟁력 등 피크 코리아 돌파구	221
[FTA 2.0] FTA 국가 수를 늘리는 것만이 능사가 아니다	222
중소기업과 서민층에게 새로운 성장 공간 제공	224
제조업 따로 건설업 따로 각자도생식 통상의 비교우위 상실	225
2. 국제 사회 30여 개국과 화학적 경제통합으로 편승 성장 체제 구축	228
'한국(K-)을 소비'하려는 글로벌 수요를 플랫폼화	229
내수 시장 확장형 K-경제공동체	232
한국 내수 시장의 확장으로 개발되는 K-경제특구	244
3. [미래 한국] 신성장이 가져올 2030 대한민국은 이미 오고 있다	249

[인바운드] 구조적 내수 침체, 글로벌 집적효과 기반 내수경제로 구조개혁 — 253

1. 내수 개혁 최우선 과제, 압축성장 최대 후유증 과밀·과잉 경쟁 구조 — 253
- 공급력 과잉→과당경쟁 유발→생산성 저하→초저성장 단계 진입 — 254
- 에너지 과소비 중화학공업 글로벌 재배치 — 262
- 제조업을 국내에 지키려 하면 제조기업을 잃는다 — 277

2. [민생해법 2.0] 민생위기와 통상연계형 내수정책 — 282
- 경기적 요인이 아닌 구조적 민생위기 — 284
- 기존 민생정책의 한계, 돈을 쥐어주는 것만이 능사가 아니다 — 286
- [민생정책 2.0] 통상연계형 내수 정책 — 288

3. 국제 허브 국가의 국토환경 재정비 — 293
- 서울은 진정한 수도도 국제 도시도 아닌 기형적 과밀도시다 — 293
- 서·경·인 통합 수도 광역화 및 전국 5대 글로벌 메가시티 체제 — 300
- [균형발전 2.0] 지역 균형발전 플랫폼으로써 글로벌 산업 수도 — 310

[부록]
민생위기 극복 긴급 구제사업–기업 일감·국민 일자리 창출 국책사업 — 330

PART 1

'수출만이 살길이다'라는
믿음은 여전히 유효한가?

사회 문제의 뿌리,
인구·사회적 시대변화에 뒤처진 산업 구조

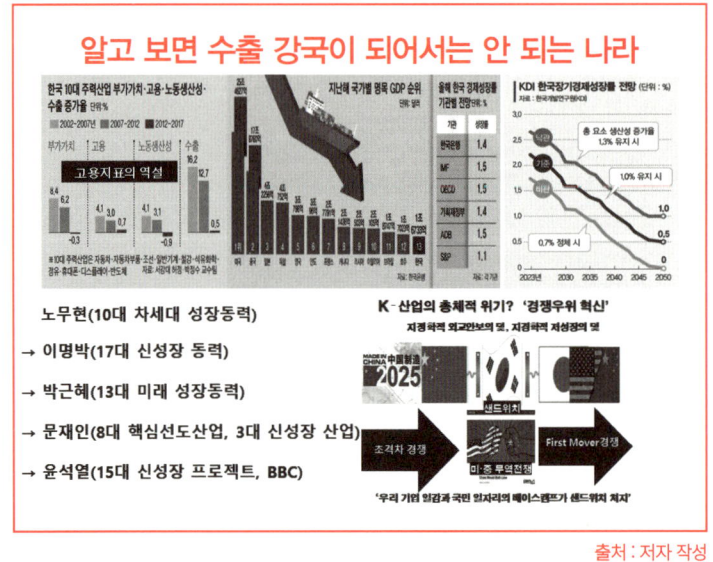

출처 : 저자 작성

1. 사회 구조와 산업 구조 간 괴리가 역대 최대로 확대

지난 15년간 10대 주력산업 부가가치·고용·노동 생산성·수출 증가율을 5년 단위로 보면, 모든 지표가 추세적으로 급격하게 하락하고 있다. 한국 경제는 경기순환 차원을 넘어 십수 년간에 걸쳐 장기적 하락추세를 보이며 제로성장에 육박하고 있다.

글로벌 시장에서 성장한 주력산업이 수명 주기상 수축기에 들고 세계적 공급과잉, 후발국 추격, 보호무역 등으로 성장한계에 직면했다. 양적으로 팽창한 경제 규모가 최고점을 지나 수축하면서 양극화, 지방쇠퇴, 일감부족으로 인한 중소기업 도산, 일자리 감소, 자영업 폐업 등 사회 문제를 증폭시키고 있다. 저성장기에 진입하면서 고도성장기에 잉태된 난제들이 한꺼번에 드러나고 있다.

경제 발전에 걸맞은 사회발전과 공정한 분배를 요구하는 목소리도 터져 나오고 있다. 먹고사는 경제 문제, 죽고 사는 안보 문제, 함께 사는 사회 문제가 국가 발전을 지탱하는 세 개의 기둥인데 경제 시스템, 안보 시스템, 사회 운영 시스템 모두가 시대적 전환기를 맞아 흔들리고 있다.

경제는 제로성장 리스크, 안보는 G2 샌드위치 리스크, 사회는 좌우 분열 리스크에 직면해 있다. 한국은 2017~2022년 연평균 1.33% 경제 성장률을 보인 반면 미국은 5.15%의 고성장을 실현하고 있다. 지역 불균형과 수도권 집중화의 배경에도 국가 전체의 장기 저성장 고착화가 자리 잡고 있다. 경제 문제(저성장), 사회 문제(양극화), 외교 문제(미·중 간 샌드위치) 모두 그 저변에는 인구 사회적 시대변화에 뒤처진 산업이 있다.

2. 역대 최고 고용 지표의 이면은 역내 최고 일자리 질 개악

저성장에도 불구하고 고용 지표는 역대 최고치(15~64세 고용률 68.7%, 실업률 2.9%, 2024. 상)이다. 구직 포기자, 36시간 미만 근로자, 비임금 근로자 급증 등 통계 속을 들여다보면 저출산 고령화의 인구구조 변화도 일부 영향을 미쳤지만, 역설적으로 역대 최악 생산성 저하를 가리킨다.

일자리 질의 급격한 개악이 밀어올린 사상 최고 고용률, 최저 실업률이라는 뜻이다. 중소기업이 52만 개 일자리가 구인난을 겪고 있고, 청년세대 취업포기자[1]가 100만 명에 육박하고 있다는 것은 사회 구조 변화와 일자리 간 괴리가 최대치로 벌어진 결과가 최고 고용 지표(고용률 착시현상)로 나타나고 있다.

앞으로 우리나라도 조저성장으로 간다. 그러나 그 고통은 선진국과 차원이 다르다. 일할 수밖에 없는 노인이 만들어낸 OECD 최고 고용 지표가 이를 상징한다. OECD 고령층 빈곤율 1위가 고용률 1위로 연결되고 있다. 한국은 OECD 국가 중 자살률 1위다. 희망이 없는 사회임을 입증하는 지표로 자살률보다 더 극단적인 사회지표는 없다. 일자리 없는 청년층이 넘쳐나고 OECD 최고 노인 빈곤율이 세계 최고 자살률로 이어진다. 이 모든 것이 국민에게 희망을 주는 새로운 국가 비전 부재를 가리킨다.

---

[1] 5~29세 41만+30~40대 경제 허리층 비경제활동인구, 실업률 통계에 잡히지 않는 60만 명 돌파, 2024년

모든 사회 문제의 뿌리는 사회 구조 변화를 따라가지 못하는 산업 구조에 있다. 저성장. 양극화, 지방침체, 저임 장시간 근로의 현대판 노예화, 노동 시장 이중구조, 일자리 미스매치, 탄소중립 등 우리 사회 앞에 놓인 많은 난제의 기저에는 고령화 인구구조 · 고학력 · 고비용 · 친환경 등 사회 구조 변화에 뒤처진 산업이 있다.

즉, 국민에게 일자리를 제공하는 산업 구조가 저성장, 업종 부가가치 저하, 낮은 고용승수, 낙수효과 감소, 고탄소 의존 등 시대변화를 따라가지 못하는 데 근본 원인이 있다. 경제의 생산성, 곧 우리 국민이 하는 일거리의 부가가치가 사회 변화를 따라가지 못하고 있는 것이다. 한 공동체의 모든 난제 해결은 일자리에서 출발한다는 뜻이다.

3. 경제 위기(저성장)의 실체, 생산성 저하

상품 제조·수출을 성장엔진으로 삼는 한국 경제가 위기 속으로 빠져들고 있다. 우리가 성장하지 못하는 근본은 신산업을 육성하지 못해서도 저출산, 고령화여서도 노동개혁을 안 해서도 아니다. 상품제조·수출형 성장 모델이 후발국(특히 중국)대비 비교우위를 잃었고 통상 환경 변화(보호무역)에 맞지 않는 수출 드라이브를 고집하고 있는 탓이다. 국제 사회 경쟁 프레임에서 벗어나 한국만이 가장 잘할 수 있는, 본업인 기존 산업을 확장시켜 새로운 시장을 창출하는 운용 혁신 기반[2] 성장담론(성장 모델의 전환 비전)을 찾지 못하고 있기 때문이다.

우리 산업의 유기적 성장 틀(수출 강국) 자체가 시효를 다해 역기능이 순기능을 압도하면서 경제 전반의 생산성을 떨어뜨리고 있다. 2020년 한국의 노동 생산성은 시간당 41.7달러로 OECD 38개국 중 27위다.

저성장의 근본은 생산성 저하이고, 생산성 저하는 ① 국내 과밀구조로 인한 과당경쟁이 그 밑바탕에 있다. 특히 제조업의 절반밖에 안 되는 서비스산업의 낮은 생산성은 내수 규모에 비해 지나치게 과밀한 생태계가 문제다. ② 전통산업 대부분이 노후화되면서 기술혁신 성과가 떨어지고 (혁신가의 딜레마)[3] 업종 부가가치 자체가 낮아지고 있다.

---

[2] 타국과의 경쟁구도에서 탈피해 우리 사회가 경제 성장기에 축적한 산업 역량과 기술 자산을 잘 활용해 우리나라만이 가장 잘할 수 있는 일, 국제 사회 문제 해결을 찾아내는 혁신

[3] 조선 27.8%, 철강 25.3%, 석유화학 25.2%, 가전 36.5%, 자동차 29.0%(산업별 부가가치율, 산업통상자원부 2021년 기준), 제조업 전반의 영업이익률은 6% 안팎에 불과하다.

게다가 ③ 수직계열화된 산업 구조는 앵커 기업의 대외 경쟁력이 하락하면 부품 협력업체로 비용 전가가 일어날 수밖에 없는 구조다. 수출감소로 인한 공급력 과잉이 내수로 몰려 출혈경쟁을 부추기고 자생력이 없는 협력 중소기업 생산성을 더욱 떨어뜨리고 있다. 한국 경제 위기의 실체이자 잠재성장률이 급락하는 배경이다.

저성장의 원인을 저출산·고령화로 돌리면 답은 없다. 노동 개혁을 안 해서, 규제가 많아서 저성장 수렁에 빠졌는가? 이구동성으로 경제 전반의 생산성을 높여야 한다라고 하면서도 낮은 생산성의 본질을 파악하지 못하고 십수 년간 원론적인 구조개혁 담론만 외치고 있다. 왜 노동 시장 이중구조가 생겼는지 그 근본을 먼저 개혁해야 한다. 노동 시장을 개혁한다고 생산성이 자동으로 올라가는 것은 아니다. 생산성을 높이려면 무엇부터 손을 대야 할지 구조개혁의 키를 잡는 것이 중요하다. 일하는 방식을 개선해 업무 효율을 높이고 연공서열 방식에서 벗어나 직무와 성과 중심의 임금체계로 개편하는 데 있을까? 산업 전환이 우선이다.

노동 개혁, 교육개혁, 연금 개혁 등 3대 개혁이 정부의 최대 과제가 되었지만, 3대 개혁이 필요하게 된 근본 배경을 보면 시대에 뒤떨어진, 사회 변화와 괴리된 산업 구조가 있다.

애초에 장시간 근로가 왜 생길까? 대기업과 중소기업 간 임금 격차의 노동 시장 이중구조가 왜 생길까? 획일적이고 경직된 근로 시간 체계가 노동 생산성을 떨어뜨리는 근본 원인인가?

생산성(미국의 57%, 독일의 63%)은 낮으면서도 장시간 근무(OECD 하위 4위)하는 관행 뒤에는 저부가가치화된 일감과 업종이 있다. 더 오래 일해도 저임밖에 못 벌고 못 주는 것은 그만큼 업종의 부가가치(생산성)가 낮기 때문이다. 근본 원인을 찾아 개혁해야 한다.

근로 시간 개편논의는 반드시 노동 생산성과 직결되는 업종의 부가가치 향상 방안과 함께 추진해야 성과가 있다. 곧 노동시간 논란보다 장시간 노동체제가 불가피한 저생산성의 산업환경을 어떻게 개혁할 것인가? 3대 개혁이 경제 체질 개선에 필수조건 중의 하나지만, 지금의 복합 위기를 딛고 저성장(겨우 3만 달러 유지)을 극복하고 4만 달러, 5만 달러대로 도약 기반을 마련하기에 충분조건은 못 된다. 노동개혁 교육개혁만 되면 경제 체질이 개선되고 산업 경쟁력이 자동으로 업그레이드된다는 보장은 없다.

IMF, 금융위기를 거치면서 역대 정권마다 구조개혁을 외쳤지만, 사실 우리 사회는 아직 제대로 된 구조개혁을 한 적이 없다. 산업은 국민이 먹고사는 일자리를 결정하고 대외적으로는 국제 역할로 국가경영의 가장 근본 기둥이다. 전통제조업은 국내 생산을 고집하다가 저부가가치 생산공정에 손발이 묶여 경쟁력을 잃고 있다. 제때 고부가 산업고도화로 옮겨가지 못해 저생산성, 출혈경쟁, 선·후발국 샌드위치, 국민 기피로 인한 구인난에 시달리고 있다.

중국 정부는 차이나 엑소더스(China Exodus)가 단순 제조업을 해외로 이전시킴으로써 중국 산업의 고부가가치화를 촉진한다고 평가하고 있다. 차이나 엑소더스 대부분은 가파르게 상승하고 있는 중국 인건비를 견딜 수 없는 저부가가치 단순 제조업의 탈중국 현상이기 때문이다. 중국 인건비가 베트남 등 동남아 국가의 3~4배 수준으로 올랐다.

반면 우리나라는 저부가가치 중소기업 공장을 정부 정책자금으로 연명시키면서 국내에 붙잡아두고 있다. 리쇼어링도 우리 사회에 맞는 업종과 기술인지 선별적으로 허용해야 한다.

국내 산업을 고부가가치화(기술 집약도가 높은 산업 구조)시키려면 먼저 출구 전략이 필요하다. 국가 경제의 밑 빠진 독인 중소기업의 성장 출구를 찾아야 한다. 3대 개혁도 성과를 내려면 문제의 근본 원인이 되는 저부가 일감 출구개혁이 같이 추진되어야 한다.

상품 제조·수출형 산업 모델이 지속 가능한가?

1. 알고 보면 이제 수출 강국이 되어서는 안 되는 나라!

[Q 1] 환 변동에 과다 노출(GDP 80% 이상이 상품교역에 의존)된 경제구조(과도한 달러 의존 경제체제)가 지속 가능한가?

[Q 2] 중국 대비 규모의 경제 열세를 딛고 양산제조 중심의 산업 구조가 지속 가능한가?

[Q 3] 탄소중립 시대에 GDP 성장과 함께 배출량도 늘어나는 화석연료 의존형 경제체제가 지속 가능한가?

[Q 4] 게다가 빚으로 연명하는 취약계층이 급증해 GDP 증가보다 부채 증가 속도가 더 빠른 경제체제가 지속 가능한가?

[Q 5] 소수 대기업 주도 몇몇 첨단산업 중심의 성장은 저출산, 일자리 미스매치, 노동 시장 이중구조 등 사회 문제를 해소하기는커녕 악화시키고 있다. 2~3% 저성장을 이어간다 해도 낙수효과가 줄

면서 양극화는 확대되고 있는데 수직계열화된 원·하청 기반 산업 구조(대·중소기업 간 임금 격차 · 생산성 격차의 근본)가 지속 가능한가? 성장엔진 역할도 하면서 동시에 사회 문제도 해결할 수 있는 새로운 성장 방식(신성장)은 무엇인가?

'수출 강국' 포지셔닝은 ① 양산제조·수출 중심, ② 기술우위 혁신 경쟁, ③ 수출 대기업 중심을 전략적 기반으로 한다.

양산제조업의 비교우위 상실로 상품 제조·수출형 성장 모델이 시효를 다하고 있다. 우리나라 상품 시장 세계 점유율은 2017년 3.95%로 정점을 찍은 뒤, 2022년 3.34%로 낮아지고 있다. 산업 경쟁력 저하의 결과이고, 상품 제조수출의 비교우위를 잃고 있다는 뜻이다.

2017년에는 우리나라가 3만 달러 GDP를 달성한 해다. 과거에는 중국 수출이 늘면 우리 수출도 늘어났지만, 2022년에는 중국 수출이 늘어난 반면 한국 수출은 줄어서 동조화되지 않고 있다. 최대 고객 중국이 최대 경쟁자로 바뀐 것이다.

10대 주력 수출 품목(금액 기준) 중 중국과 겹치는 6개 품목이 한국 수출의 83.2%를 차지한다. 지난 10년간 한국이 중국에 우위를 차지하다 열위로 떨어진 산업은 통신기기, 이차전지, 가전, 전기기기, 자동차, 철도차량, 섬유, 제지 등 8개 품목이다. 최근 10년간 신산업의 부상 없이 이른바 10대 주력 업종(석유정제, 화학제품, 철강, 금속제품, 반도체, 전자제품, 전기장비, 기계류, 자동차, 선박)이 그대로 유지되고 있다.

2022년 상반기 대중 교역 품목(5,448개) 가운데 70%(3,835개)가 적자다. 최대 수출품인 반도체를 빼면 이미 2019년부터 대중 무역적자가 시작됐으나 반도체에 가려져 있었다. 2025년 정부 7대 미래산업 중 5개가 중국에 뒤처지는 한중 기술 역전이 일어나고 있다. 기존 산업, 미래산업 모두 양산제조업은 이미 인력, 원가 경쟁력[4] 기술격차 등 제반에서 대중 비교우위를 상실했다. 국내 제조가 빠르게 고비용화, 저부가가치화되고 있는 것이다.

중소 제조기업 상당수는 재정지원으로 연명하고 있다. 제조업 고용도 20% 이하로 떨어지고 국민이 기피해 만성적인 구인난을 겪고 있다. 전통 제조산업은 물론이고 첨단산업이라도 양산제조업은 규모의 경제가 성패를 좌우한다. 반도체 정도를 제외하고는 우리 산업 대부분이 중국 제조업과 같은 시장에서 경쟁하고 있다. 중국과 경쟁해서 승산이 있을까?

글로벌 경영의 낙수효과가 줄어들면서 수출기업과 국내 협력업체 간 양극화가 확대되고 있다. 첨단산업은 글로벌 공급망 재편, 전통산업은 국내 제조 경쟁력 악화로 설비 투자가 모두 해외로 향하면서 국내 경제와의 선순환 고리가 약화되고 있다.

고도 성장기에는 상품 제조·수출형 산업 모델이 사회 각 부문에 낙수효과 기반 동반성장의 순기능을 가져왔다.

---

[4] 첨단 메모리를 빼고는 대부분 제조산업에서 한·중 기술격차가 없음, AI 로봇 등 미래형 첨단 산업에서는 이미 중국이 한국을 추월하고 있음.

① 수출과 내수가 동반성장하고, ② 대기업과 중소기업이 동반성장하고, ③ 수도와 지방이 동반성장하고, ④ 상대국과 동반성장하고, ⑤ 경제성장(1인당 GDP)과 국민 삶의 질이 동반성장하는 경제구조다.

하지만 경제 성숙기에 들어서는 동반성장의 순기능이 끊어지면서 사회 전반에 걸쳐 격차 확대를 불러오는 역기능에 압도당하고 있다.

① 대기업이 해외 투자를 늘리면서 낙수효과가 축소돼 수출이 늘어도 내수 경기는 어렵고(민생위기의 근본), ② 대기업의 납품 물량이 줄어들면서 중소기업의 생산성을 악화(노동 시장 이중구조의 근본)시킨다. ③ 산업 분화로 지방 일감이 줄어들면서 수도권 중심으로 쏠림현상이 가중(균형 발전의 근본)되고, ④ 상호보완적 국제교역이 경쟁 관계(특히 한중 관계)로 바뀐다. ⑤양적 경제성장(1인당 GDP)에도 불구하고 평균적 국민 삶의 질(시간당 노동 생산성)은 악화되고 있다.

결국 사회 변화(국민의 눈높이)를 따라가지 못하는, 시효를 다한 산업 모델이 경제·사회 만악의 근원이 되고 있는 셈이다. 수출 낙수효과 기반 내수경제 붕괴가 사회 문제의 근본이다.

글로벌 통상 환경이 급변하고 있다

미·중 디커플링(Decoupling)[5] 프렌드쇼어링(Friend-shoring), 니어쇼어링

---

[5] 한 나라의 경제가 인접 국가나 세계의 경제 흐름과는 달리 독자적인 경제 흐름을 보이는 현상

(Nearshoring), 리쇼어링(Reshoring) 등 지역별 권역별로 최적화된 GVC(Global Value Chain, 글로벌 가치사슬)로 재편되고 있다. 자원 무기화, 자국 생산중심 등 보호무역이 강화되고 기후변화 대응과 디지털 경제가 소비패턴에 변화를 가져오고 있다. 코로나19를 기점으로 소비패턴이 상품 중심에서 경험 중심의 서비스로 바뀌면서 상품교역은 축소되고 있다. 일 방향 상품 수출이 새로운 통상 모델로 진화해야 할 시점이다. 통상 환경 변화로 기존 성장 모델이 한계에 다다랐는데도 관료들은 여전히 제조업 중심의 수출주도 경제로 성장을 유지할 수 있다는 낙관론에 빠져 있다.

게다가 우리나라 상품 제조·수출의 2개 기둥이라 할 수 있는 반도체와 중국 시장이 모두 흔들리고 있다. 세계 시총 100대 반도체 기업에 중국은 42개(미국 28, 대만 10), 한국은 3개다. 기술 개발 추격 속도는 시장이 얼마나 크냐에 달려 있다.

과거 일본과 경쟁할 때는 민간 기업 간 경쟁이라 재벌 오너 체제인 한국이 강했지만, 거대한 내수 시장과 국가의 정책지원을 받는 국유기업과의 경쟁은 차원이 다르다. 우리 기업들이 이제 중국이라는 국가와 경쟁해야 하는 형국이다. '기술 패권 시대에 반도체 올인이 살길이다'라는 믿음이 사회 통념으로 자리 잡고 있지만, 반도체에만 국가 경제를 맡길 수는 없다. 중국이 30여 년 내에 한국의 반도체 패권을 가져간다면 한국 경제는 어찌 될 것인가? 늦기 전에 다른 대안을 키워 반도체 의존도를 줄여야 하지 않나.

미·중 기술 패권전쟁(미·중 디커플링 리스크)으로 반도체 장비 수출 제한 조치, IRA 정책 등 미국의 중국 견제가 한국 기업에 반사이익을 줄까? 미국 반도체 기업이 중국 대신 새로운 경쟁자로 바뀌고 중국 자립화를 앞당기는 촉매일 뿐이다. 시장이 있는 한 기술 개발은 따라온다. 기회보다 입지 축소 리스크가 더 크다.

한국 반도체는 전체 수출의 60%가 중국·홍콩으로 가고 있지만, 소재 수입의 60%도 역시 중국·홍콩에 의존한다. 대기업 공장 이전으로 뒤에 남겨진 (중소기업의) 국내 공동화를 초래할 가능성도 높다.

피라미드 산업 구조가 피라미드형 불평등 사회 구조를 만든다

• 착취형 경제구조를 심화시키는 수출주도 경제

'산업 구조가 현대판 노예화를 부추긴다.' 수출 강국(수출 8위 국가 지위)으로써 양산제조 비교우위 상실, 낙수효과 축소, 통상환경변화 등을 차치하고라도 세계에 제품을 내다 팔아 먹고사는 경제는 세계 최고 고학력 지식사회로 변모한 한국 국민에게는 현대판 노예체제나 다름없다.

비교우위를 잃은 산업을 국내에서 지키려고 총력전(초격차 경쟁, 수출 드라이브, 지자체별 특구 조성 경쟁 등)을 펼치는 것은 국민을 노예화(생산성 하락을 저임·장시간 노동으로 메꾸는 격) 하는 것이나 마찬가지다. 청년세대의 고학력과 기대치에 비추어 일의 수준이 낮고, 성장에 도움도 되지 못하고, 저임에 미래도 보이지 않는, 그래서 진작에 없어져야 할 직무를 강제(노예화)할 수는 없지 않은가.

청년세대가 첨단산업이라도 제조업을 기피하는 배경이 여기에 있다. 우리나라는 1인당 국민소득 21위에 구매력은 19위이나, 노동 시간당 소득은 34개국 중의 33위다. 그리스 다음으로 최저 수준이다. 노르웨이 국민이 1시간당 150달러를 생산할 때 우리는 32.7%에 불과한 49달러를 생산한다. 1인당 GDP와 노동시간당 소득 격차가 사상 최대로 벌어지고 있다. 칠레 등 후발국보다도 생산성이 떨어진다는 것은 그만큼 우리 국민이 저임, 장시간 노동으로 그 격차를 메꾸고 있다는 뜻이다.

- **낙수효과가 빨대효과로 변질**

한국은 수출 품목 집중도가 홍콩을 제외한 세계 10대 수출국 중 가장 높다. 반도체 등 일부 품목 의존도가 매우 높은 수출 구조라 대내외 여건 변화에 따른 경제 충격의 증폭이 그만큼 크다.

소수 제품 중심의 상품 제조·수출형 산업 구조는 산업별 앵커 기업(소수 수출 대기업)을 중심으로 대·중소기업 간 수직적 갑을 구조를 이루고 있다. 대기업의 완성품 경쟁력에 따라 밸류체인(Value Chain, 가치사슬)에 있는 납품 중소기업 모두가 영향을 받아 산업 생태계 전체가 공동운명체나 다름없다. 산업 성장기에는 낙수효과로 앵커기업과 납품기업이 동반성장 하지만 수축기에는 빨대효과로 대기업의 유지비용이 피라미드 하층부로 전이되는 착취형 구조다.

경쟁적 무역 구도가 경제 안보 위기 초래

　상품 수출형 통상은 미·중 등 특정국 시장 의존도가 높으면 종속관계가 되거나 경쟁 관계를 불러와 경제 안보 위기를 초래한다. 국제 사회에서 상인 국가의 입지는 제한적일 수밖에 없다. 중국과의 교역 관계가 경쟁 관계로 바뀌면서 예전의 상호보완적 관계와 달리 사드 보복 등 경제 안보를 위협하고 있다.

　미·중 패권 경쟁 영향에 덜 휘둘리려면 미·중에 40% 수출을 의존하는 편중된 산업 구조부터 벗어나야 한다. 그런데 반도체 바이오 배터리 등 우리나라가 집중적으로 육성하고 있는 첨단 제조산업들은 오히려 미국의 부품기지창으로, 중국에는 핵심 소재 의존도 및 경쟁 구도를 더욱 가중시키고 있다.

2. 선·후발국 사이 넛크래커 처지에 놓인 K-제조업의 한계

한국의 산업 구조(수출의 75%를 차지하는 13대 주력산업 중심)는 철강·화학 등 소재산업(수입 의존·탄소 문제)이 바탕이 되고, 주물·열처리·도금·금형·용접 등 뿌리산업(대기업의 2차, 3차 협력업체, 국민 기피)이 기반이 되어 차·조선·기계·IT 등 완성품(수출 최종재) 조립업(경쟁력 상실)을 하는 앵커 기업을 중심으로 수직계열화된 구조를 형성한다.

• 범용제품 양산제조 중심 가성비 산업의 낮은 부가가치

한국은 자원 빈국으로 원자재 대부분을 수입에 의존해 제조업 부가가치가 상대적으로 낮은 반면 국토 대비 공장 밀집도는 세계 최고로 앞으로 기후변화 시대에는 제조업이 유발한 환경오염 처리비용이 수출로 벌어들이는 이익보다 더 커질 판이다.

한국의 무역 개방도(80~90%)는 세계 평균보다 높지만, 부가가치 수출 비중은 오히려 세계 평균(73% 내외, 2010년대, KIEP 이규열)보다 낮다. 최종재 수출이 자국에 유발하는 부가가치율(2014년 기준)은 미국 87.2%, 중국 82.6%, 일본 78.9%이지만 한국은 63.3%에 불과하다. 낮은 부가가치가 저성장, 저생산성의 근본이다. 한국 제조업이 범용 중간재 중심이기 때문이다.

한국은 원자재·중간재의 해외 조달과 조립가공품 수출 비중(GVC 대외 의존도)이 높아 수출 과정에서 해외로 빠져나가는 부가가치가 큰 탓이다. 앞으로 원자재가 상승으로 부가가치율은 더 악화될 전망이다. 우리나라 중소기업의 원자재 비중은 판매원가의 58.6%(중기중앙회)나 되지만, 판매가는 중국 업체와의 경쟁으로 인상에 한계가 있다. 게다가 고환율과 수입 원자재가 인상으로 부가가치는 계속 축소될 수밖에 없는 구조다.

  자원이 없는 나라의 태생적 한계가 상품 제조·수출업의 낮은 부가가치로 드러나는 것이다. 더욱이 중간재 수출 비중이 높아 로컬 자급률이 올라가면, 후발국과 가격경쟁에 직면하고 대체되기 쉬운 구조다. 범용제품 양산제조 중심의 가성비 산업의 한계다. 국내 제조업 분야가 만성적 구인난(기피 업종)에 처한 현실도 비교우위가 소멸하고 있음을 보여준다.

  한국 경제는 태생적으로 고유한 특성과 한계를 가지고 있다. 부존자원이 없으니, 외화를 벌어들이지 못하면 먹고 살 수 없는 체질이다. 달러벌이를 위해 채택한 경제성장 모델이 '상품 제조수출'이다. 개방 경제로 압축성장한 한국 산업은 범용중간재 중심의 양산제조업이 근간이다. 제조업이 다 같은 제조업이 아니다.

  극단적인 예를 들면 수백만 원을 호가하는 명품 가방의 제조 원가가 수만 원에 지나지 않는다는 것은 공공연한 사실이지만 소비자는 기꺼이 제조 원가의 수십 배를 내고 명품 가방을 산다. 명품 가방의 효용가치보다 브랜드와 디자인이 가진 상징적 문화적 가치를 사는 것이다. 수익의 원천이 제조공장의 운영 효율에서 나오는 양산제조업과는 차원이 다른 제조업이다.

5대 제조 강국을 보더라도 미국은 공장 없는 마케팅 중심 제조업, 독일은 B2B 솔루션 중심의 서비스화된 제조업, 일본은 소부장 중심의 원천기술 기반 제조업, 중국은 완제품 조립 양산 중심의 제조업, 한국은 반도체 등 대부분 단품 중간재 중심의 양산제조업이다. 중국에서 현대차 삼성 등 우리나라 간판 기업의 공장 철수가 줄을 잇는 것만 봐도 한국 제조는 중국과 크게 차별화되지 않는다.

디지털 시대의 제조업은 더 이상 산업화 시대의 제조업이 아니다. 제조업이 일자리 창출은커녕 실업자 양산의 주범이 되고 있다. 중소기업 제조 일자리도 우리 국민이 아닌 외국인 수입 노동자 몫(국내 주물공장은 보통 50%가 외국인)이다.

스마트 공장은 결국 무인화로 간다. 공정 기술과 조립 기반의 양산제소업은 우리 국민의 인당 GDP나 지식수순에 비추어 걸맞은 부가가치도 양질의 일자리도 제공하지 못하는 산업이 되어버렸다.

오늘날 범용성 상품 수출은 한국을 글로벌 시장에서 선·후발국 간 넛크래커(Nutcracker) 처지로 몰아가고 있다. 보호무역으로 수출길도 막히고 있다. 어떻게 제조업의 위기, 수출의 위기를 기회로 바꿀 수 있을까?

게다가 기후변화로 인한 시대적 요구가 산업 지형에 구조적 변화를 일으키고 있다. 화석연료에 기반을 둔 정유산업 석유화학산업 조선산업 자동차산업, 온실가스를 대량 배출하는 철강 시멘트 플라스틱 산업 등이 모두 퇴출 위기다.

2019 UN 산하 기후변화 리포트에 의하면 우리나라 제조업의 40.5%

가 온실가스 배출규제 때문에 퇴출 대상이다. 제조 비중이 높고 에너지 소비가 많은 한국에 가장 불리한 미래가 닥쳐오고 있다. 국가 경제를 이끌어 오던 전통제조업의 위기다. 이제 경제 성장기의 성장 모델이었던 상품 제조수출이 시효를 다한 것이다. 한국이 진정한 선진국으로 도약하려면 상품 제조·수출에서 벗어나 새로운 성장 모델을 찾아야만 한다.

• 첨단 제조산업으로 수출 강국 위상을 유지할 수 있지 않나?

"보호무역주의 시대에 무역 전쟁에서 살길은 첨단산업과 초격차 기술 우위밖에 없다"라는 믿음이 사회 통념으로 자리 잡고 있다. 전통 주력산업을 대체할 BBC(배터리, 바이오, 반도체) 등 첨단산업 분야(국가 첨단 전략산업)와 국가 단위 기술(12대 국가 전략 기술) 경쟁우위(초격차)에서 한국의 미래를 찾아야 한다는 것이 주류적 시각이다.

우리는 성장전략 하면 흔히 첨단산업과 과학기술 혁신을 떠올린다. 역대 정부와 기업이 첨단산업 육성, 초격차 기술 전략을 추진해온 결과가 대중 기술격차 축소이고 장기 저성장 추세다.

첨단 메모리 반도체 외 주력산업 대부분(디스플레이, 핸드폰, 조선, 철강, 화학 등)에서 한·중 기술격차가 거의 없고 AI, 전기차 등 미래산업은 중국이 이미 앞서나가고 있다. 추격하는 후발국과 선도국 사이에 낀 샌드위치 신세만 더 악화되고 있다.

반도체, 바이오, 배터리, 미래 차 등 첨단산업과 과학기술 혁신은 우리도 지속해서 투자해야 할 미래 분야는 분명하지만, 몇몇 첨단산업이 벌어들인 부가가치만으로는 수축 되고 있는 여타 부문(전통산업과 중소기업 부문 등)을 상쇄할 수는 없다.

역대 정부는 산업개혁이란 명분 아래 '미래 먹거리'라며 몇몇 유망산업을 선정해왔다. 하지만 여전히 상품·제조수출형 산업 구조의 연장선상에 있다. 정부가 집중적으로 육성하는 첨단산업 대부분이 중국과 설비 경쟁을 벌이고 있다. 어떻게 경쟁국과 다른 비교우위 경로를 택할까? 기존 주력산업만큼 글로벌 산업으로 키워낼 수 있을까? 미래 유망산업과 미래 기술이 무엇인지 몰라서 육성을 못하는 게 아니지 않은가. 글로벌 비교우위 전략이 뒷받침되지 않는 신산업 육성은 그저 백화점식 선정 리스트에 불과하다.

첨단산업만으로 저성장 기조를 되돌릴 수는 없다. 첨단 제조는 선진국 산업의 일부일 뿐이고 첨단산업이 제조에만 있는 것도 아니다. 반도체가 국가 수출 20%대를 차지하지만, 지식 집약적 산업의 특성상 일자리 창출에는 한계가 있다.

첨단으로 갈수록 소수 기업 중심 소수 엘리트에 수혜가 제한되어 경제 전반의 생산성을 올리기에는 한계가 있다. 첨단 제조는 로봇 대체가 확대되면서 산업육성의 궁극적 목적인 일자리 창출에 있어서 한계를 드러낼 수밖에 없다. 제조설비에 막대한 투자를 해도 우리 국민의 고용은 크게 늘어나지 않는다는 뜻이다. CAPEX가 설비 투자에 몰려있어 세계적 공급력 확대 경쟁(특히 중국)에 공급과잉 리스크도 크다.

앞으로 저출산·고령화로 한국은 첨단제품이라도 양산제조업은 비교우위가 없다. 더욱이 첨단분야라도 양산제조업은 본질적으로 가성비 산업으로 가격 경쟁력에서 성패가 갈리는 저부가가치 산업이다.

우리 기업들이 BBC 분야에서 양산제조 설비 투자 경쟁을 경계하는 이유다. 매출(수주 기반) 또한 소수 빅테크 의존도가 높아 불황기에는 국가 경제 전체가 흔들릴 수 있다. BBC로 대표되는 우리 첨단산업의 실체는 미국 빅테크의 부품기지창에 불과하다. 애플, 테슬라가 경기변동으로 물량을 줄이면 삼성SDI, SK온, LG이노텍(애플 비중 70%)이 휘둘리고 반도체 경기 사이클(삼성은 메모리 의존도 70%)에 국가 경제가 휘청거린다.

국가 경제가 소수 첨단에만 의존하는 것도 중국 시장 과다 의존만큼이나 우려스럽기는 마찬가지다. 예를 들어 반도체 산업을 지키는 것은 물론 중요하다. 다만 국가 경제 미래가 반도체에 매여서는 투자 부담, 경기 사이클 등 업종의 특성상 리스크가 너무 크다. 다양한 첨단분야는 국가 차원에서 미래산업으로 당연히 지원해야겠지만, 나라 전체가 몇몇 첨단 제조산업만으로 경제를 키워나갈 수는 없다. 첨단 제조산업을 주력산업으로 하기에는 한계가 있다는 뜻이다.

3. 사회 진보를 막는 역주행 산업개혁

자칫 산업 경쟁력을 강화한다는 산업 구조개혁이 현 산업 구조를 유지하려는 관성으로 작용해서는 안 된다. 삶의 질적 지표를 개선하려는 사회 정책과 상충 되고 사회 진보를 막는 거꾸로 개혁이 될 수 있다.

산업 공동화를 내세우며 경쟁력을 잃은 제조 업종을 국내에 유지하려는 산업계의 규제개혁 요구가 시대 흐름에 역행해 산업사회로 되돌리자는 주장이 될 수 있다는 뜻이다. 변화된 사회환경 노동환경 규제환경은 사회·경제 발전의 산물이다. 판이 바뀐 상황(비교우위 상실)에서 국내에 제조를 지키려고 '제조업 하기 좋은 환경(목적변수?)'을 만들자는 것은 사회 시스템을 20년 전 개도국으로 돌아가자는 것과 마찬가지로 시대 역행적이다. 미래산업으로 나아가야 하는데 (중국과 경쟁하며) 제조업을 강화하려는 등 역진적 정책을 고수하고 있다.

사회 변화를 따라가지 못하고 저부가가치화되는 산업을 업그레이드할 생각은 하지 않는다. 52시간제, 최저임금, 환경 규제 등이 산업 경쟁력을 약화시켜 수출 부진을 초래한다(무역협회)며 문제의 뿌리인 산업(업종)은 현상 유지(국내 생산)를 외치는 것은 사회진화를 막는 것이나 마찬가지다. 이들 사회적 요구는 저부가가치 업종을 업그레이드(생산성 향상)하라는 기준점을 제시하고 있다.

생산성이 낮아질 수밖에 없는 산업 구조는 그대로 두고 우리 국민이 기피 하는 일자리를 외국 근로자로 대체한다고 생산성이 높아지지 않는다. 우리 국민이 기피해 구인난을 겪고 있는 제조 부문 일자리를 저숙련 외국인 노동자로 대체하려는 것은 인구 대책 차원의 이민정책과는 구분되어야 한다.

상품 제조·수출형 산업 구조[6]가 가진 역기능[7]을 그대로 두고 그 구조 속에 있는 제품만 첨단으로 바꾸는 포트폴리오 대체 방식은 진정한 구조개혁이 될 수 없다. 20년째 변함이 없는 10대 주력산업 내에서 고가제품 비중을 확대하는 것도 현 산업 구조를 연장시킬 뿐 근본적인 개혁은 아니다.

• 노동 시장 이중구조를 허무는 근본적 해법

사회 문제를 해결하려는 각종 사회정책도 문제의 뿌리인 산업 구조 개혁이 전제되어야 효과가 있다. 한국은 OECD 국가 중 장시간 근로 순위로는 상위인 반면에 생산성은 최하위 수준으로 '오래 일하고 적게 버는 사회'가 되어버렸다.

52시간제, 최저임금 인상과 같은 정책이 입법화된 배경이다. 하는 일의 내용을 바꾸지 않고 결과로 생긴 사회 문제를 해소하려고 외형만 바꾸다 보니 시장에 일자리 감소, 비정규직 확대 등의 부작용을 초래하고 있다. 모두 대표기업들과 정부가 제때 산업을 바꿔내지 못한 탓에 국민이 고생하고 있는 것이다.

---

[6] 수직적 원하청 갑을구조+양산 중심 밸류체인의 낮은 부가가치+빅테크 부품기지창으로 가격결정력 부재 등

[7] 대중소기업 간 격차확대, 소부장 등 생태계 대중 비교열위, 고탄소의존, 자동화로 고용승수 감소, 국민 기피 구인난 등

노동 교육 연금 등 3대 구조개혁으로 저성장 양극화 지방소멸을 해결할 수 있을까? 이들 개혁은 모두 산업 구조로 인해 생겨난 현상들에 대한 대응일 뿐이다. 산업개혁이 전제되지 않으면 뜻하지 않은 부작용을 초래할 수 있다.

경제를 살린다며 규제개혁, 노동개혁을 해주면 현재 산업 구조를 더 유지하고 국민을 더 노예로 부려먹겠다는 것밖에 되지 않는다. 완성품 조립업인 앵커 대기업들이 국내에 공장을 유지하고 원가경쟁력을 지키기 위해 저임금으로 노동자를 사용하려고 하청과 외주화를 늘리고 있다.

고비용 사회에 저부가가치화된 일감을 국내에 그대로 유지하면서 임금 격차, 비정규직, 중대재해법, 52시간제 확대 등의 정책이 해법이 될 수 있나? 산업 구조 개혁이 안 되면 구조조정한 인력의 재고용도, 노동 시장의 유연화도 일어나지 않는다. 국민을 노예화하고 양극화를 확대하고 미스매치를 확대시킨다. 일손 부족으로 이민 확대를 아우성치면서도 정작 청년 백수가 100만 명이 넘어가고 내국인 일자리 미스매칭의 근본인 일자리 질을 개혁하는 산업개혁에는 무관심하다. 국민의 삶의 질은 생산성이 결정한다.

- **포스트 수출 강국의 '신성장 해법'을 찾아서**

상품 제조·수출형(제조업+수출 기반) 산업으로 산업화·민주화를 이루고 선진국 문턱에 진입한 한국이 진정한 선진국(일류 국가)이 되려면 포스트 수출 강국 성장 모델을 찾아야 한다.

수출 강국 이후의 국가 비전이 없다 보니 수출 강국의 한계를 인식하면서도 '수출만이 살길이다'라는 사회 통념이 강해 현상을 유지하는 관성에서 벗어나지 못하고 있다.

통상 국가인 우리나라는 경제, 산업, 민생 개혁 모두 국제 환경에 맞추어 통상 모델을 진화시키는 것이 출발점이다.

우리나라의 주력산업인 전통제조산업은 공산품 양산제조업으로 글로벌 패권은 시대적인 국제 비교우위 변화에 따라 영국·미국 → 일본·독일 → 한국 → 중국·신흥개도국으로 넘어가고 있다. 중국과 경쟁하는 양산제조업에 매여 대안적 국부 창출의 기회를 찾지 못하고 버티기를 하면서 너무 오랜 과도기를 보내고 있다.

국내 제조(공장)를 지키는 것이 제조 강국의 위상을 유지하는 게 아니다. '공산품 양산 중심 제조업'에서 'R&D 중심 지식기반 제조업'으로 업그레이드하는 것이 제조 강국을 유지하는 길이다. 제조업을 버리는 게 아니라 글로벌로 확장하는 것이야말로 'K-제조산업의 기술우위'를 지켜내는 일이다.

전통제조산업과 제조기업의 생태계가 더 망가지기 전에 수출주도 경제를 개혁해야 하는데, 정부는 구조개혁 대안을 찾지 못하고 있다. 반도체와 중국 시장 회복을 기다리며 수출 드라이브를 지속하고 있는 것이다.

국가 경제 전체를 한 단계 업그레이드시킬 돌파구를 찾아야 한다. 몇몇 첨단 제조산업(BBC 등) 중심으로 수출이 늘고 소수 대기업이 중동 등에서 수십조 원대 수주계약을 체결하고 있다고 한다. 하지만 낙수효과가 빈약해 경제 전반을 반전시키기에는 역부족이다.

우리나라는 IMF와 금융위기를 겪으면서 질적인 구조개혁으로 산업을 진화시켜 성장 잠재력을 키워왔어야 했다. 그러나 20여 년간 현상 유지에 매여 있다. 선진경제 중 아직 성장세를 과시하고 있는 미국은 독일, 일본이 추격해오자 제조 강국 → 금융 강국 → IT 강국 → FAANG 중심의 플랫폼 강국으로 진화하면서 가장 앞서 디지털경제로 옮겨간 나라다.

반면 제조업으로 세계를 제패한 기술대국 일본은 제조수출 강국으로 2000년까지 1인당 GDP 2위에서 지금은 '소부장(소재. 부품. 장비) 강국'인데, 1인당 GDP는 세계 25위(2019년)로 떨어졌다.

두 나라의 차이는 어디서 오는가? 왜 제조 강국 일본은 아직도 잃어버린 시간을 보내고 있는가? 제조업에서 다음 단계로 산업을 진화시키지 못하고 있기 때문이다.

수출 강국은 곧 제조 강국인데 제조업 경쟁력 지수와 국가경쟁력과는 상관관계가 어떠한가? 우리나라의 제조경쟁력지수 CIP는 1990년 17위에서 독일 중국에 이어 3위(UN산업개발기구 2018년 지표 UNIDO)로 상승했다. 그런데 국가경쟁력 IMD 순위는 23위이고 CIP 5위인 일본은 34위에 불과하다. 톱클래스 CIP 제조산업 경쟁력을 갖고도 왜 성장률 추락은 가속화되고 있나? 두 지수는 다른 길을 가리키고 있다는 뜻이다. 우리나라야말로 구조적 전환기에 처해 있으나 새로운 도약 비전을 찾지 못해 버티기로 골든타임을 낭비하고 있다.

산업뿐만이 아니다. 십수 년째 효과를 보지 못하고 있는 저출산, 균형 발전, 신성장 동력 등 대전환기에 시효를 다한 사회 운용 정책, 제도, 시스템 전반에 걸쳐 한 단계 위 새로운 패러다임(V 2.0)을 찾아야만, 진보가 가능하다.

우리나라만의 비교우위에 기반해 국제 사회와 탈경쟁적인 '비대칭적 경쟁 기반, 비유기적 편승 성장형, 양극화'를 해소할 수 있는 신성장 해법을 찾아야 한다. 소수 대기업 중심, 일부 첨단산업 중심의 상품 제조수출형 산업 구조가 더 이상 유효하지 않다. 지금의 성장 방식이 우리가 당면한 사회 문제를 해결할 수 없으니 신성장 담론이 나오고 있지 않나.

트럼프 발 관세전쟁과 대내적 환경변화, 위기와 기회

1. 탈세계화와 신냉전의 이면

수출 강국 입지 축소 vs 제조 강국 입지 강화

글로벌 무역 질서와 GVC 재편 흐름 등 최근의 국제 정세 변화를 탈세계화·신냉전으로 보는 주류시각은 모두 우리의 시선을 위기에만 고정시키고 있다. 그러나 그 이면을 보면 새로운 기회가 열리고 있다.

최근 유럽으로 미국으로 300여만 명의 난민이 발생하고 있다. 세계의 공장 중국이 전 세계 탄소배출량의 30%를 차지하고 있다. 국내가 양극화 해소와 지역 균형발전이 시대정신이 되었듯이 지구촌도 마찬가지다. 외형상으로 공급망이 블록화되고 보호무역주의가 강화되는 등 탈세계화·신냉전으로 표출되고 있다. 하지만 그 내면을 보면 국제 사회의 양극화 해소를 위한 균형발전, 탄소중립 시대에 특정 지역에 편중된 생산 거점을 시장 가까이(미국, 유럽 등), 원재료 가까이(광산·산유국 등) 분산시켜 대양을 횡단하는 물류를 최소화하고, 환경오염에 대한 지구의 자정작용도 회복시키는 등 지구촌을 한 단계 위의 질적 성장으로 이끄는 세계화의 진화다.

탈세계화의 최대 피해국은 최대 무역국 한국이다. 예컨대 우리나라 전략 수출 품목 중 하나인 디스플레이는 중국에 이미 추월당하고 있다. 탈아시아, 'Made in America'를 추진하고 있는 미국은 애플이 자체 개발에 나서면서 납품하던 한국 디스플레이 업체들의 미래를 불투명하게 하고 있다. 미국이 중국 경제와 분리하려는 다양한 시도에서 중국 의존도가 높은 한국이 가장 많은 영향을 받게 된다.

코로나19 팬데믹으로 각국은 생활필수품에 대한 자체 생산시스템 구축 니즈가 확산되고 밸류체인이 자국, 지역 내 중심으로 재편되고 있다. 이는 대양을 가로지르는 수출 물류 이동의 감소와 지역별, 국가별 최적화를 의미한다.

이들 변화는 외형적으로 생산방식의 탈세계화, 자국 우선주의로 보이지만 세계화 이전의 과거로 돌아가려는 반작용이라고 할 수는 없다. 지구촌이 더욱 성숙된 인류공동체로 나가기 위해 세계화 틀 자체를 한 단계 위로 진화시키라는 시대적 요구다. 즉, 세계화 시대에 통용되었던 자국 중심의 통상패러다임을 원원형 상생형으로 전환하라는 메시지다.

코로나19 대응 과정에서 선진국의 민낯이 드러나면서 국제 사회는 미래 비전과 새로운 롤모델을 찾고 있다. 코로나19 이후 누가 새로운 국제 질서를 선도할 것인가? 우리나라가 경제력에 걸맞은 국제 사회에서의 영향력을 확보하기 위한 대외전략의 키가 여기에 있다.

세계 무역 질서가 WTO(세계무역기구) 중심의 다자주의 체제(전 세계 제품 팔기)에서 1:1 양자 협력관계 체제로 바뀌고 있다. WTO 체제하에서는 전 세계를 대상으로 불특정 다수의 제품을 내다 팔면서 교역을 키웠다면 2국간 체제는 각국의 필요와 이익에 따라 맞춤형 곧 상대국의 국가적 아젠다를 해결하는 협업 파트너십이 통상의 기본 토대가 된다.

미·중 간 패권전쟁도 그 본질은 양국이 국내 문제를 해결하려는 과정에서 일어나는 자국 우선주의적 이해관계 충돌이다. 미국은 저가 생필품과 전략 품목의 과도한 중국 의존에 따른 경제 안보를 우려하고, 거대인구 중국은 제제안정 속에서 경제발전을 지속하려면 경제적 독립이 필수다. 미·중 갈등을 패권 경쟁으로 본다면 중간에 끼인 우리의 선택은 수동적 눈치 보기에 급급할 것이고 뿌리인 내부 문제를 보면 양국 모두에게 능동적이고도 상생적 협업 공간을 확장시킬 수 있다.

예를 들면 한미동맹 70주년을 맞는 한미관계도 반도체, 배터리 등 단순 첨단제품 제조·판매식 통상에서 벗어나 러스트벨트 재생(첨단산업 도시화, 대기업의 첨단산업 대미 투자와 연계), 중국 과다 의존 탈피 대체 공급망 구축, 바이 아메리칸(Buy American) 정책(조달 시장 현지화율 제고) 등 미국이 당면한 국가적 문제를 해결하는데 대체 불가한 파트너가 되면서 우리의 경제 안보 문제도 동시에 해결하는 윈-윈(win-win) 형 통상으로 진화하는 기회다.

수출 강국 입지 축소 vs 제조 강국 입지(경제 파트너) 강화

세계는 미·중 무역 전쟁으로 중국 중심의 글로벌 공급망(GVC)에 재편 바람이 불고 자국 우선의 통상이 팽배해지고 있다. 세계 무역 질서와 공급망 재편 흐름에 상품 '수출 강국'의 한국 입지는 축소되지만, 다양한 산업 포트폴리오와 숙련된 현장 기술을 보유한 '제조 강국'의 한국은 단품 수출을 넘어 제조산업과 현장 기술 노하우를 수출할 수 있는 새로운 시장 기회가 크게 열리고 있다.

미국 도널드 트럼프(Donald Trump) 대통령이 당선 직후 한국 정부에 조선업 협업을 요청했듯이 최근 글로벌 공급망 재편, 국제 무역 질서 변화 속에서 제조산업 협력 파트너로서의 한국의 입지(경제 파트너 입지)는 오히려 강화되고 있다.

단순히 수출입 교역 파트너로서가 아니라 상대국 내부 문제(국가 아젠다)를 해결(솔루션 서비스)할 수 있는 (제조·건설) 역량을 가진 파트너.

상품 제조·수출형 통상이 '산업 파트너십' 기반 통상 모델로의 전환이 요구되는 배경이다. 제조 강국의 입지 강화를 기회로 활용하는 통상 모델이 산업 파트너십이다.

세계 경제가 침체라는 것은 결국 상품 시장[8]의 침체다. 예컨대 우리 경

---

[8] 세계 상품 수출 시장은 24조 9,000억 달러, 서비스 수출 시장은 7조 달러(전체 수출 시장의 20%)이고 한국은 상품 수출 세계 6위, 서비스 수출 15위(국가 전체의 15%), 한국의 수출 기업은 9만 7231개(2022년 기준)

제의 희망이라는 반도체 바이오 배터리를 보더라도 반도체는 약 700조 원 세계 시장에서 메모리 200조 원 시장에 집중되어 있다.

앞으로 성장률은 높겠지만 출발선이 동등해 경쟁 또한 치열할 배터리는 130조 원, 바이오 위탁생산은 20조 원대 시장을 현재 형성하고 있다.

반면 탈석유 경제를 추진하는 중동 국가들의 신도시 개발(네옴시티 5,000억 달러, 약 650조 원) 및 제조산업육성, 미국의 러스트벨트 재생 사업, 베트남 정부의 숙원사업인 로컬부품업체 글로벌 밸류체인 편입, 우크라이나 재건 사업(향후 10년간 4,860억 달러 약 650조 원, 동유럽의 제2 대한민국 건설 요청), 저개발국의 수입 의존 생필품 현지 생산 및 저탄소 산업화 과제, 인도네시아의 신수도 개발(50조 원) 및 전기차 동남아 생산 허브화, EU의 탈중국 역내 공급망 구축, 미국의 바이 아메리칸(Buy American 부품 현지화) 조달 시장(700조 원, 한국 기업은 이 시장에서 MS 0.2%) 등 국제 사회 개발 아젠다 시장으로 눈을 돌리면 성장 기회는 무궁무진하다.

'제조업 쇄국·쇠락'이냐 'K-제조업 세계 패권'이냐의 갈림길

전통산업의 업종과 기술은 해당 제품시장이 포화 되고 경쟁이 가열되면서 개별 기업으로는 성장 기회가 제한될 수밖에 없다. 하지만 우리가 보유한 업종과 기술 포트폴리오를 수단으로 국제 사회에 다양한 개발 아젠다를 해결하는 융합 사업을 기획하면 새로운 사업 기회는 널려 있다.

예를 들면 미국은 공급망 안정을 위해 온쇼어링, 프렌드쇼어링과 더불어 미국의 후방인 중남미 경제개발과 난민 문제해결을 한국 정부에 요청하고 있다.

인도는 조선업 육성이 국가산업정책 1순위이지만 엔지니어 80%가 함량 미달로 극심한 기술 인력 부족을 겪고 있는데, 한국의 조선업 은퇴기술자를 데려와 조선산업을 육성시켜달라고 요청하고 있다.

부산 엑스포 유치전에서도 한국의 개발 경험을 공유해달라는 개도국들의 요청이 쇄도했다. 한국의 역할 확대에 대한 국제 사회 요구가 급증하고 있는 것이다. 우리 정부가 재정을 긴축함에도 불구하고 ODA를 6조 원대로 증액한 배경이다.

2. 아무도 자국의 상품 시장화를 원하지 않는다

오늘날 수출 강국 제조 강국으로 불리는 한국의 진면목은 세계를 대상으로 물건을 만들고 팔아서 먹고사는 거대한 공장 국가, 장사꾼의 나라 곧 상인 국가다.

자원이라곤 사람밖에 없는 나라에서 먹고 살기 위해 상품 제조·수출을 성장전략으로 삼고 그 성공에 힘입어 선진국 문턱에 들어선 지금 같은 성장 경로를 유지할 수 있을 것인가? 어떤 나라도 자국이 상품 시장화(경제 식민지)되는 것을 원하지 않는다.

탈세계화(디커플링 GVC 재편. 블록화)와 보호무역(자국 우선주의)으로 표출되는 국제 질서 및 통상 환경 변화의 이면에는 상품 시장화에 대한 반작용과 국제 사회 균형발전의 시대적 요구가 담겨 있다.

우리가 국제 질서 변화의 본질을 통찰한다면 자유무역 수호자를 자처할 것이 아니라 보호무역의 본질인 지구촌의 균형발전 요구에 부응해 통상 모델을 업그레이드시키는 것이 순리다. 세계가 공감하는 문제(글로벌 미션)를 발굴하고 우리나라 특유의 실용화 역량으로 국내외 기술을 총동원해 융복합시켜내는 운용 혁신이 성장의 키다. 기술보다 해결할 문제 선점이 먼저다.

대기업도 새로운 기술과 제품 아이템을 발굴하려는 관점에서 문제해결(개발 아젠다) 시장으로 눈을 돌리면 문어발식 포트폴리오를 활용해 새로운 시장을 창출할 수 있는 다양한 기회(제2 창업)가 열린다.

글로벌 경기침체, 보호무역 통상환경 변화로 인한 수출감소 및 무역수지 적자 확대에 한국 발 수출 드라이브에만 매여 있을 게 아니라 다양한 업종과 기술로 일감창출 사업장을 만들어 새로운 성장 기회를 적극적으로 만들어나갈 수 있다.

3. 글로벌 경영의 낙수효과가 사라진 내수경제 해법

통상 모델을 바꿔야 할 이유는 대외적 환경변화뿐만이 아니라 대내적 필요도 있다. 국내 제조 기반 수출산업이 비교우위를 잃고 기업투자가 해외로 향하면서 투자 순유출(ODI-FDI)이 확대되고 있다.

대기업 중심의 글로벌 경영 낙수효과가 줄어들면서 수직적 산업 구조가 빨대효과를 내는 역기능으로 작용해 국내 경제의 양극화를 부추기고 있다. 대기업과 첨단 제조산업 중심으로 수출이 늘어도 민생경제가 더 어려워지는 근본은 일시적 고금리 영향보다 국내 기회 총량(일감과 일자리) 자체가 줄면서, 구조적 내수 부진(국가 채무 급증)을 초래하고 있기 때문이다.

통상 국가의 내수는 철저하게 대외경제의 지배를 받는다. 즉 대내균형(내수 고용, 물가)은 대외균형(환율, 경상수지)의 종속변수다. 대외균형이 흔들리면 대내균형도 잃는다. 지금의 수출주도형 통상은 내수와의 연결고리가 끊어져 따로 놀고 있다.

어떻게 대외경제와 내수경제의 연계를 회복시킬 것인가? ① 어떻게 소수 대기업 중심 해외 투자가 다수 중소기업의 일감, 다수 국민의 일자리 창출을 일으키도록 설계할 것인가? ② 어떻게 우리 기업의 해외사업이 국내에 글로벌 직접 효과를 일으키도록 기획할 것인가? ③ 해외 투자는 개별 기업이 하지만 정부는 이들 기업 투자를 융합해 어떻게 국가 단위 시너지를 창출할 것인가?

PART 2

포스트 수출 강국,
신성장 3대 비전

[국가 포지셔닝 뉴딜] 수출 강국·제조 강국에서 국제 개발협력 플랫폼 국가로

『피크코리아는 수출주도형 경제의 기존 성장경로를 고집하면 성장의 피크점이기도 하지만 주력산업의 축적된 기술 역량이 최고 정점에 도달해 있다는 뜻이기도 하다. 세계가 한국을 필요로 하는 것은 상품수출이 아니라 파트너십을 원한다. 무엇을 협업하고 싶어하느냐가 '국가 아젠다 맞춤형 솔수션 서비스'다. 경쟁 기반의 상품제조·수출만 고집하지 말고 한국만의 비대칭성에 기반해 'K-산업의 업종과 기술 포트폴리오를 융합해 솔루션 서비스를 제공'하는 '산업파트너십 통상'의 '국제 개발협력 플랫폼 국가'로 신성장 경로를 열 수 있다.』

수출주도형 경제로 압축성장에 성공했지만, 이미 성장의 피크점을 지나고 있고 수출 강국으로는 세계 10위권 경제 규모를 유지할 수도 없고 결코 4만 달러, 5만 달러 시대를 열 수 없다. 우리나라가 한 단계 더 도약하려면 이제 수출 강국에서 벗어나야 한다.

첨단산업 신규 투자가 주로 해외로 향하는 등 공급망 재편에 대응하기 위해 우리 기업들은 지정학적 산업 재배치 전략을 취할 수밖에 없고 수출 대기업의 글로벌 경영 낙수효과(2022년 FDI 유출액이 유입액의 4배)는 점점 줄어들고 있다. 수출 강국으로 누렸던 낙수효과 경제체제가 막을 내리고 있는 것이다.

수출 강국의 비교우위를 잃고 국가 전체의 기회 총량이 줄어들면서 일자리 질 악화, 지방소멸, 양극화 확대 등 사회 전체가 과당경쟁의 제로섬 게임에 내몰리고 있다. 국가 단위의 기회 총량을 어떻게 늘릴 것이냐는 국제 사회 한국호의 베이스캠프를 결정하는 국가 단위 경쟁전략으로 결정이 난다.

수출 중심 경제 시스템을 대체할 새로운 경제체제 비전 곧 포스트 수출 강국의 성장전략은 무엇인가? 지난 십수 년간 모두 경제 체질 개혁을 외쳤지만, 실제 정책은 모두 수출 강국 위상을 유지하고 상품 제조수출 경쟁력을 강화하려는 관성에서 벗어나지 못했다. 포스트 수출 강국에 대한 미래 국가 비전을 찾지 못했기 때문이다. 알고 보면 한국은 이제 더 이상 수출 강국(공장 국가)이 되어서는 안 되는 나라다.

출처 : 저자 작성

1. 선진국 함정에 빠진 한국 경제, 초격차는커녕 초저성장이 온다

국가 전체 기회 총량(기업 일감, 국민 일자리)이 줄고 있다

저성장 문제는 개별산업 경쟁력을 넘어 국가 차원의 유기적 성장 한계가 근본이다. 유기적 한계는 대외적으로 중국 제조 쓰나미, 대내적으로 구인난 - 고비용사회 진입 등 내부적 한계, AI 대체 - 탄소중립에 따른 좌초 자산화 위기에 처한, 좁게는 중후장대형 중화학공업 등 개도국형 '산업업종', 넓게는 제조업 기반 주력산업 일체, AI 첨단산업 등 '미래산업'과 대비되는 기존 산업을 포괄한다.

자국의 글로벌 기업을 키워내지 못하고 내수 시장의 한계에 이르러 더 이상 성장하지 못하고 정체하는 나라는 중진국 함정(2014~2024년 11년째 인당 GNI 3만 달러대)에서 벗어날 수 없다. 반면 고소득(1인당 GDP 3만 달러 이상) 대열에 진입한 이후에도 산업 구조가 후발국과의 경쟁 구도에 놓여 있는 나라는 선진국 함정에 빠진다.

오늘날 피크 코리아를 우려하는 한국 상황이 이와 같다. 한국 저성장의 근본은 전통산업 첨단산업 모두 중국과의 경쟁구도에 처해 있다는 점이다. 수출 강국 곧 수출주도형 성장전략(상품제조·수출형 산업구조)은 개별제품 단가경쟁, 단위기술 경쟁, 양산규모 경쟁을 기반으로 한다.

중국과의 경쟁에서 한국이 비교우위가 있나? 선진국 중 어느 나라도 한국만큼 후발국의 추격을 받는 나라는 없다. 중국과의 초격차 경쟁에 매여 있을 것이 아니라 한국만의 차별화된 국제 역할을 찾아 탈경쟁구도[9] 기존 산업 운용 혁신 기반(본업확장 기반) 산업구조를 재세팅하는 것이 저성장 극복의 키다. 기존 산업에서는 후발국과 초격차 경쟁을 벌이고 미래산업에서는 선도자(First Mover) 전략을 취한다면서 다시 선진국과 추격 경쟁을 벌이고 있다.

규모의 경제에 앞서가는 중국과 초격차 경쟁을 벌이고 업력이 좌우하는 원천기술은 선진국과 경쟁하고 있다. 그 결과는 어떠한가? 양쪽 모두의 경쟁에서 입지가 좁아지면서 초저성장이 노정되어 있다.

기존 산업에서는 중국 등 신흥국의 추격을 받고 있고 AI 등 첨단산업에서는 선진국보다 혁신 능력이 떨어진다는 평가를 받고 있다. 결국 수출 강국의 경쟁우위 혁신이 우리 기업의 일감과 국민 일자리의 베이스캠프를 샌드위치 처지로 내몬 셈이다.

경쟁 구도에서 벗어나려면 업종전환, 시장 전환적 산업전환에 나서야 한다. 전환은 하지 않고 경쟁우위 혁신으로 기존 산업의 현상 유지로 버티기만 하는 게 성장 절벽의 피크 코리아, R&D의 코리아 패러독스, 시총

---

[9] ① 기존 산업 업종과 기술 포트폴리오를 활용한 개발사업 기획(상대국 아젠다 맞춤형 등), ② 기존 산업의 해외 투자를 마중물로 경제특구형 신도시 사업과 같은 국가 단위 융복합사업 기획, ③ 기존 산업에 AI 등 첨단기술을 접목해 고도화 -진화시켜 국내는 코치형 지식산업 중심의 글로벌 집적효과 경제 체제로 전환 등 경쟁우위 혁신을 넘어 운용 혁신

의 코리아 디스카운트 현상의 근본이다.

미국 경제가 유럽과 달리 고성장하는 것도, 경쟁 시장인 오프라인 시장에서 플랫폼이라는 새로운 시장을 창출했기 때문이고 독일 경제가 고전하는 것도 한때 최대 시장인 중국이 자체 제조업이 부상하면서 경쟁자로 변모한 영향이 크다.

한때 제조업의 4차 산업혁명 곧 DX를 선도하던 독일에 무슨 일이 일어난 것인가? 산업 전환기에 본질인 산업 전환은 하지 않고 DX로 기존 제조업의 경쟁력만 올리려다 성장동력을 잃었기 때문이다. 미국 경제가 ICT 기반, AI 기반으로 한 지적 산업 중심으로 산업 구조를 바꾸면서 지속 성장하고 있는 반면 일본, 독일은 여전히 제조업에 매여 성장에 어려움을 겪고 있는 것이다. 한국 경제도 탈제조업 시대에 새로운 성장동력을 찾지 못하고 있다.

• **국가 단위 기업 일감과 국민 일자리 베이스캠프를 결정하는 국제 사회 포지셔닝**

주력산업이 국제 사회 비교우위를 잃고 국가 전체의 기회 총량(기업과 국민의 일감과 일자리 질과 양)이 줄어드는 것이 국가가 직면한 최대 위기다.

통상 국가는 노동. 연금. 교육. 규제. 공공 개혁 등 내부 개혁에 앞서, 개별기술이나 산업전략에 앞서 '국가 단위 기회 총량'을 좌지우지하는 국가전략을 재정립(새로운 비교우위)하는 것이 최우선 과제다. 곧 국가전략의 최대 밑그림이 '국가와 국민 삶의 베이스캠프'를 결정하는 국가 포지셔닝 전략이다. 이는 국가 단위 경쟁전략이고 국제 역할로 드러난다. 국제 역할은 부국강병의 기본 토대인 국가산업이고 국가 단위(팀코리아) 기업가 정신 발휘를 요구한다.

일감과 일자리는 제조업이 만드는 게 아니라 제조업을 활용한 사업현장이 만들고 기업이 만드는 것이 아니라 기업가 정신이 만든다.

• **지정학적 외교 안보의 덫, 지경학적 저성장의 덫**

한국은 6·25전쟁 이후 폐허의 극빈국에서 시작해 지난 70년간 압축적 경제성장으로 선진국에 진입했다. 국제 사회 190여 개국 중 GDP 31위로 동북아의 지정학적 소국이 국제 사회 후발국 80% 선진국 20% 간 지경학적 경계위치에 도달해 있다.

경계위치는 경쟁하면 샌드위치 위기이고 그 위치를 잘 운용하면 선·후발국을 잇는 국제 허브 국가(기술 브릿징 역할의 세계 포용국가)로 도약할 수 있는 기회다.

오늘날 대한민국호는 ① 지정학적으로 미·중 패권전쟁 사이에서 외교의 덫, 지경학적으로는 선·후발국 사이에서 저성장 덫에 빠져 있다. 우리 기업과 국민의 베이스캠프가 샌드위치 처지인 셈이다.

② 한국은 경제 규모(2023 세계 13위, 교역 규모 9위, 수출 6위 수입 8위)와 개방성(FTA 체결국 2위)에 비해 글로벌 집적효과(자본, 인재)를 가장 적게 누리는 나라다. FDI 비중은 GDP 대비 14.3%(2019년 기준)로 OECD 평균 65.9%에 비

해 지나치게 낮고 일본(4.4%)과 함께 OECD 꼴찌 수준(투자 수지 적자 295억 달러 vs ODI 759억 달러, 2021)이다. 우리나라 경제 규모의 1/6수준인 싱가포르 FDI는 1,420억 달러로 한국 327억 달러(2022년 신고 기준)의 3배가 넘는다.

개도국 사우디아라비아는 GDP 대비 3.8%(2022년)나 유입되었으나 한국은 GDP 1.5%에 불과(OECD 38개국 중 30위)하다. 글로벌 기업의 선택(아태 본부 서울이 100여 개, 싱가포르 5,000여 개)을 보더라도 국가 수도인 서울조차도 국제 도시 경쟁력을 갖추었다고 볼 수 없다. 제조 거점으로서의 비교우위를 상실하면서 투자 환경을 바꿔주지 못하고 있기 때문이다.

관광산업(인바운드 관광객)의 GDP 기여도는 세계 평균이 약 10%에 이르나 한국은 2.8%(2019)로 OECD 36개 회원국 중 최하위로 만성적 관광적자국이다. 어떻게 하면 국제 사회의 돈과 인재가 몰려들게 할까?

③ 한국은 경제적으로 큰 나라임에도 불구하고 국제 사회의 위상을 활용할 줄 몰라 작은 플레이어로 행동하고 있다. 국제관계를 주도할 대외적 이니셔티브가 없다 보니 수세적 대응에 매여 있다. 한국이 국제 사회에서 외형적 국력(경제 규모 등)만큼[10] 영향력을 발휘하지 못하는 것(Punching Below Its Weight 국가로 평가)은 국제 사회가 공유하는 보편적 가치와 이를 뒷받침하는 한국만의 역할(산업 한류)이 없기 때문이다.

---

[10] 싱가포르 동남아 연구소(ISEAS-유소프 이삭연구소) 조사에 따르면 아세안 소속 8개 국가 가운데 한국의 경제 영향력은 1.0, 정치.전략 영향력은 1.4에 불과하다. 거의 꼴찌 수준이다. 미.중 경쟁에서 제 3세력 전략 동반자로 선택할 협력 상대에서도 한국은 인도 호주 영국보다 뒤처진다. GPS를 지향하는 우리나라 국제 위상의 실체다.

중추국이 되려면 중추적 역할을 찾아야 하고 중추적 역할은 국제적 명분을 가진 대외전략으로 실현된다. 우리에게 국제적으로 장사하는 수출 드라이브, 수주 경쟁 외에 국제 사회가 인정하는 명분을 갖춘 대외전략이 보이지 않는다. 중견국 위상을 외치면서도 중국 일대일로, 미국 IMCE(인도. 중동. 유럽 경제회랑) 등 강대국의 대외전략 대응에 급급하지 않은가. 일례로 앞에서 언급했던 미국의 난민 문제에 대한 한국 지원요청, 부산 엑스포 유치전에서의 개발 경험 공유 등 한국의 역할 확대에 대한 국제 사회 요구가 급증하고 있다.

문제는 이들 국제적 요구를 수용한 국제 역할로서의 대외전략이 우리에게 있나다. 국가 전환기에 삼성, 현대차, LG 등 개별 기업이 각자 알아서 살길을 찾는 것에 맡겨둔다고 공동체의 미래가 저절로 정해지는 것은 아니다. 국가 단위로 방향성(지향점. 비전)을 정해 개별경제 주체들의 각자도생 투자가 국가 미래 비전에 기여하도록 유도할 수 있어야 전환기도 단축하고 전환에 따른 국민 고통도 줄일 수 있다.

- **경제 비전 진화, 생존 비전(극빈국)→경쟁 비전(개도국·중진국)→ 역할 비전(선진국)**

우리나라는 '잘 살아보세'라는 '생존 비전' 아래 극빈국에서 벗어나고 '극일과 초격차', '경쟁 비전(성장 비전)'을 내세워 개도국으로 고도성장을 이루고 중진국 함정도 극복하면서 고소득 국가로 발전해왔다.

이제 선진국 대열에 진입한 한국은 '어떤 역할로 세계를 선진화할 것이냐? 곧 신흥선진국으로서 국제 사회에 어떤 역할로 공헌·기여할 거냐?'의 '역할 비전'이 나와야 할 때다. 생존 비전과 경쟁 비전이 국가성장기의 경제 비전이라면 경제가 성숙단계에 접어든 지금은 차별화된 역할 비전을 찾을 때 새로운 성장의 길도 열린다. 선진 한국의 국민으로 긍지와 자부심을 가질 수 있는 비전이다.

개도국 중진국이 경쟁우위 혁신으로 추격자의 길을 간다면 신흥선진국 한국은 어떤 분야에서 국제 사회를 선진화할 것인가? 중추 국가가 되려면 국제 사회가 인정하는 중추 역할부터 찾아야 하지 않겠나. 이는 국제 사회에서 한국만의 비대칭적 역할을 찾는 일이기도 하다.

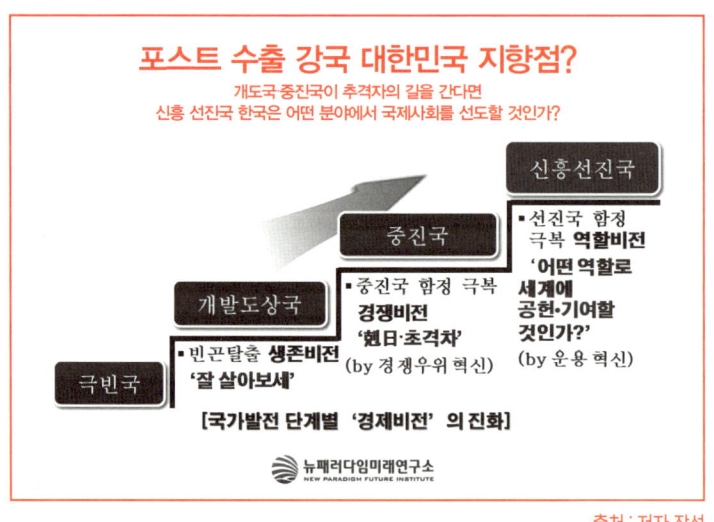

출처 : 저자 작성

선·후발국 사이 경계 국가의 운명,
피크아웃 경로 vs 신성장 경로

수출 강국의 위상을 유지하기 위한 오늘날 한국의 전략은 초격차를 목표로 한 경쟁 우위 전략이다. 지난 십수 년간 초격차 전략을 추진해왔지만, 후발국과 기술 선도국 사이에 낀 샌드위치 신세만 더 악화되고 있다. 첨단 메모리 정도를 제외하고는 첨단산업 대부분에서 이미 한·중 기술격차가 없거나, 중국이 앞서 나가고 있다. 초격차는 우리를 추격해오는 중국 등 후발국과의 격차 확대인데 양산제조업은 규모의 경제가 핵심이다.

반면 소부장에서 기술을 선도하는 선도자(First Mover)는 첨단으로 갈수록 업력이 좌우한다. 한국 기업이 중국기업의 규모의 경제와 선진국 기업의 업력과 경쟁하는 것이 합리적인 전략인가? 추격자로 여기까지 왔지만 이제 추격당하는 나라가 되었고, 선도자로 가야 한다고 외치면서도 선도자와의 기술격차를 좁히려고 다시 추격하는 형국에 처해 있다. 보호무역주의 시대에 살길은 초격차 기술밖에는 대안이 없다는 통념은 유효한가?

우리가 외형적으로는 세계 10위권의 경제 규모로 성장했다지만, 내부적으로는 저출산, 고령화의 인구절벽, 제로성장으로 수렴하는 성장 절벽, 그 속에서 저출산, 자살률, 노인 빈곤율, 지방소멸 위기, 비정규직 비중 확대 등 삶의 질적 지표는 매년 신기록을 갱신하고 있다.

과학기술 강국, 창업벤처 강국, 녹색경제, 창조경제, 디지털 혁신, 7대-10대 신산업 육성 등 정권마다 성장 비전과 정책을 추진했지만, 성장률 하락은 멈추지 않고 있다. 이 모두는 내부의 자생적 성장 한계를 의미한다. 피크점 코리아가 당면한 복합 위기를 기회로 바꿔내려면 어떤 국가전략이 필요한가?

유기적 성장 한계에 봉착한 한국의 살길은 해외로 나가거나 해외 투자가 들어오게 하는 것밖에는 없다. 성장 국가·미래 기업에 올라타는, '편승 성장'으로의 전환이다. 어떤 포맷으로 통상을 바꿀 것이냐? 선·후발국 모두와 윈윈하는 탈경쟁의 산업 파트너십 통상이다.

한국은 선·후발국과 기술 개발을 경쟁할 것이 아니라 비대칭 경쟁전략으로 선·후발국 모두에 편승 성장할 수 있는 기회가 열려 있다. 초격차와 선도자 전략으로 선·후발국과 힘겹게 경쟁하는 성장전략에서 벗어나 우리나라만의 비교우위를 살려 모두와 협업하는 산업 파트너십(글로벌 산업생태계, 산업육성파트너십, 기술 파트너십)으로 옮겨간다. 비대칭 경쟁전략 기반의 편승 성장, 비유기적 성장을 도모한다. 한국은 이제 무역(수출 강국)을 넘어 아웃바운드(Outbound)투자로, 인바운드(Inbound) 투자 유입으로 국부를 창출할 시대다.

[기회] 한국은 미·중 사이에 낀 지정학적 위기를 숙명적으로 안고 살지만, 지경학적 기회로 보면 선·후발국 사이 중심 국가다. 경공업부터 첨단 산업에 이르기까지 세계산업의 포트폴리오상 80% 업종, 기술력은 상위

20% 수준에 도달해 있고 국제 사회가 경제개발 단계별로 필요로 하는 저위 중위 고위 기술 포트폴리오 80%를 보유하고 있다.

선·후발국은 한국이 보유한 기술에 대한 평가 잣대가 다르다. 후발국은 한국의 전통산업부터 첨단산업에 이르기까지 다양한 업종과 기술 포트폴리오를, 선진국은 신기술과 첨단기술의 경제적 상용화 곧 제조 기술 및 시장개발 역량을 높게 산다. 그런데 우리의 보유 기술은 후발국에서 사업화하지 못하고 신기술은 선진국과 불리한 경쟁을 하고 있다.

세계 과학기술 생태계 내 한국 산업이 가진 비교우위인 '상용화 R&D 역량'은 선진국에는 신기술의 상용화를 앞당기는데, 후발국에는 숙성된 기술을 전수받는데 최적 파트너다. 첨단기술을 개발한 선진 기업이 더 쉽게 상용화에 나설 수 있게 산업현장 기술이 강한 한국 기업이 최적 파트너 역할을 할 수 있는 것이다.

• **비대칭 경쟁전략 기반의 편승 성장, 비유기적 성장**

선·후발국 편승 성장형 비대칭 경쟁전략은 산업 파트너십 곧 산업·기술동맹으로 구현할 수 있다. 선·후발국 기술 브릿징 역할은 산업 파트너십 기반의 동맹(공동 R&D, 인재 양성, 시장개척, 투자 협력 등)을 구축하는 일이다.

선진국의 미래 첨단기술과 한국의 상용화 R&D 역량의 결합, 후발국의 전통산업 원가경쟁력과 한국의 세계 최고 효율 등급의 제조 기술 노하우를 결합하는 파트너십이다.

아무리 좋은 원천기술, 잠재력이 큰 기반 기술이라 하더라도 가성비 있게 만들어서 시장에 보급하지 못하면 사업화에 성공할 수 없다.

원천기술을 개발한 기술 선도국에게 기술의 산업화에 가장 레버리지가 높은 파트너가 상용화 R&D 역량을 지닌 한국이다. 수소 산업동맹, 원전 산업동맹, 조선 산업동맹, 방산동맹, 양자동맹, AI 동맹 등 다양한 동맹 형태의 글로벌 산업 파트너십을 선점 구축한다.

K-제조업은 이제 선·후발국에 낀 샌드위치형 경쟁체제에서 벗어나 후발국과는 전통산업 파트너십(경쟁력 보완과 적정기술 지원)을, 선진국과는 첨단산업 파트너십(기술적 열세 극복과 첨단기술 시장개발)으로 해외사업 현장을 지원하는 마더 팩토리(Mother Factory) R&D 허브, 첨단산업의 글로벌 테스트베드 역할을 담당한다.

석유화학, 배터리, 선박 등을 상대국과 함께 생산하면서 우리나라는 제조업 밸류체인상 R&D, 신제품 개발, 글로벌마케팅 등 본사(HQ) 역할에 집중한다.

특히 범용제품부터 파트너십 국가로 생산을 이전하고 국내는 고부가·친환경 제품 중심으로 옮겨간다. 이는 중국기업의 '규모의 경제'에 대응하고 '기술 추격'에 한발 앞서 나갈 수 있는 비대칭적 경쟁전략이기도 하다. 비대칭성이야말로 상대방에게는 없는 나만의 한방에서 나오는 초격차다.

개도국에는 우리가 완성(범용화)시킨 기술을 전수하고 선진국에는 우리나라의 강점인 현장 기술 기반의 신기술(원천기술) 상용화 R&D 서비스(기술 숙성 및 완성)를 제공하는 파트너다.

일례로 미국 회사 뉴스케일파워는 SMR 관련 기술의 제공자 역할(설계)만 하고 SMR을 만들고(제작, 두산), 발전소를 짓고(시공, 삼성물산), 운영을 담당(GS)하는 파트너십(한국 기업이 시분 15% 보유)이다. SK는 글로벌 수소 에너지 선도기업 미국 플러그파워와 합작법인을 국내에 설립한다.

• **산업 파트너십 기반 전통산업 글로벌 생태계**

한국 전통산업이 직면한 중국의 거센 추격을 따돌리고 기술격차를 벌리려면 어떻게 해야 하나? 글로벌 산업 파트너십이다. 미국의 군함과 상선에 대한 조선산업 파트너십으로 한국 조선업의 입지가 커지고 있다. 마찬가지로 해외 주요 국가와의 파트너십(글로벌 산업 생태계 구축)은 국내 전통산업의 중장기 성장동력으로 작용할 수 있다.

선진국과의 전통산업 생산성 제고 파트너십을 확대함으로써 R&D 협업 기회가 확장되고 관련 분야 선진국의 신기술도 선점 기회를 얻을 수 있다. 철강 석유화학 정유 조선 등 중화학공업은 모두 산업 파트너십 기반의 글로벌 생태계를 구축한다. 신흥국과 경쟁하지 않고 로컬기업 지분 인수 등을 통해 앞선 기술을 전수해 생산성을 올리고 선진국과도 후발국에 밀려 낙후된 전통산업의 지분을 일부 인수해 세계 최고 생산성 효율 노하우를 접목해 재생시켜낸다.

선·후발국 산업 모두 한국이 주도하는 글로벌 생태계의 일원으로 삼아 규모의 경제를 키운다. 우리 주력산업의 글로벌 산업 생태계가 곧 개발 협력 플랫폼 국가의 기본 토대가 된다. 상대국의 공통 국가 아젠다는 현지 산업 육성이고, 이들을 글로벌 산업 생태계에 편입시키는 것이 경제 공동체형 상생 해법이다.

예컨대 유럽은 세계적인 조선소가 별로 없지만 오랜 기간 축적한 기술로 여전히 세계 조선업계에 영향력을 발휘하고 있다. 핵심 기술력을 갖춘 인재들을 계속 배출하기 때문이다.

우리나라도 조선업의 부족한 현장 인력은 해외로 진출해 현지 근로자를 활용(현장 일감)하고 국내는 친환경 및 자율 운항 등 미래형 선박의 미래 기술을 선도할 인재들을 장기적으로 키워내는 데 집중[11](본사 일감)한다.

로컬기업을 글로벌 생태계에 포함하면 우리나라 수출 대기업이 보유한 세계 거래선과 공급 물량을 활용해 로컬기업에 권역별 판매 물량을 배정하는 식으로 글로벌 기업(GVC 편입)으로 육성(배정 물량의 품질과 생산성 기준을 충족하도록 코칭)할 수 있다. 예를 들면 한국의 정제능력은 UAE, 아부다비, 베네수엘라 등과 함께 세계 톱5다. 국내 6위 수출품인 석유제품은 세계 6위다. 한국산 오일(휘발유, 경유, 항공유 등)은 73개국에 수출된다. 최대 시장

---

[11] 제조업 밸류체인상 국내에서 경쟁력이 없는 '양산부문'은 세계에 걸쳐 협력업체 및 해외 자회사를 선정해 생산을 외주화하고 본사는 현지 생산이 어려운 첨단제품·부품·프리미엄만 제조, DX AX 공정기술 R&D, 상품기획디자인 및 설계, 마케팅, 현지 오퍼레이션 지원 등 생산형 서비스에 집중, 국내에서 기업들이 본사는 서울(본사 일감)에 사업장은 지방(현장 일감)에 위치하는 것과 같이 산업분화로 일감이 분리됨.

인 중국 물량이 급감하면서 가성비(가격과 품질에서 경쟁사 압도)를 앞세워 수출선 다변화를 꾀한 덕분이다. 이들 글로벌 거래선 네트워크를 활용하면 로컬기업도 글로벌 공급망에 즉시 편입될 수 있고, 그만큼 한국 기업(SK, GS, 에쓰오일 등)과 파트너십을 맺으면 세계 시장 진입에 유리해 글로벌 기업으로 성장하는 길이 열리는 것이다.

내수 인프라 사업이 포화되어 철강 수요가 줄고 중국 저가 공세에 밀려 경쟁력을 잃고 있는 국내 제철 설비도 시장과 원자재 가까이 재배치함으로써 돌파구를 열 수 있다. 철광석을 현지에서 조달할 수 있고 인프라 건설 수요가 급증하고 있는 인도 시장에 포스코와 현대제철이 진출하는 이유다.

초격차와 축적의 시간에 낀 국가산업

한국산업기술기획평가원이 2023년 기준 산업기술 수준을 조사한 결과를 보면, 미국은 25개 분야 중 17개 분야에서 최고이고 한국은 미래형 디스플레이만 1위다. 차세대 항공, 3D프린팅, 자율주행차, 나노, 지능형 로봇, 차세대반도체, 2차 전지, 미래형 디스플레이 등 미래 기술 분야에서 한국은 중국과는 기술격차가 줄어들고 미국과는 기술격차가 확대되고 있다.

10년 전인 2013년까지만 해도 한중 격차가 1년 이상이었는데 2023년은 0.3년으로 줄어들었다. 그동안 우리나라는 GDP 대비 R&D 투자 세계 1~2를 다투면서 초격차를 추구하고 기술 선도국(First Mover) 전략을 추진해 온 결과가 이러하다.

• 세계 과학기술 생태계에서 국내 산업이 가진 본원적 비교우위

흔히 우리 경제의 위기로 선·후발국 사이에 끼인 샌드위치, 빠른 추격자(Fast Follower)로서의 모방경제 한계점을 지적한다. 예컨대 시스템반도체는 지난 20년간 우리나라 반도체 산업의 숙원 과제였다.

삼성도 진대제, 권오현 같은 스타 경영자를 모두 투입했었다. 안 했다기보다 못했다고 보는 게 진실에 가깝다. 양산제조가 핵심인 메모리는 후발국과의 격차를 더 벌려야 하고 설계 역량이 핵심인 비메모리는 선진국과의 갭을 줄이려면 축적의 시간이 필요하다.

포스코는 일본에서 제철 기술을 들여왔지만 생산 설비를 효율적으로 운영하고 기술의 생산성을 획기적으로 높여 세계 최고 철강 기업으로 성장했다. 한국 기업 R&D 역량의 강점은 원천기술에 있지 않고, 응용·상용화를 통한 기술의 완성도에 있다. 곧 신산업·신기술을 얼마나 빨리 흡수하고 사업화해 기술 생산성(운용 효율화)을 끌어올릴 수 있느냐다. 선도국을 추격하는 '패스트 팔로워(Fast Follower)'로 비하할 게 아니라 우리의 기회로 활용할 수 있는 강점이다.

한국 기업은 기초연구보다 상용화 연구(상용화에 필요한 공정 기술·제품개발에 집중)로 방향을 트는 것이 유리하다. 한화큐셀의 '탠덤 태양광 전지' 사업은 글로벌 기업 및 대학연구소 등과 탠덤 셀 관련 광전환 효율 기록을 깨기 위한 기록 경쟁을 벌여왔으나 광전환 효율을 끌어올리는 연구개발 경쟁을 중단했다. 경쟁국(중국)보다 먼저 양산에 들어가야 신산업의 주도권을 쥘 수 있기 때문이다.

예를 들면 미국으로부터 수출 물량 쿼터제를 적용받고 있는 우리 철강 기업들은 수출 위기를 미국의 철강산업 문제를 해결하는 현지 사업 기회로 바꿀 수 있다. 진정한 '퍼스트 무버'(First Mover)는 선진국의 축적된 기술을 앞서는 것이 아니라 우리만의 강점을 살린 차별화된 역할을 찾는 데 있다.

글로벌 시장에서 한국 기업의 위상은 경쟁 관점으로 보면 위기의 샌드위치이지만, 운용 관점에서 보면 기회의 경계위치다. 샌드위치에서 숨 막혀할 것이냐, 기회로 살릴 것이냐는 우리의 선택이다. 혁신의 방점을 경쟁 우위에서 탈경쟁의 운용(활용·응용)으로 옮겨갈 때 십수 년째 이어지는 저성장의 수축 사회에서도 벗어날 수 있는 블루오션이 열린다.

중국의 규모를 넘고 미국의 기술 패권을 넘는 길도 '초격차'와 '축적의 시간'을 넘어선 운용 혁신에 있다. 지정학적 경계 국가(샌드위치)인 한국이 미래 기술에서 앞서갈 수 있는 길은 비대칭적 경쟁전략 기반의 기술 운용 혁신에 있다. 즉 기술을 활용할 문제를 선점 곧 시장을 선점해 상용화를 선도하는 것이다. 선도기술에 앞서 있는 것보다 범용기술을 더 광범위하게 보편적으로 적용시키는 것이 성장에는 더 유리하다.

선도기술보다 범용기술이 경제를 성장시키는 데는 우위에 있다는 뜻이다. 일례로 5G에 실패한 것은 5G 기술을 활용해 어떤 서비스를 제공할 것인지에 대한 비전이 없었기 때문이다. 5G 기술 자체보다 5G 기술로 어떤 서비스를 제공할 것이냐, 곧 상용화를 선도하는데 혁신의 방점을 둘 때 필요 기술도 확보할 수 있고 기술 숙성이 가속화된다.

그러면 ICT 강국의 앞선 전자산업 기술과 세계적 시공 능력을 보유한 건설기술을 어디에 활용할 것이냐? 신도시 사업과 같은 종합개발서비스가 아니겠나. 지금까지 축적한 저위기술, 중위기술 산업현장 기술들을 수출용 제품을 만드는 데만 쓰지 말고, 이 기술들을 활용해 무슨 문제를 해결할 수 있느냐에 관점을 두면 그 문제해결의 사업장을 만들 수 있다. 그 문제를 해결하는 과정에서 신기술도 수요가 일어나고, 그 기술을 내부에서 개발할 수도 있고 외부에서 조달할 수 있다.

우리나라가 기존 산업에서는 중국 대비 규모의 경제 열위, 선진국과는 기초연구 분야에서 업력 차를 극복하고 기술 선도 국가가 되려면 단위 기술 요소기술 원천기술 개발을 경쟁할 것이 아니라 그 신기술을 활용해 어떤 서비스를 제공할 것이냐, 곧 우리 강점인 상용화 역량을 살리는 데 포커스를 두는 것이 세계 과학기술 생태계에 있어서 한국이 비교우위를 가진 기술 확보 전략이다.

'이 기술을 어디에 활용할 것인지, 문제해결에 어떤 신기술이 필요한지'에 방점을 둔 '기술 운용 혁신'이다. 이는 문제해결의 국제사업장을 선점해 신기술을 선제적으로 도입하고 상용화를 선도하는 전략이다.

오늘날 지구적 플랫폼 제국을 형성한 미국 빅테크들의 혁신 방식도 운용 기반이다.

애플은 스티브 잡스(Steve Jobs) 시대(스마트폰 성장기)의 핸드폰 제조·디자인 경쟁에서 팀쿡 시대에 와서는 핸드폰을 어떻게 더 잘 활용할 것이냐에 혁신의 방점을 찍고 스마트폰을 둘러싼 서비스 생태계 구축에 집중했다.

코닥은 2012년 파산할 때까지 오직 '필름을 어떻게 팔까'만 고민했다. 가장 많은 사진 데이터를 가지고 있으면서도 활용할 줄은 몰랐다. 사진 데이터를 활용한 인스타그램이 탄생했다. 서울반도체 출신들은 LED 조명만으로는 미래 성장성에 한계가 있다고 보고 넥스트온이라는 회사를 만들어 LED 기술을 활용한 인도어팜(스마트팜) 사업에 진출했다.

지금까지 혁신은 새로운 제조 아이템이나 미래 첨단기술 개발에 방점이 찍혀 있다. 기존 기술과 인프라를 활용·응용해 새로운 문제를 해결하는 과정에서 기술 간 융합도 일어나고 새로운 기술도 확보된다.

모든 제조기업이 생산하는 제품은 수단이고 그 제품을 도구로 활용해 '문제를 해결하는 것이 업의 본질'임을 통찰하면 제조업에서 서비스업으로 진화하는 제2 창업의 길이 열린다. 예컨대 히타치는 엘리베이터, 반도체 제조 장치, 산업기계를 제조·판매하나 제품만 덜렁 파는 게 아니라 '디지털 솔루션'을 함께 판매한다. 단순히 하드웨어를 파는 게 아니라 고객에게 디지털 솔루션서비스를 제공해 가치 창출을 돕는 기업이다.

엔비디아는 더 이상 반도체 칩을 열심히 만들고 판매하는 기업이 아니라 데이터센터와 같이 AI 인프라 스트럭처를 구축하는 기업이라고 선언

한다. 데이터센터에 들어가는 반도체는 물론 네트워킹 장비와 스토리지, 냉각 장치에 이르기까지 AI 밸류체인의 모든 것을 제공하는 '토털솔루션'을 목표로 하고 있다. 한화큐셀은 중국의 태양광 모듈 저가 공세에 '그린에너지 솔루션'으로 대응하고 있다. 발전사업 부지개발, 현지 모듈 생산, EPC 사업을 일괄 제공하는 종합 솔루션서비스 모델이다. 이와 같이 중국 추격에 고전하는 한국 제조·판매 기업들은 솔루션서비스 사업으로 경쟁 구도에서 벗어날 수 있다.

전환기에 있는 우리 경제는 무엇보다 긴급한 일과 중요한 일의 균형이 필요하다. 일례로 반도체가 수출의 20%를 점하는 핵심 산업인 것은 분명하지만, 국가 경제 전체가 특정 산업에 몰려 초래될 위기는 반도체 자체 위기와는 비할 바가 아니다. 대외적 경쟁변수가 많아 미래가 불투명한 첨단 제조산업에 의존하지 않고도 살아갈 수 있는 선진 산업 체질로 진화하면, 반도체는 성장을 주도하는 신성장 동력이라기보다 첨단제품을 자급화시켜 대외 의존 리스크를 줄여주는 측면이 더 크다.

특히 메모리와 파운드리는 벌어들이는 돈 이상으로 설비 투자를 계속해야만 초격차가 가능한 양산제조업이다. 같은 돈을 제조설비보다 노동집약적인 지식서비스업에 투자한다면 일자리 증가는 비교 불가다. 온 나라가 반도체에 빠져 있어서는 안 된다는 뜻이다. 이미 IMF와 국제금융위기 등 두 번의 체질 개선 기회를 놓쳐버렸다. 코로나19는 세 번째 위기이자 마지막 기회다.

• **기술 만능론과 운용 혁신**

먼저 우리가 가진 기술을 객관적으로 평가해 보자. 우리나라가 보유한 기술 성격을 객관적으로 파악할 때 경계 국가로서의 한국의 역할이 나온다. 지난 30년간 축적한 기술은 제조 현장·건조 현장·시공 현장 등 현장 기술이다. 제조업으로 보면 토털 밸류체인(Total Value Chain)상 제조양산 기술 중심이다.

세계 시장 다양한 곳에 수출을 시도해 더 싸게(가성비), 더 좋게(품질), 더 안전하게(범용 기술화, 경쟁 과열로 시장포화) 하는 게 기술 완성이고 숙성이다.

국제 사회 대부분 국가의 제조산업육성 동기는 우리와 다르다. 우리는 수출하려고 자동차를 만들고, 배를 만들고 있지만, 다른 나라들은 수입을 대체하려고 자기 나라도 필요한 제품을 스스로 만들려고 자국 생산 체제를 키우려고 한다.

우리는 수출 동기(국내 설비 70%가 수출 설비) 곧 기술을 완성하기 위해서 여러 나라를 대상으로 테스트해야 하는 역할로 성장했고 다른 나라들은 수입에 의존하는 제품을 스스로 만들 수 있게 한다는 자국 산업 보호를 위해 제품을 만들려는 동기다.

중국을 끝으로 세계 공장 시대는 끝났다. 세계화의 성숙이다. 지난 30여 년간 우리가 축적해온 기술은 써먹지 못하고 신기술만 보고 선진국과 경쟁해 이기는 길만이 우리가 사는 길이라 착각하고 있다. 우리가 가진 기술을 필요로 하는 나라들에 기술을 전수할 사업 기회를 보지 못하고 있는 것이다. 우리가 이미 보유하고 있는 국제 사회 기술 포트폴리오 80%를 점하는 중위·저위 기술은 운용하지 않고 선진국이 보유한 고위 20% 첨단기술과 경쟁하는 초격차 전략, 축적의 시간 담론은 허구다.

한국 산업기술의 국제적 위상과 패스트 팔로워의 국제 역할은 무엇인가? 우리 기술의 국제 사회에서의 의미와 역할은 첫째, 기술 전수다. 이들 기술은 원천기술과 달리 다수 현장 인력에 체화되어 있다. 원천기술은 후발국에 전수해도 쓸 수가 없다. 경계 국가가 숙성시켜 전수해야 한다.

둘째, 개도국은 모두 기술 교류(=기술 전수)와 노동 인력 향상이 공통 희망이다. 경험 노하우와 기술을 수출하려면 우리 국민이 현지에 대거 파견되어야만 가능하다.

셋째, 기술 교류 교량 국가 역할이다. 후발국은 숙성된 기술을 가져가 쓸 수 있고 선진국의 원천기술은 한국에서 상용화, 제품화, 범용화 과정(테스트베드)을 거쳐 완성된다.

그 대표 사례가 원전을 프랑스나 미국의 반값에 건설하고, 스마트팜 기술을 수입한 지 얼마되지도 않아 한국형 스마트팜을 반값에 수출하게 되는 등 가성비 경쟁을 통해 우리가 기술을 완성하는 과정이다.

상품 수출은 바로 기술을 더 다양하게 상품화시켜 범용화시켜 완성하는 과정이고 기술이 완성되면 후발국이 따라와 경쟁하게 되면 상품 수출(교역)로 돈 벌려 하지 말고 기술 전수 사업으로 넘어가야 한다.

[상품 수출 역할] 우리가 압축성장으로 선진국 수준에 도달했다는 것

은 기술 숙성이 완성되었으므로 이제 상품 수출을 넘어 기술 전수형 코칭 투자 사업으로 진화해야 할 때다. 우리 기술 수준에 대한 자각이 우리 상품 수출의 역할(기술숙성 곧 상용화 완성)과 진화 방향(기술 전수 코칭과 숙성기술 활용 문제해결)을 알려준다.

• 대중 전략에 적용

중국과 초격차 기술 개발, 기술 인재 유출 방지 등으로 경쟁할 것이 아니라 현재 중간재를 공급해주고 있는 거래업체나 로컬 경쟁업체와 제휴해 운영 노하우와 기술을 제공해 중국 내수 시장과 글로벌 시장 공략을 함께하는 코칭의 편승 전략으로 가야 한다. 한국 기업이 한때 중국 시장에서 잘 나가다가 고전하고 있다. 하지만 SK이노베이션의 중국합작 법인인 중한석화는 여전히 건재하다. 단순히 제품을 판 게 아니라 밸류체인(정유 판매에서 전기차 배터리로 사업 확대 중)을 만들었기 때문이다.

이처럼 제품이 아닌 운영 노하우와 시스템, 기술을 팔면 B2C 시장에서 B2B(코칭), B2G(개발 아젠다)로 옮겨가 경쟁구도에서 벗어날 수 있다. 싱가포르는 중국과 경쟁하지 않고서도 지속 성장하고 있다. 무슨 초격차 기술이 있어서도 아니다.

• 과학기술 강국을 넘어 혁신 선도 국가로

한국은 자타가 공인하는 IT·반도체 강국이지만 기초과학이 약한 탓에 과학 강국으로 인정받기는 어렵다. 기초과학을 놓고 전통적 서구 선진국과 경쟁할 것인가.

선진국이 오랜 시행착오를 통해 개발한 신기술을 도입·흡수해 빠른 상용·응용개발로 기술을 발전시키고 기술 완성도를 올리는 역할이 한국 R&D의 비교우위다.

기초과학과 달리 산업현장의 엔지니어 인력 풀이 한국의 강점 자산이다. 선진국에 기술이 없는 것이 아니라 엔지니어 집단(=산업 역군=베이비부머)이 없다. 원천기술은 소수연구원 IP에, 제조 기술은 다수 경험 노하우에 체화되어 있다. 그래서 산업현장의 숙련된 전문기술 인력이 압축성장의 주역이고 곧 양산기술 경쟁력이자 우리 기술의 본질이다.

같은 정유 공장인데도 이상하게 한국 공장이 더 잘 돌아가는 것은 엔지니어 집단이 현장에 있기 때문이다. 첨단제품을 생산(=상용화)하고 미래 첨단시장을 선점(=기술 확보)하기 위해서는 한국이 독자적으로 모든 기술을 확보해나가기에는 너무 오랜 시간(업력)과 큰 비용(=절대 규모)이 들어가는 만큼 (선진국과) 양국 간 강점(=상용화 생산)을 토대로 분업체계를 만드는 기술 파트너십이 효과적이다.

우리 기업보다 수배 수십 배의 스케일 메리트를 가진 중국기업과 범용성 중간재 수출을 경쟁하는 것이 지속 가능한가? 절대 금액 면에서 수십 배 큰 R&D 예산을 집행하는 중국, 일본, 미국 등 강대국과 신기술 개발을 경쟁한다면 승산이 있을까? 초격차와 축적의 시간 사이에 낀 샌드위치 신세만 악화될 뿐이다.

기술은 있으나 혁신이 없는 이웃 나라 일본을 지켜보면서도 언제까지 과학 강국과 초격차 기술 강국의 허상에 매여 있을 것인가! 일본 기업들이 원천기술에는 앞서 있지만 미국의 실리콘밸리에서 일어나는 것처럼 혁신에 성공한 기업은 거의 없다. 과학기술 강국은 수단이고 목표는 혁신 선도 국가다.

"(한국 성장 모델은) 미국 모델이든 중국 모델이든 그대로 복제할 수 없고, 해서도 안 된다. 특히 중국의 강화된 과학기술 역량에 자극받아 우리도 과학기술에 올인해야 한다고만 된된다면 그건 아직 길을 찾지 못했다는 증거일 뿐이다. 과학기술 편중시대에 한국만의 남다른 경쟁우위를 구축하기 위해서는 과학기술 너머의 것을 보고 중히 쓸 줄 알아야한다"라고 일갈한 은종학 교수(국민대, 〈중앙일보〉 2025.3.6.일 자 오피니언)의 통찰이 돋보인다. 모든 국가가 미국과 같은 최첨단 혁신 기술을 선도함으로써 경제성장을 이루는 것은 아니다. 전통 선진국들을 보더라도 미국이 주도하는 혁신 기술을 경쟁해 지금의 높은 생산성을 누리는 게 아니지 않은가. 첨단제품과 첨단기술도 선진국이 영위하는 고부가가치 산업의 일부일 뿐이다.

배터리 등 첨단산업도 초격차 기술이라기보다 이미 기술 평준화 단계에 들어가고 있다. 특히 첨단산업 소부장은 업력이 기술격차를 좌우한다고 해도 과언이 아니다. 기술적 우위를 경쟁(초격차)할 것이 아니라 기술 운용을 통한 혁신 경쟁으로 기술의 초격차가 아닌 성장의 초격차를 달성하는 것이 진짜 초격차다.

[상용화 R&D 강점 발휘] 예를 들면 서비스 로봇(식당 서빙 로봇, 로봇 청소기

외 홈 로봇 분야 등)은 미국, 일본 보다 한국에 더 많다. 민간 기업들이 적극적으로 뛰어든 덕분이다. 실생활에 유용한 로봇을 운용하기 위해 ICT와 AI를 융합해 로봇 플랫폼 구축을 한국 ICT 기업들이 선도하고 있다. 로봇 플랫폼(로봇을 원격으로 제어하고 이용자 맞춤형으로 개선)을 사업화한 기업은 아직 전 세계적으로 찾아보기 어렵다. 한국 ICT 기업이 더 앞서가고 있다. 곧 미래 신기술을 한국 기업(KT, LG, 배민 등)들이 상용화를 선도하면서 기술을 발전시켜나가고 있다.

로봇 기술의 사업화는 연구만으로는 한계가 있다. 미국은 로봇 기술에서 가장 앞서있지만 대부분 작은 스타트업들이 사업화에 도전하고 있다. 한국은 대기업이 앞장서 시장을 개척하고 사업을 키우면서 시장에서의 사업 경험을 축적해 기술 발전이 빠르다.

미국 보스턴 다이나믹스는 창립 30년 만에 연구개발 R&D 중심 회사에서 대량 제조업체로 변신하고 있다. 현대자동차가 로봇 '개발' 업체 보스턴 다이나믹스를 인수하면서 물류 로봇(DHL에 공급 등) 양산 채비를 마쳤다.

하드웨어 제조기업이 20세기형이었다면, 21세기형은 운용 서비스기업이다. 기술혁신에서 기술 운용으로 혁신 패러다임의 전환이 일어나고 있다. 지금 세계를 지배하는 미국 빅테크 기업들이 내부에서 초격차 기술 개발로 성공한 기업인가? 이들은 테크 기술 기업이라기보다 운용 서비스 기업이다. 해결할 문제를 먼저 정해 관련 데이터를 모으고 플랫폼화시켜 필요한 기술은 세계로부터 끌어들인다.

'새로운 기술이 나오면 이 기술로 무슨 문제를 해결할 수 있는지, 또 문제를 발견하면 이 문제를 해결할 수 있는 기술이 세상에 나와 있는지' 질문을 던지는 창업자(구글 래리 페이지)는 모두 운용의 고수들이다. 아마존은 인터넷으로 책을 팔던 제프 베이조스(Jeff Bezos)가, 테슬라는 핀테크 페이팔을 창업한 일론 머스크(Elon Musk)가 세운 기업이다.

국가 단위 운용 혁신 사례로 UAE는 우주개발을 선언한 지 10년 만에 화성 탐사선을 화성 궤도에 진입시키는 데 성공했다. 이 같은 성과의 배경에는 국제 기술 협력이 있다. 국적과 관계없이 최적의 기술을 세계에서 끌어들여 초기 개발 단계에 드는 비용과 시간을 효율적으로 절감한 덕분이다. 한국이 원천기술 후발 주자의 한계를 뛰어넘기 위해서는 글로벌 기술 파트너십이 필수다. '상용화 목표(어디에 쓰겠다는 사업장, 사업 프로젝트)'를 세우고 세계의 기술들을 흡수한다.

4차 산업혁명의 디지털경제는 기술 자체에 집중하는 '기술 경쟁'보다 문제해결을 위한 기술의 상용·응용·융복합화로 기술의 용처를 찾는 '혁신 경쟁'이 키다.

진정한 패스트 무버는 선도기술 개발이 아니라 기술 운용이 키다. 우리 사회는 '기술 초격차만이 살길이다'의 도그마에 빠져 있다.

삼성 이재용은 '세상에 없는 기술로 미래를 만들자'라며 기술 리더십을 주장한다. 그 기술로 만들 미래는 무엇으로 상정하고 있나? 우리가 가진 기술과 인프라로 '아직 해결되지 않은 세상의 어떤 문제를 해결할 것인가?'로 질문을 바꿔야 한다. 다시 말해 'AI, 데이터기술?' '그걸로 뭐 할 건데?'가 먼저다.

　기술 경쟁(혁신가의 딜레마, 코리아 패로독스)이 아닌 혁신 경쟁(새로운 시장 B₂BG, 문제해결 운용 혁신)으로 가야 한다. 기술혁신은 첨단기술과 튼튼한 기초과학 연구 기반이 토대이지만 운용 혁신은 기존 기술이 보다 더 다양한 사회적 가치(문제해결)를 창출할 수 있도록 활용되도록 한다. 운용 혁신 사례를 들면 삼성전자가 TV, HHP 만드는 데 사용하는 스크린 영상기술, 모바일 통신 기술로 해결할 수 있는 사회 문제(스마트 의료, 스마트교육, 스마트 컨트롤, 스마트 제조 등 스마트 신산업)는 차고 넘친다. 왜 이 기술을 TV, 스마트폰 만드는 데만 쓰나? 더 큰 TV, 더 고사양 HHP를 두고 중국 브랜드와 초격차 경쟁을 벌일 것인가?

　글로벌 조선업계에서 친환경사업 부문은 군웅할거 상황인데 한국 조선업체들은 선박 건조에 매여 있다. 해상 원전과 스마트시티 등으로 미래 사업 분야로 넓혀야 할 때 손이 묶여 있다. 양산제조에 묶여 있는 우리 국민의 손발이 연구 분야 일감으로 옮겨갈 때 항상 한발 앞서가며 후발국을 지원하고 이끄는 선도 국가로 거듭날 수 있다.

• 혁신 패러다임 전환

　'기업 생산성 증가율을 올리려면 기술 개발의 기본인 기초연구를 강화해야(한은 경제연구원)', '첫째도 둘째도 셋째도 기술이다. 세상에 없는 기술로 미래를 만들자(삼성 이재용)', '개념 설계와 축적의 시간(서울대 이정동)', '과학기술 성장 방식이 추격형에서 선도형으로 전환해야 한다', '기술혁신이 유일한 성장 대안이다' 등 오늘날 우리 사회에 통념으로 자리 잡은 기술 만능론이다.

한국 성장모델의 원형은 기술. 수출. 제조 경쟁우위에 기반한 상품 제조수출형 산업 구조다. 한국이 기술 산업으로 성공했고 성장 한계에 부딪힌 한국 경제의 해법도 연구개발을 통한 기술 확보와 기술 경쟁우위 외에는 대안이 없다라는 것이 지배적인 시각이다. 주류 지식인 사회 전반에 "기술=혁신성장"이라는 시각과 한국이 과거에 패스트 팔로워(기술 캐치업 전략)로 성공했듯이 앞으로도 기술 경쟁에서 승리할 것이라는 기술 낙관론이 팽배하다. 그 토대 위에 첨단산업, 경쟁우위, 초격차 기술, 제조 강국, 수출 강국, 기술벤처, 산업공동화 등이 경제와 산업정책을 바라보는 우리 사회의 주류 담론으로 자리 잡았다. 이를 뒷받침하는 것이 제조업으로 성공한 삼성 신화다. 국가산업정책(초격차·미래 먹거리·수출드라이브)이 삼성의 사업전략과 괘를 같이 하는 배경이다. 하지만 지난 십수 년간 주류 관점에 기반한 정책을 펼쳐온 결과는 장기 저성장, OECD 최하위 생산성, R&D 코리아 패러독스다. 혁신의 성과는 혁신의 키를 무엇으로 잡느냐에 따라 결정 난다. 과학기술 석학들이 신기술에 경도돼 우리가 가진 기술의 가치가 무엇인지, 국제 사회에 어떤 위상을 가지고 있는지, 어디에 쓸지 몰라 활용 기회를 놓치고 있다. 우리 사회 주류의 도그마 화 된 기술관이 국가와 국민을 샌드위치로 몰아넣고 있지는 않나. 수출 강국 제조 강국을 넘지 못하면 미래 한국은 없다. 초격차 게임에서 벗어나야 한국이 산다. 삼성 신화를 버려야 살길이 열린다. 일례로 반도체 산업을 지키는 것은 물론 중요하다. 다만 국가 경제 미래가 반도체에 매여서는 투자 부담, 경기 사이클 등 업의 특성상 리스크가 너무 크다. 리스크를 헤징할 수 있게 국제사회 투자 파트너십을 확대하고 반도체를 레버리지로 새로운 기회를 발굴할 수 있어야 한다.

우리나라 범용제품은 중국 등 후발국에 밀려 빠르게 시장을 빼앗기면서 글로벌 경쟁력을 확보한 산업 분야에서 초격차 유지가 한계에 이르고 있다. 첨단기술이 들어간 고부가가치 제품 비중 확대나 기초연구 기반 원천기술은 오랜 업력으로 축적된 선진국과의 기술격차를 따라잡기에 벅차다. 게다가 우리나라는 양자 기술, 차세대 배터리, 수소, AI·로봇, 디지털 헬스 케어 바이오 등 미래 첨단기술 대부분에서 이미 중국에도 많이 뒤처지고 있다. 탈추격형 연구개발에서 선도형 연구개발로 가야 한다며 미래 기술 선도를 외치지만 내용을 보면 다시 선진기술 추격전에 나서는 모순에 빠져 있다. 한국 과학기술계가 처한 딜레마다.

더욱이 보조금 경쟁 등 첨단 제조가 국가 대항전으로 가고 있어 강대국 규모의 경제와 경쟁해야 하는 부담을 안고 있다. 첨단 제조산업이라는 BBC도 바탕이 되는 핵심 광물 기반 소재는 중국에 뒤처지고, 기반이 되는 부품. 장비 등 뿌리산업은 우리 국민이 기피하고, 완성품 양산제조는 중국, 인도, 베트남에 밀리고 경쟁과열로 부가가치도 적어질 수밖에 없다. 첨단산업이라도 국내에서의 양산제조업은 중국 대비 지속 가능한 비교 우위(소부장 및 인력난 등)가 없다는 뜻이다.

강대국과는 규모의 경제(R&D 투자 규모), 전통 선진국과는 업력 격차로 비교열위에 처해 있는데 초격차(추격자 대비 격차 확대)나 선도자(기초연구 강화 원천기술 확보) 전략으로 선·후발국 모두와의 기술 경쟁을 계속할 것인가? 과학기술 강국은 낭위적 비전이나 기술적 샌드위치 딜레마를 극복할 전략은 있나? 기존 경로에서 의지를 다지고 노력을 배가하는 식의 내부 총력전을 펼치는 것만으로는 목표를 이룰 수 없다.

선·후발국 간 기술 샌드위치에 빠져 있는 우리에게는 추격 R&D의 의미와 미래 기술의 획득 경로에 대한 통찰이 요구된다. 추격자 형 전략이라 평가절하할 수도 있지만 패스트 팔로워는 단순히 카피캣(Copycat, 모방)을 넘어 가성비와 품질경쟁을 통해 기술 범용화를 이끌며 숙성시켜 상용화를 완성하는 과정이다.

양산제조·공정 기술, 조강 기술, 시공 기술, 건조 기술, 봉제 기술 등 산업별 현장 기술은 모두 우리가 패스트 팔로워 전략으로 축적한 세계 최고 효율의 제조 기술과 생산성 노하우다. 세계 과학기술 생태계에서 국내 산업이 가진 본원적 비교우위가 여기에 있다.

첨단기술을 선도(원천기술 개발)하는 것도 필요하지만 숙성되고 완성된 기존 기술을 국제 사회 더 많은 국가가 이용해 경제 발전을 앞당기게 지원하는 것도 선도국의 중요한 역할(기술 브릿징 역할)이다. 반면 선진국이 선도하는 미래 기술도 일정 수준의 개발단계를 지나면 한국의 상용화 R&D역량과 협업할 때 시장화, 산업화를 앞당길 수 있다.

우리 산업의 생태계를 글로벌로 확장하면 경쟁체제에서 벗어나 후발국에 기술 전수도 하고 편승 성장할 수 있는 길도 열린다. 양산제조업의 R&D 경쟁력은 규모의 경제가 기본 토대다. 규모를 잃으면 초격차를 유지할 수 없다. 양산제조는 해외로 확대해 규모의 경제를 키워 중국과의 경쟁에도 대응하고 국내는 제한된 인력과 재원을 글로벌 생태계상 R&D에 집중하는 역할 분담으로 가야 기술우위 유지가 지속 가능한 체제다.

수출 강국으로 우리나라가 압축성장을 통해 확보한 기술은 연구소 안의 원천기술이 아니라 현장기술이다. 대부분 표준화된 기술이고 표준을 넘는 첨단기술은 축적된 역량과 노하우가 필요하다. 업력이 긴 선진국 기업이 절대적 우위에 있다. 세상에 없는 기술은 곧 원천기술이다. 원천기술은 업력에 비례하고 첨단분야는 장기간에 걸쳐 대규모 투자가 요구되므로 전통 선진국과 강대국에 비해 불리하다.

미래 첨단 시장을 선점하기 위해 한국이 독자적으로 모든 기술을 확보해나가기에는 너무 오랜 시간(업력)과 큰 비용(절대 규모)이 들어가는 만큼 선진국과 상호 강점을 토대로 분업체계를 만드는 기술 파트너십이 더 효과적이다. 곧 비대칭적 경쟁전략(선·후발국 간 기술 브릿징 역할)으로 전환하는 것이다. 이는 경쟁사·경쟁국에 대한 경쟁우위를 바탕으로 시장이나 외교에서 승리하기 위한 필수 요소다.

게임 체인지 기술이라도 발명 자체가 아니라 이후의 기술적 진화-상용화-보급에서 성패가 결정된다. 선진국과 기초연구를 경쟁하기보다 우리의 강점을 살려 게임 체인저가 될만한 연구실 기술을 발굴해 투자에 참여하는 등으로 상용화를 선도하는 것이 더 효과적인 신기술 확보 전략이 아닐까? 세계의 첨단기술을 발굴해 지분에 투자하고 글로벌 공동 연구 기반을 확보해 공동개발 프로젝트(상용화 파트너십)를 추진함으로써 신기술을 확보한다. 기술 선도국은 결국 표준 및 규격 선점이 키가 아닌가.

일본은 특정 산업의 소부장 기술에서 세계를 리드하는 분야가 많은데도 왜 경제 전체는 침체에서 벗어나지 못하고 있나? 일본 기업들이 원천 기술에는 앞서 있지만 미국의 실리콘밸리에서 일어나는 것처럼 혁신에 성공한 기업은 거의 없다. 업력이 기술력 격차를 결정하는 소부장 같은 기술업과 운용 역량으로 미래 기술에 앞서가는 빅테크 기업의 기술 확보(테슬라 슈퍼컴퓨터, 구글 AI 등) 전략은 다르다. 즉 빅테크는 '플랫폼 시장(미래 시장)'이라는 '새로운 현장(기술 활용의 장)'을 지배함으로써 미래 기술을 선점한다. 전자가 선형적 R&D에 방점을 둔다면 후자는 기술 운용에 혁신의 키를 두고 있다.

융합 시대의 혁신 경제는 선형 R&D(깊게)를 운용 R&D(넓게)로 곧 기술 개발에서 기술 활용으로 R&D 패러다임의 전환이 출발점이다. 혁신은 세상에 없는 신기술을 찾아 나서는 유레카의 여정이 아니라 이미 시장에 나와 있는 기술들을 잘 활용하는 것에서 시작하는 것이 지름길이다. 신기술의 응용 수요도 그 과정에서 드러나므로 선점 기회를 얻는다. 곧 기존 기술을 활용할 수 있는 사업 현장, 신기술 수요를 발생(상용화)시키는 사업 현장을 만드는 것이 기술 선점의 길이다. 즉 국제 사회 개발 아젠다 선점이 신기술 확보 기회로 이어진다. 개도국, 선진국 모두에서 수요가 급증하고 있는 신도시 사업도 신구기술 융합의 장이다.

첨단미래 신도시는 기존 기술 활용의 장이자 미래 기술 상용화의 장이 되는 현장 플랫폼이다. 미래 기술은 융합에서 나오고 융합은 사업 현장을 선점한 자가 선도한다. 실제 적용할 수 있는 사업 현장이 있을 때 기술 발전이 가속되는 이유다.

주력산업 대부분이 전환기를 맞아 '혁신가의 딜레마'에 봉착해 있는 지금 기술우위 경쟁게임(산업 성장 팽창기)을 지속할 것이 아니라 기술 운용 혁신으로 전환해야 한다. 산업 성장기의 경쟁우위 혁신에서 성숙기의 운용 혁신으로 기술혁신 패러다임 자체를 전환하지 못한 것이 저성장의 근본이다.

기술혁신이 부족해서가 아니라 문제발굴에 뒤처지는 한국 사회의 기업가 정신 부족 곧 운용 역량의 결여가 문제다. 기술 자체에 빠져 있는 기술만능주의에서 벗어나 기술을 어디에 활용할 것인지 '기술 운용'에 집중해야 한다.

선형적 R&D의 초격차와 업력(축적의 시간) 차가 아닌 기술 운용에서 미래 신기술이 나오는 융합 시대다. 즉 문제(국제 사회 개발 아젠다)를 선점해 필요한 기술을 끌어들임으로써 기술 간 융합을 일으켜 기술 발전을 가져오는 것이다.

초격차의 본질은 기술적 우위 경쟁을 넘어 기술 운용을 통한 혁신 경쟁으로 초격차 성장을 이루어내는 것이 아닌가. 진정한 선도자는 기술 개발 이전에 새로운 시장(새로운 문제)을 정의하는 자다.

새로운 시장(제로 달러 가치로 시작)을 창출하면 누구나 추격자가 아닌 선도자로 출발할 수 있다. 예를 들면 엔비디아는 게임용 GPU를 AI 시장에 활용하는 '기술 운용' 혁신으로 새로운 GPU 시장(AI 가속기 시장)을 창출했다. 엔비디아가 AI 특성에 맞는 대량 연산을 목표로 AI 가속기 개발에 뛰어들었듯이 기술은 먼저 어떤 문제를 해결할 것인지 구체적인 목표가 주어질 때 개발 효율이 배가된다.

2. 선·후발국 간 기술 브릿징 역할의 지경학적 국제 허브, 글로벌 산업 수도

한국의 대외적 국가전략은 '수출 강국(수출주도 성장전략)'이고 수출 강국 포지셔닝은 ① 세계 상품 시장 수출 중심, ② 국제 사회 경쟁 기반, ③ 양산제조 중심을 전략적 기반으로 한다. 이 모두가 비교우위를 잃고 있으므로 포스트 수출 강국 포지셔닝은 비대칭적 비유기적 편승 성장형 신성장 해법을 찾아야 한다.

수출 강국이라 하지만 글로벌 공급망(GVC) 내 피라미드 최상위 미국의 부품기지창에 불과하다. 밸류체인 하단부에서 중국 대만과 경쟁하고 있다. 미·중 패권 경쟁에 쉽게 영향받는 샌드위치 신세의 종속적 경제 체질이지만 '국제 개발 협력 플랫폼 국가'로 포지셔닝하면 수평적 파트너십의 독립적 경제 체질로 변신할 수 있다.

글로벌 공급망 재편을 한국 산업의 '공급망 리스크 관점'에서만 보지 말고 '국제 사회 선·후발국 간 분업체계 관점'으로 시야를 넓혀야 한다. 자원이 없는 한국은 수입 원자재에 의존할 수밖에 없는데 국내로 원자재를 수입해 생산·수출하는 방식의 국내 중심 공급망에서 벗어나 원자재 가까이 시장 가까이 공급망을 확장하고 여러 국가에 분산시켜 곧 공급망 다변화를 통해 안정화하는 것이 더 유리하다. 이렇게 되면 국내 제조업도 양산제조 중심(제조 대국)에서 설계·기술지식 IP 등 지식 제조 중심(진정한 제조 강국)으로, 글로벌 공급망에서 선진국이 담당하는 지식서비스 기반(생산형 서비스산업 중심) 분업으로 한 단계 올라갈 수 있다.

지정학적 리스크의 지경학적 헤징(다자연대 국제 허브, 팍스 코리아나)

[비교우위 위기] 경계위치에서 산업의 비교우위를 보면 후발국의 기술 추격(기존 산업의 초격차 전략)과 선진국과의 업력 차이로 인한 기술 갭(비메모리, 자율주행, 배터리, 수소 에너지, 로봇, 인공지능, 항공우주, 양자컴퓨터 등 미래산업) 사이에 낀 샌드위치 처지다.

한국의 R&D 투자 절대 금액은 중국의 5분의 1(미국의 9분의 1, 일본의 2분의 1, 독일의 3분의 2)에 불과하다. 강대국들과 일부 산업만이 아니라 거의 모든 첨단기술 분야에서 경쟁하고 있다. GDP 대비 투자 비율은 큰 의미가 없다는 뜻이다. 게다가 기술 축적이 상대적으로 일천한 우리는 선진국과의 업력 차이로 인해 기술 축적 시간이 절대적으로 불리하다. 코리아 패러독스를 겪고 있고 OECD 최하위 생산성의 근본이다.

[리스크헤징 기회] 경계 국가는 경쟁 관점에서 보면 위기이지만 운용 관점에서 보면 기회다. 한국이 경제적으로 샌드위치 위기를 극복하려면 비대칭적 경쟁 포지셔닝(운용 혁신)을 찾아야 한다.
선·후발국 간 경계위치는 선진국과 개도국 양쪽 모두가 필요로 하고

지지받을 수 있는 위치다. 그 유리함을 살리지 못하고 양쪽 모두와 경쟁하고 있다.

비대칭성은 국가나 기업이 상대적 경쟁우위(비교우위)를 바탕으로 시장이나 외교에서 승리하기 위한 필수 요소다. 사이에 끼어 있다는 것은 '다리' 역할을 할 수 있는 포지션이다. 선·후발국 모두를 포용하는 역할을 찾으면 교량 역할을 할 수 있다.

경계 국가 한국은 인당 GDP(상위 30위), 경공업, 중화학공업, 첨단산업에 이르기까지 선·후발국 업종 모두를 보유하고 있고, 기술 수준도 국제사회 상위 20% 수준에 도달해 있다. 경계 국가만이 가진 고유한 특성을 살리면 글로벌 집적효과를 누리는 국제 허브로 도약할 수 있다.

영연방은 영국, 캐나다, 호주 등 선진국을 포함해 56개국 25억 명의 소비자 시장이다. 한국도 제2, 제3의 베트남과 같은 국가를 30여 개 조성해 산업 파트너십 연방을 구성할 수 있다. 성동격서 다자연대 지경학적 헤징 전략(다극외교)이 숙명적인 지정학적 한계를 극복하기 위한 해법이 될 수 있다.

경제발전과 안보 강화를 동시에 달성할 국가전략이 다자연대 국제 허브-경제공동체(화학적 통합)이다. 글로벌 중추 국가 비전의 실체가 여기에 있다. 국제 허브로 변신하기 위한 레버리지는 글로벌 산업 수도 플랫폼이다. 기업 본사가 위치한 서울이 사업장이 위치한 지방경제의 성장으로 집적효과를 누리듯이 우리나라가 선·후발국 간 경계위치에서 보유한 업종과 기술 포트폴리오를 활용해 국제 사회에 사업장, 현장을 조성해 상대국과의 연결성을 극대화하면 국가 전체가 본사 역할을 하는 글로벌 산업 수도로 변신할 수 있다. 진정한 선진국의 일류 국가로 도약하는 넥스트(Next) 국가 비전이다. 중추 국가의 실체적 비전이다.

세계 무역 강국, 제조 강국으로 성장한 우리나라가 21세기 펼쳐야 할 국가 비전은 경제성장기에 구축한 국제 사회 지경학적 경계위치를 활용해 선진국과 후발국을 연결(글로벌 중추 국가 비전)하는 기술 브릿징 허브로서 글로벌 산업 수도 역할을 하는 일이다. 지경학적, 지정학적 경계위치에서 선·후발국과의 경쟁을 탈피해 우리나라가 압축성장을 통해 축적한 상용화 R&D(빠른 추격에 성공한 핵심 역량)를 비교우위 역량으로 활용한다. 선진국과는 양자 컴퓨터, 우주산업, SMR, 바이오 등 미래 첨단산업 분야에서 기초 기술·원천기술의 상용·응용·산업화 R&D 파트너십으로 신기술의 숙성(가성비)과 완성도(범용화)를 선도하고, 후발국과는 숙성되고 완성된 산업기술을 전수해주는 기술이전 파트너십으로 선·후발국 모두가 필요로 하는 기술 브릿징 역할을 수행한다.

글로벌 뉴딜, 아웃바운드 '개발협력 플랫폼 국가' ↔ 인바운드 '글로벌 산업 수도'

우리나라가 보유한 기술의 성격을 통찰하면 밖으로는 국가 포지셔닝을 수출 강국에서 비대칭 경쟁전략 기반의 '개발 협력 플랫폼 국가'로, 안

출처 : 저자 작성

으로는 글로벌 산업 수도로 업그레이드할 수 있다.

　글로벌 산업 수도로서 국내는 ① 선·후발국 간 기술 브리징 역할을 위해 선진국 테크 기업의 상용화 R&D 중심 연구소, 후발국의 적정기술 소싱 중심 연구소가 집적하고, ② K-산업의 글로벌 생태계(세계 생산기지 허브 전략, 공급망 현지화 전략)의 허브 & 스포크 체제에서 본사 기능을 수행하는 지역본부의 허브가 되고, ③ 산업도시·신도시 개발 및 발전의 롤모델을 제공하는 국제 허브로 바뀐다. 일방적 상품 수출 중심의 통상을 넘어 '산업 파트너십 통상'을 펼친 결과(산업 한류 효과) 상대국 경제·산업과의 관계성·연결성이 극대화됨으로써 얻어지는 역할이다. 제조 강국-산업 강국의 입지를 활용해 국제 사회 교역 상대국의 경제·산업파트너(산업 파트너십)로 자리매김한 결과다.

국제 개발 협력 플랫폼은 ① 상대국 니즈에 맞춰 맞춤형 개발을 기획하고, ② 국제자금을 조달하고 필요한 업종과 기술을 가진 글로벌 기업을 유치하고, ③ 상대국에 산업도시 신도시를 조성해 국제 도시로 발전시켜 세계 경제와 연결하는 플랫폼이다.

세계 최고·최다 산업업종 포트폴리오와 수출 강국으로 축적한 해외 시장 경험을 활용해 수출 강국의 상인 국가에서 국제개발 협력 플랫폼 역할의 세계 공헌 국가로 변신하는 것이다. 이렇게 되면 수출 낙수효과 경제에서 글로벌 집적효과 경제체제로 옮겨간다.

우리 경제가 재도약하기 위해서는 패스트 팔로워에서 퍼스트 무버로 가야 한다며 과학기술 분야 기술력 우위만이 신성장 해법이라는 시각이 우리 사회 주류 담론이다. 선진국이 개척하지 못한 새로운 시장개발이 곧 퍼스트 무버(=선도형 R&D 체제로 전환의 길)다. 이제 퍼스트 무버가 되어야 성장을 기대할 수 있다고 하는데 퍼스트 무버 대한민국을 만드는 해법은 무엇인가?《킹핀 이후 K-산업 2.0》 '과학기술정책 2.0' 참고)

한국의 고도성장 비결은 원천기술이나 기초과학 R&D보다 이들을 실생활에 응용하는데 탁월한 능력과 효과를 발휘한 데 있다. 선진국에서 개발된 원천기술을 들여와 알맞게 응용해 수익을 내고 생산성 향상을 이뤄왔다.

개발도상국도 한정된 자원을 기초 기술이나 기초과학 R&D에 투자하기보다 외국에서 개발된 원천기술을 응용해 제조업의 생산성을 증대하

출처 : 저자 작성

고 일자리 확대에 집중하는 것이 바람직하다. 이런 맥락에서 한국은 선진국과 달리 응용 기술을 통해 새로운 산업과 부가가치 제고 '생산성 향상' 기법을 개도국에 전수해주는 것이 개발 협력의 차별화 포인트다.

우리나라가 패스트 팔로워 전략으로 제조업 육성을 통해 축적한 기술은 세계 최고 효율의 제조 기술과 생산성 노하우다. 가성비와 품질경쟁을 통해 '기술 범용화를 이끌며 숙성'시켜 '상용화를 완성'시킨 기술들이다. 세계 과학기술 생태계에서 국내 산업이 가진 비교우위가 여기에 있다.

세상에 없던 기술은 곧 원천기술이다. 원천기술은 통상 업력에 비례하고 첨단분야는 장기간에 걸쳐 대규모 투자가 요구되므로 전통 선진국과 강대국에 비해 불리하다. 새로운 시장을 개발하는 것이 진정한 선도자다. 예를 들면 한국이 사우디아라비아에 전기차와 배를 수출하다가 사우디아라비아와 함께 전기차와 배를 현지에서 만들게 되면 한국은 본사 일감으로 옮겨가 항상 한발 앞서 기술을 선도하고 이끌어주는 위치에 서게 된다.

3. [통상정책 2.0] 상품 제조·수출형 통상에서 산업 파트너십 통상으로 전환

경제·산업·통상·민생 개혁의 출발점

개방형 통상 경제인 한국은 경제·산업·통상·민생개혁의 출발점이 통상 모델 혁신이다. 우리 국민 모두가 첨단산업에만 종사할 수는 없다.

한 사회의 안정성을 담보하는 사회 구성의 몸통 격인 보편적인 중간층, 중산층을 산업활동에 가능한 많이 포용할 수 있는 통상 비전 2.0이 나와야 한다. 이는 통상 국가 양극화 해소의 궁극적 해법이다. 포스트 수출 강국의 3대 비전인 국제 사회와 ① 경제공동체를 이루고, ② 교역 상대국과의 연결성을 극대화해 글로벌 집적효과(내수경제와 연계)를 내고 국민 일자리를 ③ 본사 일감기반의 지식서비스로 바꿔내는 레버리지가 통상 모델 2.0이다.

- **상품 제조·수출형, 수주 경쟁형 통상의 한계**

트럼프 발 자유무역 체제의 붕괴, 세계 공급망 재편, 중국 제조업의 한국 추격 및 추월 등 통상 환경의 기본 틀이 완전히 바뀌고 있다. 거대 변화에 대응할 근본적 해법을 찾지 않고 미국 관세 폭탄에 일부 품목의 수입을 확대해 무역흑자를 줄이자는 식의 피상적 대책에서 맴돌고 있다. 우리가 수출과 무역흑자에 집착해 수출 강국 전략(중상주의 방식)을 고집하면 우리 경제의 규모와 산업의 국제적 위상을 지탱할 수 없다.

저성장, 일자리 미스매치, 양극화, 균형발전, 탄소중립, 저출산 고령화 등 우리 사회가 지금 겪고 있는 모든 경제 사회 문제는 서로 연결되어 있고 그 뿌리는 모두 상품 제조수출형 산업 구조다. 상품 제조·수출형 경제 성장 모델이 시효를 다해 역기능이 순기능을 압도하면서 압축 성장(GDP 3만 달러대, 10위권 경제 규모) 후 압축적 쇠퇴 경로(Peak Korea)를 밟고 있다.

상품 제조수출형 산업 구조는 소수 수출 대기업을 정점으로 수직적 산업 생태계를 형성해 성장 팽창기는 낙수효과로 동반 성장하지만 수축기에는 격차 확대로 이어진다. 수도권 쏠림의 근본 원인도 수도권과 비수도권의 산업 분화다. 일자리 미스매치도 사회는 경제성장과 함께 지식사회로 바뀌었는데 국민이 하는 일 곧 산업을 업그레이드하지 못해 일어나는 일이다.

탄소중립 시대 화석연료 의존도가 높은 제조산업, 무역수지 축소, 보호무역 강화(프랜드쇼어링 등 GVC 재편, 현지 투자 요구) 등 국내에서 제조해 수출하는 기존 통상 모델의 비교우위는 한계점에 이르고 있다. 우리가 미래 먹거리로 선정한 첨단산업 대부분도 이미 한중 기술 역전이 일어나고 있다. IMF 위기, 금융위기 등 위기 때마다 수출이 버팀목이었지만 성장동력을 더 이상 수출에 기대할 수 없는 상황이 도래한 것이다.

자원이 없는 나라가 채택한 상품 제조·수출형 통상 모델이 낙수효과·압축성장·동반성장의 순기능을 가져왔지만, 지금은 빨대효과·노동 시장

이중구조·생산성 저하·수도권 집중의 부작용이 커졌다. 시대변화에 따라 시효를 다한 성장 모델이 임계점을 지나면서 과거 순기능을 현재의 역기능이 압도하고 있는 것이다.

[① 국부 창출 한계] 국내발 상품 제조수출, 낮은 인건비를 찾아 옮겨 다니는 철새 형 공장 운영(상품 시장화, 제조 거점화), 일회성 도급형 해외 건설 사업(시공 중심) 등 기존 통상 모델은 수익성과 지속가능성 모두 한계를 드러내고 있다.

후발국과의 경쟁에 밀리고 보호무역 중심의 통상환경 변화 등으로 수익률이 떨어지고 무역수지도 악화되었다. 낙수효과가 줄면서 수출과 내수간 동반성장 고리가 끊어져 대외경제와 국내 경제 간 괴리가 확대되고 민생위기를 초래하고 있다. 상품 수출의 낮은 이익률(미국의 절반 수준 생산성)만으로는 현재의 국민소득 규모를 더 키우고 유지하기에도 버겁다. 저성장시대를 맞아 국가부채, 기업부채, 가계부채 모두가 급증하는 배경이다. 국부 창출이 한계점에 이른 것이다.

[② 중국 쓰나미 비교열위] 한국이 직면한 산업 경쟁력 위기의 본질은 AI 대전환에 앞서 당장 중국 제조 쓰나미 앞의 생존 문제다. AI의 일자리 대체보다 중국 제조에 빼앗기고 있는 기존 전통산업 일자리가 더 실존적인 문제다. 세계의 공장 중국이 글로벌 시장은 물론 내수 시장까지 쓰나미로 밀려들고 있다. 온라인 유통을 앞세운 초저가 제품 공습으로 국내

시장도 '중국 내수 시장화' 될 처지다.

수출기업뿐만 아니라 내수기업도 치명타다. 국내 제조업 기반이 붕괴될 수 있다. 일부 첨단 제조산업을 제외하고는 전통산업 대부분이 규모의 경제에서 중국 업체와의 경쟁에서 밀리고 있다. 국내 공장 기반 양산제조업은 생산직 인력 조달, 원자재 수입 경쟁력, 국제 운송 물류비 등 밸류체인 전반에 걸쳐 비교우위를 잃고 있다.

국민이 제조업을 기피하면서 만성적인 구인난, 원자재 대중의존도 심화, 중국의 중간재 자립화가 확대되면서 최대 시장과의 근거리 물류 입지도 퇴색되고 있다. 이는 산업 생태계 전반의 생산성 저하로 이어지고 일감을 후발국에 빼앗기면서 가동률이 떨어져 공급력 과잉을 초래하고 있다. 국내 기반의 제조업과 수출모델이 임계점에 이른 것이다.

[③ 수출과 내수간 괴리] '수출만이 살길이다'라는 믿음 아래 수출 드라이브 정책을 지속하는 것이 유효한가? 앞으로 일부 산업에서 수출이 늘어나도 성장의 질은 떨어질 수밖에 없다. 지난 10년간(2014~2023년 무역협회 데이터) 전체 수출증가액 약 595억달러 중 반도체가 60.4%, 360억 달러로 반도체 같은 고부가가치 제품은 여전히 국내 생산발 수출 경쟁력을 유지할 수 있겠지만, 대다수 전통산업은 중국 등 후발국에 밀려 수출이 정체하거나 줄어들고 있다.

비교우위를 잃은 수출(최종재 수출의 국내 부가가치율 저하)을 유지(FTA 확장, 수출 품목 다양화, 수출시장 다변화 등 수출드라이브 정책)하려고 하면 할수록 수출 경쟁력을 떠받치기 위한 원가 압박이 국내 산업 밸류체인 하부(하청업체, 외주업체)로 전이되어 경제 전반의 생산성 저하(저성장), 노동 시장 이중구조 및 양극화 확대, 민생위기(내수 경기 침체) 등 착취형 경제구조를 심화(낙수효과를 압도하는 빨대효과)시키기 때문이다. 민생이 악화되는 근본이다.

수출 증가율이 플러스로 나와도 이것조차 수출금융에 23조 원이나 투입하고 20대 수출 전략 분야에 총 41조 원의 정책금융을 지원해 만든 것(2023년)이라는 점이다. 그 결과 한계 중소기업 중 75%가 수출에 참여해 국가 수출 총액은 외형상 늘고 있지만, 고부채, 고금리에 빈껍데기 장사를 하며 연명하고 있을 뿐이다. 더는 못 버틸 상황이 오고 있다. 이런 가운데 정부와 산업계는 여전히 허세뿐인 초격차, 철 지난 수출 드라이브, 백화점식 미래 먹거리만 외치고 있다.

수출 다변화, 무역 금융 확대, 중소기업 수출지원 등 역대 정부마다 반복되는 동일한 종합 수출 대책으로는 상황을 변화시키기 어렵다. 상품 수출을 대체할 산업 비전을 찾지 못해 구조개혁만 외치며 십수 년을 허송세월로 보냈다. 구조적 문제를 해결하고 한 단계(GDP 5만 달러대) 더 도약하려면 더 늦기 전에 상품 제조수출형 경제체제에서 벗어나 새로운 성장 모델로 물꼬를 터야 한다.

수출로 먹고사는 나라는 난국을 타개할 돌파구도 결국 통상 전략이다. 우리나라는 경제 규모에 비해 기간산업 중심의 소수 업종에 수출 일감으로 성장하다 보니 세계 최고의 과밀한 기업구조를 갖게 되었다.

한국 기업에게 있어서 해외 진출은 숙명이다. 새로운 성장 기회를 글로벌 시장에서 찾을 수밖에 없다. 새로운 성장 모델도 새로운 통상패러다임에 기반할 수밖에 없다. 기존 통상패러다임을 한 단계 위로 진화시킨 모습은 무엇인가? 상품 수출이 아니면 우리는 무엇으로 달러를 벌어들일 수 있나?

피크 코리아는 수출 강국의 임계점 현상이다. 양산제조 중심 주력산업이 비교우위를 잃으면서 선·후발국 사이에 낀 샌드위치 신세다. 국가 차원에서 탈경쟁의 '비대칭적 경쟁 기반 + 비유기적 편승 성장 + 양극화 해소형 성장'의 3요소를 모두 갖춘 신성장 모델이 요구된다. 이는 코칭·멘토링 기반의 산업 파트너십 통상으로 구현할 수 있다. 수출 강국 2.0은 수출하지 말자는 것이 아니라, 지금의 저성장이 수출 강국 1.0 시효가 다해(식어가는 성장엔진) 동력이 사그라져 들고 있으니 수출 강국 1.0 경로를 답습·고집하지 말고 업그레이드하자는 것이다. 이는 수출 시장만 보지 말고 새로운 시장(개발 아젠다 시장)을 개척(성장 기회)한다. 수출 강국 2.0은 세계 상품 시장 한계에서 벗어나(의존성을 줄이고) 새로운 성장시장(국가 아젠다)을 창출하자는 것이다.

- **산업 파트너십 통상**

올림픽 선수가 전성기를 지나면 코치가 적임이다. 경쟁 기반의 상품 수출의 선수에서 우리 국민과 기업의 경험 노하우와 기술 서비스를 수출하는 코치로 변신하는 것이다. 산업 파트너십 통상은 선수(수주 사업, 경쟁사업)에서 벗어나 상대국의 경제개발과 산업육성을 지원해주는 코치(친환경 지식산업)로 옮겨가는 것이다. 우리 국민은 이제 배를 직접 만드는 것을 경쟁할 게 아니라 배를 만드는 데 쓸 시간을 어떻게 더 좋은 배를 만들까 연구하고 코칭하는 데 쓴다. 상품 수출 강국 제조 강국의 한 단계 위 멘토 국가(본사 국가)로 변신하는 것이다. 개별 제품 수출을 넘어 우리의 경험 노하우(특정 산업 육성, 도시, 병원, 공항, 원전…)를 부가가치 서비스로 수출한다. '자동차를 팔면 을(乙)이지만 자동차산업을 키워주는 비전(상대국을 글로벌 산업 생태계에 편입)을 팔면 갑(甲)이다.'

국가 단위 비교우위 기반
비대칭적 경쟁전략형·비유기적 편승성장형 신성장

전통산업은 개도국과 파트너십을 맺어 범용기술을 이전하면서 경쟁력을 보완('산업 한류 혁명')하고, 미래산업은 선진국과 파트너십을 맺어 첨단기술 상용화를 선도(시장개척 주도)하면서 한 단계 위로 진화('제2 창업 시대')하는 선·후발국 모두와 탈경쟁 구도의 통상이다.

[대 후발국] 같은 시장을 두고 신흥국과 경쟁하는 선수로 뛰기보다 신흥국을 코칭하고 지원하는 코치로 변신해 편승 성장을 도모한다. 이는 기존 산업의 경쟁력도 보완하면서 적정기술도 전수하는 원원형 통상이다.

예컨대 롯데케미칼은 파키스탄 현지 화학사를 인수해 정상화해 인수가의 수배에 매각한다. 국내 엔지니어들을 파견해 설비 가동률을 높인 결과다. 삼성이 경쟁자인 중국 BYD에 투자한 것은 대중국 사업전략 전환을 보여준 회심의 한 수이다.

[대 선진국] R&D 중심 제조로 옮겨가지 못하고 부가가치가 낮은 생산 중심 제조업에 묶인 우리 국민(특히 청년)의 손발을 풀어줘야 K-제조업의 강점인 신기술 상용화 역량을 살려 미래산업을 선점(첨단산업 상용화 테스트베드, FDI 유치 토대)해나갈 수 있다.

첨단산업 분야도 기술 개발을 경쟁하기보다는 한국 기업의 신시장 개척 능력을 레버리지로 첨단기술을 보유한 선진 기업과 기술 파트너십을 확대해 글로벌 시장을 공동 개척하는 테스트베드로 포지셔닝하는 것이 유리하다.

세계에서 가장 폭넓은 제조산업 기반을 가진 한국은 세계의 첨단 기술과 미래기술을 끌어들여 테스트해볼 수 있는 거의 모든 산업 현장을 갖추고 있다. 한국이 혁신 생태계를 조성하는 데 최대 레버리지다. 첨단기술이나 미래 신기술은 적용해 볼 수 있는 산업 현장이 있을 때 스케일업 기회가 생겨나면서 기술 발전 속도가 배가된다. 즉 이들 기술들을 기존 산업 현장에서 선도적으로 채택해 줄 때 기술 선점 기회도 얻는다. 한국만의 진정한 선도자 전략이다. 업력에서 불리한 한국 기업이 첨단기술 우위 확보에 한계를 극복할 수 있는 비대칭적 전략이다.

우리나라는 정부 연구개발 중 국제공동연구가 차지하는 비중은 1.9%에 불과하고 대부분 국내 나 홀로 연구에 머물러 있다. 정부는 12대 국가전략 기술과 17대 탄소중립 기술 분야 중심으로 정부 R&D의 1.9%(2023년)였던 글로벌 R&D 투자를 6~7% 수준으로 확대할 계획이다.

글로벌 R&D 협업전략은 GDP 대비 최고 R&D 예산에도 혁신 성과가 낮은 코리아 패러독스를 극복하고 신기술 상용화를 선도하기 위한 기본적 환경 토대다. 예를 들면 한국 기업이 미국의 3대 SMR 기업 모두에 지분투자를 하고 원자력산업의 미래를 선점할 수 있다.

미국 웨스팅하우스가 한국형 원전을 체코에 독자 수출(1기당 약 8조 원)하는 것을 막아달라며 IP 소송을 제기하고 있다. 소송이 장기화하면 경쟁국인 프랑스, 러시아, 중국에 유리하다. 한수원과 웨스팅하우스가 파트너십을 맺어 시장을 공동으로 개척하는 것이 유리하다. 산업 파트너십은 선·후발국을 연결하는 브릿징 역할이기도 하다.

이처럼 후발국과는 전통산업 경쟁력 보완 및 업그레이드 파트너십(중동 산유국과의 석유화학·정유산업 동맹 등), 선진국과는 첨단기술 상용화 R&D 및 시장 개척 파트너십(한미 원전산업 동맹으로 세계 원전 시장 공동 대응, 해군력 강화를 추진 중인 미국과 한미 조선산업 동맹으로 핵 추진 잠수함 기술이전 등)으로 미래 첨단기술의 시장화를 앞당긴다.

생산 부문은 개발협력 플랫폼 사업으로 밖으로 빼고 국내는 M&A 및 합작으로 선진국 첨단기술을 흡수해 기존 산업의 친환경화에 집중하는 글로벌 뉴딜을 추진한다. 로컬업체와 경쟁하지 않고 지분 투자에도 참여해 우리의 강점 분야 분업을 맡아 편승 성장전략을 취할 수 있다.

경쟁 기반 상품 수출 시장에서
국제 사회 '개발 아젠다 시장'으로 이동

세계가 한국을 필요로 하는 것은 상품 수출이 아니라 협업(파트너)을 원한다. 곧 산업파트너십이다. 무엇을 협업하고 싶어하느냐가 국가 아젠다 개발사업이다. 각 나라 수반은 그 나라가 해결하지 못한 문제들이 많다. 이 문제를 듣고 해결을 위한 맞춤형 개발사업(K-패키지, 삼성식 컨트리 마케팅, 종합상사형 해외사업)을 기획해주면 누구와도 경쟁하지 않는 성장 기회를 만들 수 있다. 즉 "우리에게는 이런 업종과 기술 포트폴리오가 있어 현지 아젠다에 맞춤형 사업을 펼칠 수 있으니 우리 기업이 진출하도록 파격적 인센티브를 주면 투자하겠다"라는 식이다.

상대국을 상품 시장(상품 제조수출형 통상)으로만 보지 않고 현지의 개발 아젠다를 발굴해 사업화(일감 창출)한 것이 산업 파트너십 통상이다. 상품 수출 시장에서 개발 아젠다 시장으로 옮겨가는 것이다.

상품 제조·수출형, 수주 경쟁형 통상을 상대국의 개발 아젠다를 해결하는 ① 개발 아젠다 맞춤형 국제사업 통상으로 전환하는 것이다. 제조 강국으로 보유한 다양한 업종과 기술 포트폴리오를 융합하고 수출 강국으로 구축한 글로벌 네트워크를 활용해 맞춤형 국제사업을 기획해 솔루션 서비스(종합상사형 B2G)로 수출하는 것이다.

② 국가 단위의 기업가 정신을 발휘하는 국제 개발 협력 플랫폼(산업 기반이 취약한 상대국의 산업육성 플랫폼 제공) 사업이다. 상대국의 개발 아젠다와 국내 문제를 매칭시켜 동시에 해결하는 복합 개발사업(K-패키지)이다. 미국의 마셜플랜은 유럽 재건에 큰 도움이 되었고 미국의 경제발전에도 도움이 되었다. 전형적인 윈윈 전략이다.

개별 기업 차원의 해외사업을 넘어 국가 단위 기업가 정신을 발휘(원팀 코리아)하는 혁신이다. 이는 제품 대신 ③ K-산업업종과 기술을 서비스로 수출하는 것이다. 제조산업의 운영 노하우를 지식서비스로 수출하는 제조업의 서비스산업화. 곧 자동차 수출을 넘어 K-자동차산업을 수출(자동차 생산에 필요한 모든 설비와 50년간 축적된 기술과 생산 노하우를 제공) 곧 ④ 상대국의 자동차산업을 육성해주는 산업 파트너십이다. 이는 ⑤ 산업 클러스터를 수출(납품중소기업 클러스터와 관련 인프라 전체 곧 K 국제 산단)하는 격이다. 단순히 제품만 판매하는 시대는 급속도로 쇠퇴하고, ⑥ 공산품 생산공장을 수출하는 시대가 오고 있다. 단위 제품을 넘어 제조설비·핵심부품·부품모듈·생산관리시스템·운영 노하우 등 공장 전체를 수출하는 것이다.

폴란드는 한국 탄약 공장을 지어달라고 요청하고 있다. 풍산이 파트너 대상이다. 상대국에 특정 산업을 육성해주는 일(산업 한류)은 HW 적 산업 인프라 구축에 그치지 않고 기술 전수 현장 코칭, 관련 인재 육성(특히 관리자 풀), 시스템 운영 노하우 멘토링 등 체계적인 교육훈련이 병행되어야 하는 ⑦ '현지인 역량 개발사업'이다. 수주를 받아 주거단지를 조성하고, 인프라만 건설(중국 일대일로가 여기에 해당)한다고 발주처의 궁극적 목표가 달성되지 않는다. 발주의 본질인 지역경제가 활성화되려면 먼저 일자리가 있어 그 주거단지 수준의 생활비용을 감당할 수 있는 소득을 벌어들여야 한다. 그러려면 그 수준의 일자리를 제공하는 산업을 키워내야 하고, 그 소득에 걸맞은 부가가치 일감을 처리할 수 있는 역량교육이 뒷받침되어야만 가능하다. 국제장사형 통상 1.0이 국제교육사업형 통상 2.0으로 진화하는 것이다.

상품 제조·수출형 통상 1.0은 수익원이 단순히 영업이익(또는 수주형 해외사업의 경우는 공사 후 일회성 대금 수익)에 국한되지만, 통상 2.0은 수익원이 다변화되면서 국부 창출이 배가된다. 국내에서 가동률이 떨어지는 설비를 글로벌로 재배치해 현장 일감이 확대되면 ① 핵심부품 공급 및 생산 설비 업그레이드 기회, ② 현지 생산시설 구축과 주변 인프라 사업 기회 및 개발이익(수주 사업의 경우 투자 개발형[12] EPCF 방식이 대세), ③ 기술지원 컨설팅 서비스(멘토 파견) 기회, ④ 현지 기업 전략 투자(코칭 및 멘토링을 통한 편승 성장) 시 지분이익[13], ⑤ 권리형 수익 확보 등 종합상사 패키지형 사업(제조+인프라+운영교육 등 복합사업)과 같이 다양한 연계사업으로 투자 리스크를 분산한다. 현지 자원을 연계해 유동화시켜 투자 회수를 다원화한다.

특히 아프리카, 중남미, 동남아 등 개도국 저개발국을 대상으로 하는 사업은 현지가 현금이 부족해 금융지원이 요구된다. 이들은 자원이 풍부한 나라들이 많으므로 자원 대부분을 수입하는 우리나라는 현지의 보유 자원으로 금융지원을 대체해 투자 회수를 할 수도 있다. 예컨대 K-방산 수출에 장애가 되는 수출금융의 한계를 뛰어넘어 원자재 구상무역 등 다양한 대체 결제 방식을 구사할 수 있는 주체는 대기업 종합상사다. 다양한 이해관계를 조정하고 효율적인 방식으로 계약하려면 종합상사를 갖춘 재벌그룹이 패키지 사업을 주도하는 것이 적격이다. 종합상사가 주축이 되어 그룹 차원의 업종 포트폴리오와 규모의 경제를 활용해 투자 회수 위험을 효과적으로 통합(Risk Pooling)해 장기간에 걸쳐 지속적인 수익을 회수할 수 있기 때문이다.

국내 공급망 안정도 첨단기술 확보도 다변화된 글로벌 산업 파트너십이 지렛대다. 미·중 디커플링 GVC 재편 속에서 ODA 지원 대상국, FTA 국가를 대상으로 희토류 등 핵심 광물 대중의존도를 줄이기 위한 '한국형 글로벌 공급망 파트너십'을 구축할 수 있다. 칠레 리튬, 인니 니켈, 핵심 광물이 많은 카자흐스탄, 우즈베키스탄 등 광산개발과 산업개발을 결합한 K-패키지다.

---

[12] 시공사가 금융을 주선하는 '투자 개발형' 방식의 해외사업으로 '자본 투자와 시행·시공 및 운영'에 이르기까지 사업 전반을 전담(발주처에 공사비를 주고 추후 이자를 붙여 되돌려 받는 자금조달 기법도 포함)

[13] 일회성 수출 영업이익이나 도급형 공사대금 수입을 넘어 토지사용권·자원개발권, 호텔·병원 등 위탁운영권, 인프라 수주사업의 경우 완공 후 운영권 확보(지분확보를 통한 운영수익) 등 다양한 권리형 수익 획득, 즉 상인 국가형 국부 창출에서 투자 개발형 부국(권리형 국부 창출 : 개발 수익, 투자 수익, 글로벌 집적효과의 간접 수익 등 장기적 권리 확보)으로 진화

저성장은 곧 국민 일감이 줄어드는 것이다. 어떻게 일감을 창출할 것인가? 현지의 개발 아젠다(현지 문제해결 사업)를 발굴해 사업화(일감 창출)한다. 세계 도처에 우리의 업종과 기술을 융합해 해결할 수 있는 국별 개발 아젠다는 차고 넘친다. 국제 사회 개발 아젠다를 찾아 맞춤형 개발사업장을 조성해 일감을 창출할 수 있다. 국내 건설사의 해외사업 확대와 제조 대기업의 대규모 해외 투자 릴레이를 마중물로 활용해 제2 중동 붐을 일으키고 국내 경제와 연계시키도록 해외사업 포맷(투자 개발형, 민관 협력사업)을 혁신한다.

기존 해외사업을 '개발 아젠다 맞춤형 융·복합사업 플랫폼'으로 확장시키고 국내 경제와 연계시켜 '국내 문제해결형'으로 기획한다. 인프라건설 수주 경쟁식의 해외사업을 '상대국의 개발 아젠다와 국내 문제해결을 매칭시킨 융·복합사업'으로 기획한다. 글로벌 경기침체 속에서도 프렌드 쇼어링, 공급망 다변화, 자원 안보, 탄소중립 RE100 압박 등 대내외적 요구로 기업의 투자는 국내보다 해외로 나갈 수밖에 없고 앞으로도 이런 기조는 지속될 전망(삼성은 20년간 미국에 11개 공장 건설계획) 이다.

수출 낙수효과로 성장해온 내수 시장에 투자를 기대할 수 없으니 국내 경제는 침체를 벗어날 수 없다. 4대 그룹 대미 80조 투자 등 최근 대기업 중심의 대규모 해외 설비 투자와 대형 해외 인프라 수주(사우디아라비아 제놈 시티, 인니 행정수도 이전, 폴란드 무기 20조 원 수출, 우크라이나 재건 사업 참여 요청) 등 국내 낙수효과가 제한적인 대기업의 해외사업을 어떻게 국내 일자리, 중소기업 일감 확보, 구조개혁 등 국내 경제 재건에 도움이 되도록 연계시킬 것인가?

예컨대 미국 난민 일자리 사업과 우리나라 3D 업종의 전통 중소기업을 매칭시켜 양국 문제해결 사업으로 기획할 수 있다. 미국의 3대 현안(북부 삼각지대 불법 이민 문제, 중국 공산품 의존도 축소 및 자국 공급망 확보, 러스트벨트 경제 부활) vs 한국의 3대 현안(일자리, 양극화, 구조개혁)을 매칭시켜 부채로 연명하고 있는 중소기업을 정상화 시킬 글로벌 사업을 기획할 수 있다. 대기업의 해외 투자가 확장되면 정부 ODA 등을 활용해 양국 모두 필요 인력을 사전에 뽑아 교육(* 퀵스타트 국제멘토 양성 프로그램 참고)시킨다. 양국 모두에게 즉시 투자 효과(일자리)가 발생하도록 하는 시스템이다. 뿌리산업 등 3D 업종, 중화학공업과 같은 산업이 개도국으로 옮겨져야 국내는 반도체 바이오 배터리 같은 첨단산업과 지식기술 기반 산업으로 옮겨갈 수 있다. 국내에서 경쟁력을 잃은 전통산업 수출 설비를 해외로 재배치하는 글로벌 뉴딜이다.

상품 제조‥수출형, 도급 수주형 사업에서 '국가 아젠다 맞춤형 개발사업'으로 전환

통상 환경이 급변하고 국가 주력산업의 비교우위가 근본적으로 바뀌고 있는데도 여전히 30년 전 통상 관행을 답습하고 있다. 민생위기의 근본은 결국 일감과 일자리 부족으로 귀결된다. 철강 석유화학 반도체 등 주력산업들이 중국 저가 공세에 밀리면서 일감과 일자리가 줄고 있다. 특히 실업자 중 고학력 비중이 압도적으로 높다. 이들이 할만한 일감이 국내에는 없기 때문이다.

일부 특정 산업과 특정 기업만의 문제가 아니다. 국가 경제 전반의 경쟁력 저하 문제이므로 국가 단위의 대책이 요구된다. 중국에 일감과 일자리를 빼앗기고 있다는 것은 곧 세계 '상품 수출 시장'에서 우리 기업들이 입지를 잃고 있다는 뜻이다. 선진 경제인 미국이 고성장을 구가하는 것은 새로운 시장인 '세계 플랫폼 시장'을 선점했기 때문이다.

새로운 시장을 찾아 사업 현장을 만들어야 일감과 일자리도 창출하고 성장도 일구어낼 수 있다. 지금 금리· 물가· 부채· 환율을 탓할 게 아니라 우리 기업이 가장 잘 할 수 있는 일감을 찾아야 한다.

미국은 우리보다 2%나 높은 고금리에도 기업들이 고성장을 만들어 내고 있지 않나. (통상 2.0) 개방형 통상 국가인 우리나라의 GDP는 수출에서 내수로 흐른다. 문제는 대기업 주도 수출 낙수효과의 내수 흐름이 끊어지고 있다는 점이다. 당연히 경제문제 해법은 통상 모델을 혁신하는 것이 출발점이다. 어떻게 수출과 내수경제 간 연결성을 다시 회복시킬 것인가? 우리는 세계가 부러워하는 강력한 제조업을 갖고도, 산업별 숙련된 기술인력풀(은퇴 인력)을 보유하고도 활용하지 못하고 있다. 요즘 국제 사회에 급증하고 있는 제조업 수요에 부응하면 새로운 성장 활로를 열 수 있다.

• **민생위기와 통상 2.0**

통상 모델을 수출 중심(상품 시장에만 의존)에서 제조 업종과 기술을 활용한 현지 문제해결(국가 아젠다 시장) 솔루션 서비스업으로 전환하면 양쪽 시장 모두에서 입지를 넓힐 수 있고 대기업만이 아니라 다수의 중소기업과 우리 국민이 참여해 일감과 일자리를 얻을 수 있다. 상품 수출 중심의 통상(단품·개별 기업 경쟁, 공장 운영수익, 일 방향 수출)이 통상 1.0(FTA 시대)이라면 통상 2.0(보호무역 시대)은 현지 문제해결 솔루션 서비스 중심 통상(다수 참여 융합형, 권리형 수익 확보, 쌍방향 편승 성장)으로 단순 상품교역을 넘어 상대국과의 화학적 경제통합(신남방정책 취지)을 지향한다. 곧 선·후발국과 경쟁하는 상품 시장에서 개발 아젠다 시장으로, 제품 대신 K-업종과 기술 포트폴리오를 서비스로 수출, 각자도생에서 동반성장(팀코리아)으로의 전환이다. (사례) 문제해결 솔루션 서비스 사업의 예시로 트럼프 정부의 관세 전쟁이 예상되는 미국의 개발 아젠다 시장을 보면 ① 'Buy American' 700조 원 조달 시장 현지화(by 사업모델 '맞춤형 국제 산단 사업'), ② 러스트벨트 전통제조업 및 도시재생(조선·철강·석화 산업 등 러스트벨트 내 전통제조업 생산성 제고 by 사업모델 '신도시 사업'), ③ 반도체 배터리 등 첨단제조업 공급망 현지화(by 사업모델 '국제 산단 사업') ④ 뉴시티 10개 이상(트럼프 인프라 공약) 건설(by 사업모델 '신도시 사업'), ⑤ 불법 이민 해결(2021 한미 정상회담, 바이든이 문 대통령에게 중미 북부 삼각지대 난민 지원요청, by 사업모델 '경제특구 사업') 등 우리 기업이 해법을 제시할 수 있는 융·복합사업 기회는 널려 있다.

[주체] 정부가 아니라 다양한 업종의 관계사를 거느린 종합상사가 이런

복합사업 기획에 필요한 모든 역량을 보유하고 있다. 이런 대형 사업은 정권이 바뀐다고 영향을 받아서는 안 되므로 정부가 주도할 일은 아니다.

사업의 오너가 실재하는 대기업이 해야 현지의 신뢰도 올라간다. 대미 투자를 많이 한 5대 그룹, 10대 그룹 종합상사가 주도해 '개발 아젠다 맞춤형 융·복합사업'을 기획해 트럼프 연방정부, 주 정부에 제안할 수 있다. 정부의 역할은 그룹 총수의 통상외교 참여, 대·중소기업 동반 진출 인센티브 등을 넛지한다. 기업 단위에만 필요한 게 아니라 '국가 단위 기업가 정신'이 필요한 때다.

- **상품 제조·수출(단품 수출) → K-산업 생태계 수출(산업단지 수출, 공장 수출), '(자동차) 수출을 넘어 상대국에 (자동차) 산업을 육성해주는 산업 파트너십'**

후발국에 비교우위를 잃은 국내 발 상품 제조. 수출 대신 'K-업종과 기술 포트폴리오를 서비스로 수출'하는 통상으로 전환한다. 단품 대신 다양한 업종과 기술(세계 최대)포트폴리오를 '현지 맞춤형 솔루션 서비스'로 수출한다. 곧 K-산업 생태계를 수출하는 것이다. 이는 상대국의 로컬 산업을 육성해 글로벌 밸류체인에 편입시켜주는 일이며 우리의 주력산업 생태계를 글로벌로 확장하는 일이다.

세계는 회복력 있고 신뢰할 수 있고 한 지역에 편중(세계의 공장)되지 않은 다변화된 공급망을 원하고 있다. 모든 나라가 세계 공급망에 참여(납품)하기를 희망한다. 곧 편중이 아닌 편입이 세계 공급망 다원화다. 세계 공급망의 제조업 현장은 숙련된 현장 기술이 성패를 좌우한다. 한국은 숙련된 현장 기술 인재풀을 보유하고 있다. 특히 저개발국은 제조업 육성 니즈가 수출이 아니라 내수 자급이 우선이다. 한국도 이승만의 '수입대체 산업화 전략'이 산업화의 시작이다. 중요한 생필품을 수입에 의존하지 않고 국내 생산으로 대체하자는 전략이다. 삼백(三白) 산업 즉 설탕, 밀가루, 면방직 육성을 시작으로 시멘트, 다이너마이트, 라디오 등 주요 공산품의 국산화에 성공하게 된다. 이를 통해 빠른 속도로 산업화가 진행되었다.

후발국들도 한국과 같이 산업화할 수 있다. 문제는 자본과 기술이 없다. 이들에게 한국이 최적의 파트너십 국가다. 공장 투자를 엔진으로 관련 산업이 클러스터 단위 경쟁력을 갖추도록 산업 생태계를 조성한다.

예를 들어 우리나라 인쇄업계는 우즈베키스탄으로부터 사상 최대 800억 원대 교과서를 수주(2023년)받았다. 한국에서 인쇄해 일회성 수출로 끝낼 것이냐, 우주벡에 인쇄산업을 육성시켜 자급자족하도록 할 것이냐? 전자는 기존 상품 제조수출형 통상 모델이고 후자는 산업 파트너십 통상 모델 2.0이다. 그 포맷이 산업 파트너십(=탈경쟁의 비대칭 경쟁전략) 기반의 개발 아젠다 맞춤형 국제사업이다.

개발 아젠다 사업의 예를 좀 더 들면 SDGs 취지를 살려 난민 일자리 사업과 빈곤퇴치 사업을 기획할 수 있다. 연간 4조 원대에 이르는 ODA는 지금 수십 개 나라에 분산 투자되고 있지만 SDGs 빈곤퇴치 UN 캠페인 취지를 살려 저개발국에 집중하면 10여 개국 이상에 생필품 생산클러스터를 조성해 산업화의 초석을 놓을 수 있다. 달러 수입에 의존하는 생필품을 자급자족하고 경제개발의 기초가 되는 초저가 엔트리 시장을 개발할 수 있다. 아프리카 중남미 등 저개발국 엔트리 시장 개발사업은 자원개발 사업과 연계할 수 있다. SDGs 취지에 부합하는 사업들은 우리 대기업과 국가신용으로 장기 저리로 개발 협력 국제자금을 유치할 수 있고 국제기구에 보증 협업을 요청할 수도 있다. 한국만의 차별화된 개발금융 허브로 나아갈 수 있는 길이다.

- **단순 도급형 해외 건설사업(경쟁 수주형, 각자도생형, 일회성) → 국가 아젠다 맞춤형 개발사업(기획제안 융합형, 투자 개발형, 장기 수익형)**

해외 건설사업도 단순 시공(95.6% 2023)으로만 끝나지 않고 우리 기업이 시행사(개발사업자)로 해외 사업에 지분 투자도 하고 공사 후 운영 사업에도 참여하는 등 장기적인 개발이익, 운영권을 확보해 지분율에 따른 배당 수익까지 공유할 수 있는 투자개발형 사업으로 진화하고 있다. 예를 들면 인천공항은 현지 업체와 컨소시엄으로 지분 10%를 투자해 마닐라 공항 25년 운영 계약을 확보했다.

상대국의 재정 부족으로 해외사업 발주 트랜드도 투자 개발형의 PPP(Public Private Partnership) 또는 EPCF(Engineering Procurement Construction

Finance) 방식의 인프라 사업이 확대하고 있어 PF가 공사 수주 여부를 결정짓는 주요인으로 대두하고 있다.

시공과 시행을 병행하는 디벨로퍼 비즈니스(기획 제안형)로 진화하려면 건설사와 시행사간 융합이 요구된다. 제조기업이나 건설기업은 장기적으로 자금을 묶어둘 수 없다. 장기 투자금융을 일으킬 수 있는 파트너십이 필요하다. 팀코리아 기반 융·복합사업이 요구되는 배경이다.

우리 대기업 하나가 현지에 공장을 투자하면 몇몇 협력사도 같이 나가게 되고 공장 주변 지역을 중심으로 단기간에 인구가 유입됨으로써 교통, 주거, 전력, 교육 등 인프라 건설 및 서비스 수요가 생겨난다. 이렇듯 공장 투자와 건설 사업을 연계시키면 상대국의 발주를 기다리는 경쟁형 수주 사업이 아니라 우리가 주도적으로 사업을 개발하고 기획해 상대국에 제안할 수 있다. 다양한 업종의 우리 기업이 진출할 수 있는 일감 기회를 능동적으로 만들 수 있는 것이다. 《킹핀 이후 K-산업 2.0》, '국제 사회 개발 아젠다 맞춤형 융복합사업 예시' 참고).

- **수주 경쟁 대응형 컨소시엄 → 팀코리아 융·복합사업(K-산단+K-신도시 결합형, 국부 창출 2.0)**

소수 대기업 중심, 첨단산업 중심의 상품 제조수출형 통상 모델로는 낙수효과가 줄어 더 이상 질적 성장을 기대할 수 없다. 더욱이 선진국의 자본력과 후발국의 원가 우위에 대응하려면 개별 기업의 각자도생식 경쟁에는 한계가 있다. 국가 단위 한국만의 비교우위에 기반한 비대칭적 경쟁전략의 통상 포맷이 요구된다. 제조업 따로 건설업 따로 개별 기업이 경쟁하는 통상을 팀코리아 융합 기반 통상 모델로 진화시킨다.

정부가 팀코리아를 내세우고 있지만 수주 경쟁 대응형 컨소시엄 수준에 그칠 뿐 우리가 국제 사회에 주도적으로 기획하고 제안하는 '팀코리아 융·복합사업'으로 나아가지 못하고 있다. 더욱이 한국만의 고유한 부족형 산업 생태계를 감안하면 대·중소기업 동반 진출 해외사업은 필수다.

대기업의 제조거점 투자와 도급공사 중심의 해외 건설사업을 융합해 국가 단위 종합개발사업으로 승부한다. 이를 구체화한 통상 모델이 미래 첨단기술의 총합체인 신도시 플랫폼사업이다. 단품 수출이 산업단지 수출(로컬산업 육성, K-산업 생태계 수출)로 바뀌고 도급형 수주 사업이 시행 사업·운영 사업·투자 사업의 투자 개발형 사업으로 바뀌면 이는 지역 종합개발사업으로 이어진다. 상대국에 단순한 자본 공급자가 아닌 필요한 업종과 기술전수, 인력양성, 자원개발 등 국가종합개발 파트너로 자리매김한다.

종합개발사업은 K-산단과 K-신도시 수출의 결합이다. 두 사업을 연계한 개발 프로젝트(청사진)를 담보로 부지(토지) 매입과 건설비 등 개발 자금을 국제적으로 조달해 개발이익을 공유(자본이 없는 신흥국은 토지를 현물 출자)할 수 있어야 진정한 상생이다. 통상을 한 단계 위 '현지 경제발전을 주도하는 종합개발형' 사업으로 진화시키면 상대국과의 연결성(화학적 경제통합 효과)이 극대화된다.

양산제조를 경쟁할 것이 아니라 제조 거점을 기반으로, ① 배후 인프라 사업 기회를 창출하고, ② 경제특구 개발도 함께하고, ③ 국내 일자리도 코칭 일감(생산형 서비스)으로 업그레이드시키는 일석삼조의 제조업 운용 혁신이다.

- **국제수지 선진화(국부 창출 2.0), '무역·상품수지 흑자에서 서비스·소득수지 흑자로'**

우리나라 기업 대부분이 국내에 생산 기반을 두고 있는 만큼 무역수지는 곧 한국 제조업 경쟁력을 나타내는 바로미터다. 최근에는 지난 십수년간 무역흑자의 중심축이 되었던 대중 무역수지가 적자로 돌아서면서 국내 제조업에 경고음을 내고 있다. 무역수지 적자는 국제수지가 선진화되는 과정으로 볼 수 있다.

국내 설비의 해외 이전에 비례해 무역수지 적자는 상품수지와 소득수지 흑자 확대로 전환되고 탈산업화 경제체제로 진화한다. 개도국형 상품수지 중심 무역구조에서 선진국형 서비스수지 소득수지 흑자 중심으로 국제수지도 선진화한다.

한국 발 제품 수출로 얻은 무역수지 흑자를 대신해 '해외 설비 이전'으로 인한 상품수지 흑자 확대, 우리나라의 '자본'과 '노동(우리 국민의 해외 진출)'을 투입해 얻은 소득수지 흑자화, 서비스수지 흑자화가 국부 창출 2.0이다. 한국은 이미 2022년 본원소득수지가 상품수지를 앞선 최초의 해다. ODI 40%가 금융 투자로 제조업 투자보다 많다. 이는 상품수지 흑자에서 본원소득수지 흑자로 전환되고 있다는 뜻이다.

수출 의존적인 경제는 국민 저축과 부동산에 가 있는 자금을 어떻게 어디에 투자해 안정적 수익을 올릴 것인가에 미래가 달려 있다. 이 자금들을 R&D에, 해외 인프라 개발사업에 투자해 경제 선순환을 이끌어내야 한다.

일본은 매월 3조 엔 안팎의 본원소득수지 흑자를 내고 있다. 무역수지 적자 3.5조 엔(2023.1월)의 10배가 넘는다. 2010년 이래 일본 무역수지가 적자다. 한국도 2022년 본원소득수지(임금. 배당. 이자)가 200억 달러를 돌파(229억 달러 30조 원대, 배당만 144억 불)해 상품수지(151억 달러, 1년 전보다 606억 달러 감소)를 처음으로 앞질렀다.

일본은 순 해외 자산이 3조 3,000억 달러에 달하는 세계 최대 채권국으로 이자와 배당금 소득수지가 대규모 흑자. 1.2억 인구가 연간 3,000억 달러(약 350조 원)를 벌어들인다. 한국 GDP 규모는 일본의 37% 수준이나 본원소득수지는 228억 달러(약 30조 원)로 일본의 7.6% 불과하다. 일본 연금 평균 수령액이 한국의 2배(약 160만 원)나 되는 배경이다. 열심히 공장을 돌리고 수출하는 것도 필요하지만 해외 투자를 열심히 해서 미래 이자와 배당금 소득을 안정적으로 확보하는 것이 선진국이다.

젊을 때 열심히 돈 벌고 투자해서 은퇴 후를 대비하는 것은 개인이나 국가나 마찬가지다. 선진국에 진입한 한국도 이제 투자국으로서의 편승 성장을 도모할 때다. 외형적으로 선진국이지만 관광수지, 지식 재산권(IP) 수지, 연구·개발(R&D) 수지 등은 만성적으로 적자에 시달리는 구조다. 상품수지가 경상수지 흑자의 80%를 차지할 정도로 개도국형 경제에 머물러 있다는 점이 한국 경제의 민낯이다.

• **[세계화 2.0] 다수 기업 다수 국민 참여형 통상 포맷**

통상 1.0이 선택과 집중으로 소수 글로벌 대기업을 키워냈다면 산업 파트너십 기반 통상 2.0은 대기업을 플랫폼으로 삼아 중소기업이 해외 시장으로 진출 기회를 얻는 것이다. 현지 문제해결형 개발 아젠다 사업은 수주형 사업이 아니라 맞춤형 기획 제안 사업이므로 지속적인 일감창출이 가능하다. 단건 사업에 그치지 않고 제조+인프라+자원개발+환경사업 등 복합사업으로 다수의 중소·중견기업이 참여하는 다양한 업종과 기술의 융합을 기반으로 하기 때문이다. 대표적인 사업모델이 신도시 개발사업([아웃바운드] '글로벌 뉴딜 사업' 참고)이다.[14]

수백 여개 업종과 도시문제해결을 위한 요소기술이 투입된다. 소수 대기업, 고위 기술의 소수 엘리트만이 아니라 다수 중소기업, 중위 저위 기술을 보유한 다수 국민까지 함께 참여하는 세계화 2.0 플랫폼이다. 서민층이 보유한 중위 기술, 저위 기술의 용처를 찾아주는 일자리 사업이다. 저개발국 사업일수록 적정기술로 필요로 하는 저위 기술 수요가 크다. 연구소 안의 기술이 아니라 현장 기술이 요구되므로 대규모 멘토 일자리를 창출할 수 있다. 일례로 네옴시티 같은 신도시를 건설하려면 현지 작업자를 관리하는 대규모의 현장관리 인력 파견이 필수다.

---

[14] 국내 스마트시티 사업은 전국 147개 도시에 400여 종의 스마트 솔루션이 적용되고 있다.

• 10대 그룹 중심의 민간 주도형(민간 주도 정부 넛지)으로 추진

오늘날 우리나라 5대 그룹, 10대 그룹 총수들은 언제라도 상대 국가 수반을 만날 수 있는 글로벌 영향력을 확보하고 있다. 이들을 대규모 국제 개발사업을 발굴하기 위한 레버리지 자산으로 적극 활용한다.

건별 인프라 수주전에 국내 기업들이 경쟁적으로 뛰어드는 현재 관행에서 탈피해 상대국의 개발 아젠다를 발굴해 앵커 대기업(상대국에 최대 투자 기업) 주도하에 팀코리아 개발사업을 기획하고 제안한다.

그룹이 주도해야 다양한 관계사 사업 포트폴리오를 활용해 다양한 복합사업을 기획할 수 있고 그룹 차원에서 다양한 권리를 확보하는 것이 투자 회수에도 유리하다. 대기업의 자체 해외 투자 계획을 현지 개발 아젠다와 연계해 복합사업을 제안한다. 예를 들면 사우디아라비아 네옴시티, 인니 수도 이전 등도 인프라 건설+산업육성(산업단지 수출)+산업도시 조성 등 복합사업으로 기획한다.

상대국의 발주만 기다릴 게 아니라 10대, 30대 대기업별로 기획 사업을 발굴해 해외 일감을 획기적으로 확장한다. 국내는 재정 건전성을 챙겨야 하므로 국고로 진행되는 국내 대형 SOC 사업 중 경제성이 떨어지는 것은 과감히 중단하고 대신 대기업 신용으로 국제금융을 일으킬 수 있는 해외 개발사업을 많이 일으킨다. 이렇게 되면 국내 대기업은 상대국에는 '맞춤형 개발사업 플랫폼'으로, 국내에는 '사회 문제해결 융·복합사업 플랫폼'으로 공헌하는 것이다.

중소기업 동참 기회를 제공하는 대기업 사업기획에 대해 정부도 인센티브를 제공한다. 4차 산업혁명은 각자도생의 경쟁이 아니라 팀코리아의 융합에서 경쟁력이 나오는 시대다. 상대국의 문제(개발 아젠다)를 해결하기 위해서는 복합 솔루션이 필요하고 이는 그룹 내 관계사 간 업종과 기술 융합은 물론이고 그룹 밖 협력사, 경쟁그룹과도 융합이 요구된다. 글로벌 시장에서 민관협업은 팀코리아의 융합 경쟁력을 올리기 위한 필수 조건이다. 민관단일팀(가칭 '해외 투자 사업청', 싱가포르 SCE 벤치마킹)을 구성해 팀코리아 융합 경쟁력을 주도한다(《킹핀 이후 K-산업 2.0》, 'FTA 2.0 통상 모델' 참고).

[내수경제 뉴딜] 수출낙수효과 기반[15]에서 글로벌 집적효과 기반 내수경제로

1. 내수침체는 수출주도 경제의 임계점 현상

• **비 경기적 요인에 의한 구조적 침체**

작금의 내수 침체는 경기 순환적, 고금리 고물가 등 일시적 요인에 의한 것이라기보다 산업 구조 등 비 경기적 요인에 의해 거시 경제가 좌우되는 구조적 침체다. 즉 수출주도 경제체제의 임계점 현상으로 볼 수 있다.

국내 산업환경이 내수 시장 잠재력으로 보나 전통 주력산업의 경쟁력으로 보나 매력을 잃고 ① '투자 불모지대'로 전락해 경제 규모 대비 FDI, 관광수지 등 글로벌 집적효과를 누리지 못하고 GVC 재편 등 통상환경

---

[15] 국제 허브형 경제체제는 '국제 허브일감·FDI·글로벌인재·외국인 관광소비'가 주동력이 되어 기업과 국민의 일감과 일자리 기회 총량이 늘어나는 경제체제

변화로, ② 수출 낙수효과가 줄고, 인구구조 변화로 인한 소비위축에 압축성장으로 잉태된 ③ 과밀 기업구조가 수축기에 제로섬 게임의 과당경쟁을 초래하는 등 내수경제 체질 변화가 초래한 기회 총량 감소가 근본이다.

글로벌 비교우위를 잃은 산업이 경제 전반의 생산성 저하(고용의 질 악화, 역대 최고 고용지표)를 불러오고 가계 기업 정부 모두 부채로 버티고 있는 부채의 덫에 빠져 있다. 가계소득, 세수, 영업이익보다 부채가 훨씬 빠르게 늘어나고 있다. 생산성 향상을 동반하지 않은 내수 소비증가에 의한 성장촉진 유도(현금성 지원)는 필연적으로 인플레와 부채증가를 부른다. 내수(민생)는 고용과 물가의 함수인 대내 균형이 기본 토대인데 고용은 산업 생산성과, 물가는 환율 곧 수입물가와 직결되기 때문에 한국 내수는 금리를 내리고 재정을 풀어도 효과는 제한적이다. 재정정책 통화정책만으로는 내수를 살릴 수 없다는 뜻이다. 수출 낙수효과 기반의 경제체제 자체를 전환하지 않고서는 근본적 해결은 어렵다.

• 수출주도 성장이 초래한 궁핍화 성장의 결과

한국은 ① 내수가 GDP의 50% 안팎(미국 70%)에 불과하고, ② 대기업 고용(선진국은 40%~60%)이 상대적으로 적어 중소기업 고용 비중이 88%(내수 소비 원천)나 된다. 특히 ③ 자영업 비중(20%)이 선진국 대비 2~3배다.

따라서 내수 침체는 ① 저출산 고령화 인구구조 변화로 인한 민간 소비 감소 외에도 ② 기업투자의 탈한국(국내 시설 투자 70% 이상을 30대 그룹이 담당)으로 인한 민간투자 감소, ③ 소수 대기업 중심(글로벌 기업 비중 한국 7% vs 선진국 18%대)·첨단산업 중심의 수출 주도 성장이 초래한 궁핍화 성장(수직 계열화된 산업 구조)의 결과로 구조적 원인이 크다.

대기업 주도로 수출 드라이브를 하면 할수록 대기업은 고환율 효과로 수입이 개선되겠지만 납품하는 중소기업들은 원자재 수입가가 올라가도 그 인상분을 대기업 납품가에 반영할 수 없기 때문에 양극화는 더 심해질 수밖에 없다. 즉 수출 드라이브가 양극화를 부른다. 소수 대기업 중심의 성장 모델은 중소기업과 대기업이 함께 성장할 수 있는 구조로 전환되지 않는 한, 다수 중소기업(소상공인·자영업자 포함)의 궁핍화 성장으로 이어질 가능성이 높다. 대기업 중심의 성장으로 중소기업 노동자와 영세 자영업자의 소득이 줄어들면 내수 기반이 취약해지고 경제성장이 지속 가능하지 않게 된다.

한국 내수의 태생적 한계, 총수요보다 총공급 확대로 대응

근본적으로 한국의 내수경제는[16] 수출 낙수효과에 기반하고 있다. GDP 성장의 70% 이상을 수출이 담당(미국은 70%가 내수 소비)이다. 2023년 GDP 성장률 1.36% 가운데 86%인 1.17%를 수출이 기여했다. GDP 30%

---

[16] 낙수효과 사례를 경제가치 분배액으로 보면 삼성전자+현대차 : ① (일자리) 39만 명 직원 인건비 50조 원+② (일감) 협력사 제품 및 서비스 300조 원 구매+③ 세금+④ (기타) 배당·채권자 이자·CSR 등 직간접 고용, 소비, 투자 등으로 나타남.

를 차지하는 제조업이 GDP 70%를 기여하는 수출의 원천이다. 반도체, 자동차, 석유제품, 석유화학, 철강 5대 품목이 수출의 50%다. GDP 30% 비중의 수출(90%가 제품 수출) 낙수효과가 내수로 흘러 국민 고용 70%를 담당하는 서비스산업을 지탱하는 경제구조다.

한국 내수는 소비 주도가 아니라 공급 주도로 성장해왔다. 세계 시장 수요에 대한 공급 즉 수출 기반 내수 성장이다. 정부의 경제 안정화 정책은 내수진작을 위한 총수요 조절에 초점을 두는데 총수요는 결국 내수 수요다. 총공급은 내수 수요와 수출 수요를 포함한 것이다. 한국은 내수에 포커스를 둔 총수요 조정만으로는 근본적으로 경제를 활성화할 수 없다는 뜻이다.

한국은 경제 규모가 커질수록 전체 GDP에서 민간 소비(내수)가 차지하는 비중은 오히려 낮아지고 있다. 무역의존도가 높기 때문이다. 명목 기준으로 GDP 대비 민간 소비 비중은 1980년 62.7%에서 1990년 50.2%, 그리고 2015년 이후에는 50%를 넘어서지 못하고 있다. 경제 규모를 키운 것은 내수보다 해외 소비(수출)가 주요 동력이기 때문이다. 경제 규모에 비례해 수출의존도가 더 커지는 구조다. 수출이나 기업투자가 늘어나는 만큼 민생 개선을 체감(소비자 심리지수 CSI)하기 어려운 이유다. 대외경제(수출)와 민생경제(내수) 간 괴리(양극화)가 확대되는 구조적 배경이 여기에 있다. 게다가 저출산 고령화로 내수 시장이 쪼그라들고 있다. 내수기업도 살아남으려면 해외로 나갈 수밖에 없다. 예를 들면 국내 유통사 롯데가 필리핀 펩시 경영권을 인수한 배경도 여기에 있다.

인구 5,000만 명을 넘는 선진국 가운데 한국만큼 내수 시장이 빈약 (GDP 50% 이하)한 나라는 없다. 수출 의존도가 GDP의 40%대에 달하는 선진국은 한국이 유일하다. 수출의존도를 낮추려면 내수를 키워야 하고 특히 고용승수가 높은 서비스산업을 키워야 한다.

중국의 추격 앞에 제조업으로는 고용을 유지할 수 없다. 한국 인구만으로는 내수와 서비스 시장을 키우는 데 한계가 있다. 내수를 키우려면 내수 소비를 늘려야 하고, 소비력을 높이려면 소득을 늘려야 한다. 이는 고부가가치 일자리가 늘어나야 가능하다. 저출산 고령화로 내수는 재화 소비는 이미 포화 상태이므로 서비스 소비를 늘려야 하는데 국내 서비스는 부가가치가 낮은 생활형 서비스가 주다.

내수만으로는 일자리 창출에도 한계가 있다. 결국 해외 시장으로 진출하고 생활형보다[17] 고부가 생산형 서비스(사업서비스, 본사 일감)를 늘려야 한다. 생산형 서비스는 국내 중심의 제조산업 생태계를 글로벌로 확장할 때 키울 수 있다. 제조업을 버리고 서비스산업으로 옮겨가는 것이 아니라 K-제조업을 세계로 확장시켜 현지를 지원하는 본사 일감을 늘리는 것이고 본사 일감이 곧 생산형 서비스다. K-제조업을 서비스산업화시키는 지

---

[17] 미국은 서비스산업이 GDP의 80%를 차지하고 서비스산업은 생활형 30%, 생산형 70%로 구성되어 있다. 우리 상식으로는 미국 서비스산업은 의료 법률 등 생활형 서비스 비중이 더 클 것 같지만 실제는 GDP 56%(13조 달러)가 생산형 서비스에서 나온다. 첨단제품일수록 총부가가치 50~60%는 특허 디자인 OS 앱 등 소프트웨어의 생산형 서비스가 차지한다. 이것이 미국 첨단산업 경쟁력의 원천이다. 선진국일수록 생산형 서비스업 비중이 높다. G20 평균은 GDP 40~50%에 달한다. 세계의 공장 중국은 18%다.

름길이다.

미국의 경제정책이 우리나라 경제 현실과는 맞지 않는 경우가 많다. 미국 경제는 내수 소비가 GDP 70%대에 달하고 필요하면 언제든지 달러를 찍어낼 수 있는 기축통화국이다. 미국이 대내균형(물가와 고용안정)을 우선으로 경제정책을 펼치는 이유다. 반면에 우리나라는 소규모 개방 경제로 GDP 80% 이상을 국제교역에 의존하고 그만큼 달러에 노출되어 있어 환율과 경상수지 변화에 내수가 영향을 받을 수밖에 없다. 금융위기를 피하려면 대외균형 곧 환율안정과 경상수지 흑자에 정책의 최우선을 둘 수밖에 없는 체질이다.

미국과 한국의 성장률이 같아도 소비가 주 성장엔진인 미국의 소비자 효용 증가율이 훨씬 높다. 즉 미국 경제는 재정을 직접 소비자에게 풀면 경기가 활성화되지만, 한국의 민생경제는 재정(물가 대응, 소상공인 전기료 이자비 축소, 역전세 위험 임차인 보호 등)을 풀어서 내수를 진작시키는 데는 한계가 있다.

우리나라는 정부 지출(경기 진작 목적)을 1조 원 늘리며 GDP가 8,500억 원 증가한다(한국은행 2020년). 총수요(내수) 진작의 승수효과는커녕 정부가 쓴 돈(재정)만큼의 효과도 없다는 이야기다. 성장동력을 키우는 데 쓰인 것이 아니라면 부채를 늘려서 만든 지금의 1~2% 성장은 진짜 성장이 아니다. 개방형 통상 경제는 내수 경기 안정을 목표로 한 경제정책(재정 확대 등)은 한계가 있다. 대부분 선진국들은 내수 소비가 추동하는 경제이기 때문에 노동 규제개혁 등 내부 개혁이 곧 생산성 향상으로 연결될 수 있지만,

통상 국가인 한국은 수출 낙수효과 기반 내수경제이므로 내부 개혁을 한다고 경제체질이 저절로 바뀌지 않는다.

한국 경제는 내수 회복을 총수요(소비) 관점에서 보지 말고 총공급 관점에서 봐야 한다. 수출 물량을 포함한 총공급이 줄어드는데 내수만의 총수요를 늘려 경제성장을 끌어올리는 것은 한계가 있다. 내수는 소비 진작보다 공급력 확대에 방점을 둬야 한다.

한국은 기업 일감이 내수보다 수출 영향이 더 크다. 소비를 살리려고 공휴일을 늘리면 오히려 총공급 측면의 생산을 감소시켜 수출을 줄여 성장률을 떨어뜨릴 수 있다. 미국, 중국과 같이 국내 소비를 진작하는 재정 투입 방식의 경제성장이 어려운 이유다.

내수 소비가 저출산 고령화 등 경향적으로 성장이 제한된 가운데 해외 수요를 일으켜야 국내기업 일감을 늘일 수 있다는 뜻이다. 압축성장이 과밀한 기업생태계를 만들고 과밀 기업구조가 압축성장에 1등 공신이지만 산업 전환기를 맞아 전통산업 산단을 중심으로 남아도는 생산능력을 활용하지 못하면 과밀구조가 1%대 초저성장을 초래하는 역기능으로 작용한다. 소수 대기업과 첨단산업만 성장하고 전통산업의 과밀생태계 내 다수 중소기업은 수출로 팽창된 공급 능력이 축소되기 때문이다. 지방소멸, 양극화 확대의 근본이다. 내수만으로 소화할 수 없으니 잉여 생산능력, 베이비부머 은퇴 기술 인력풀을 활용해 글로벌로 생산능력을 확장시켜야 한다.

민생경제의 최대 밑그림은 내수 기회 총량을 확대하는 것이다. 통상 국가의 내수진작은 정부 지출(정부부채+환율 영향 물가 자극+과잉 SOC 포퓰리즘 우려) 확대로 소비를 늘리기보다 투자를 촉진하는 것이 더 바람직하다. 수출은 대중 비교우위 상실(특히 중간재)로 수축기에 있고 수출기업 중심 국내 투자도 해외로 향하고 있어 내수 낙수효과가 줄어들고 있는 것이다. GDP 50%인 내수에 기회 총량이 줄어들면서 압축성장으로 단기간에 조성된 국내 경제 생태계는 모든 면에서 과밀구조의 과당경쟁에 내몰리고 있다.

한 나라의 기회 총량은 국제 사회 국가 포지셔닝 전략(베이스캠프)에 좌우된다. 구조적 내수 침체를 극복할 수 있는 길은 글로벌 직접 효과 기반 경제체제로의 전환밖에 없다. 즉 수출 낙수효과에 기반한 내수경제를 글로벌 집적효과를 누리는 국제 허브 경제로 변신시키는 것이다. 글로벌 집적효과를 내려면 먼저 국제 연결성을 극대화시킬 레버리지 사업이 요구된다. 산업 파트너십 통상에 기반한 개발 협력 플랫폼사업이다.

통상 국가 내수경제의 기본은 내수 소비(자)가 아니라 낙수효과를 내는 (수출) 기업의 글로벌 경쟁력이다. 그것도 다수 국민 민생과 직결된 중소기업의 일감 확대다. 상장기업 40%가 한계기업인데 내수 소비 진작이 가능한가? 미국이 '중산층을 위한 통상'을 내세우듯이 우리나라도 민생(서민 일자리, 서민 부채 상환능력 제고, 자영업자 퇴로, 수입 물가 등)과 직접 연계되는 통상 포맷을 찾아야 한다. 즉 우리 기업의 해외 투자 자체가 국내 중소기업 일감과 국민 일자리를 만들고 국가 단위 시너지 국부를 창출해 국내로 들어오도록 통상 모델을 설계해야 한다.

2. [내수경제 2.0] 신경제 시스템, 국제 허브형 내수경제 체제로 전환

낙수효과 경제체제, 달러 과다 의존 교역체제, 화석연료 의존형 산업체제 모두가 포스트 수출 강국을 가리키고 있다. 넥스트 국가 비전은 탈상품 제조수출의 경제 성장 모델로 2차 도약을 이루고 5,000년간 숙명과제인 강대국으로부터의 자주독립, 북핵 위협으로부터 벗어나는 탈지정학적 리스크의 지경학적 안보 헷징이며 우리 사회가 분열을 극복하고 미래로 나아가기 위한 탈 좌우 진영의 외부 지향적 통합 비전이어야 한다.

국가 위상이 ① 통상 국가(수출 강국) → 산업 파트너십 국가로, ② 공장 국가(제조 강국) → 글로벌 R&D 국가로, ③ 수출 경쟁 국가 → (편승형) 투자 파트너 국가로 변신한다.

이렇게 되면 우리 경제는 화석연료 의존의 상품 제조수출형 산업에서 탈피해 글로벌 산업 수도로서 본사 국가 역할을 하는 국제 허브로 거듭난다. 포스트 수출 강국 신경제 시스템이다. 국민은 뭔지는 모르지만, 본능적으로 공동체의 미래가 암울하다고 느낀다. 지금 경기가 안 좋더라도 국가가 미래에 대한 꿈과 희망을 줄 수 있다면 민생 고통은 반감된다.

G2 사이에 끼어 있는 한국은 작더라도 세계 중심 국가 곧 중추 국가 GPS가 되어야 하고 그러려면 국제 사회에 '중추적인 역할'을 해야 한다. 그 기회는 수출 강국으로 축적한 업종과 기술 포트폴리오를 활용해 국제

사회 개발 아젠다를 해결하는 개발 협력 플랫폼 국가로 변신하고 국내는 글로벌 산업 수도의 국제 허브로 거듭나는 글로벌 뉴딜에 있다. 이는 곧 세계 곳곳의 K-경제특구 네트워크 중심국이 되는 일이다. 아웃바운드 상품 제조수출만으로는 국부를 더 키우기에는 한계다. G5, G3로 가려면 국부 창출 2.0이 나와야 하고 그 길은 인바운드 글로벌 집적효과를 누리는 국제 허브화 전략에 있다.

기업은 업의 본질을 찾아 한 단계 더 진화하면서 3류에서 2류로 일류로 발전한다. 제품은 수단이고 제품을 활용해 문제를 해결하는 서비스가 진정한 '업의 본질'이다. 우리 기업이 '업의 본질'을 찾을 때 사업 영역은 확장되고 제조업을 고부가 지식서비스업으로 진화시킬 혁신 기회도 생겨난다. 농기계 제조업체인 존디어는 농업 생산성 향상에 필요한 솔루션을 제공하는 서비스기업으로 탈바꿈했다.

선진국이 제조산업으로 성장한 후 예외 없이 제조업의 본질인 서비스 경제로 옮겨가는 배경이다. 기업의 사업 진화 혁신을 국가 단위로 확장하면 수출 강국은 수단(도구 생산 판매의 장사)이고 본질(도구 활용 문제해결의 기업가 정신)은 상대국의 개발 아젠다를 해결해주는 국제 개발 협력 플랫폼 국가다. 상품을 제조하고 수출해서 먹고사는 시대를 이제는 끝내야 하지 않을까.

국내에서 벌어지는 지방과 수도 간 산업 분화(지방은 사업장, 수도는 본사)를 글로벌로 확장하면 한국은 본사 국가로서 글로벌 산업 수도가 된다. 이는 곧 국내 중심 산업 생태계를 글로벌로 확장시킨 국내 허브(Hub) & 해외 스포크(Spoke) 체계로 한국이 주력산업별 국제 허브 역할을 하게 되는 것이다. K-제조업의 생태계를 국내 개발(선진국과는 공동개발 협력), 현지 양산 체제(시장 가까이 원재료 가까이)로의 전환이다.

제조업을 상품 제조·수출 용도에 국한시켜 K-제조업을 더 크게 활용(산업 한류 기회)하지 못한 결과가 수출 시장에서 중국에 밀리고 제조업 비교우위 자체도 잃고 있는 처지다. 역설적으로 제조 강국 위상을 잃지 않으려면 수출 강국(기술로 물건 장사하는 상인 국가)에서, 곧 수출 시장에서 벗어나야 한다. 제조 강국이 되어 수출 강국에 머물러서는 안 된다.

단품 수출 시장과 양산제조에 집중된 산업 구조를 시장과 업종을 확장시키는 산업전환·통상 모델 전환에 나서야 한다. 제조업을 살리고 제조 강국(다양한 업종과 기술 포트폴리오)을 유지하는 길이 여기에 있다.

시장 전환은 상품 수출 시장에서 개발 아젠다 시장으로, 업종전환은 양산제조에서 지식 제조(제조업 코칭 서비스)로 옮겨가는 것이다. 국제 사회 해결할 문제를 중심에 두고 제조업 활용(업종과 기술)에 방점을 둔 대표적 사업 포맷은 세 가지로 구분할 수 있다. ① 국제 산단 사업은 영세한 중소기업의 해외 진출을 위해, ② 신도시 사업은 개별 기업 단위 - 개별 제품 단위 대중 경쟁 구도의 불리함을 극복하기 위해 융·복합사업 기회에 주목하고, ③ 경제특구 사업은 상대국과 화학적 경제통합(FTA 2.0)으로 양극화 해소를 위한 서민층 성장 공간 제공, 상대국의 GVC 편입으로 인력 및 자원 공유, 공급망 안정화 등을 동시에 해결한다는 목적을 띠고 있다.

이들 사업을 통해 상품 수출 아닌 개발사업으로 신성장 동력을 확보하고, 국내는 국제 허브형 경제로 진화하고, 우리 국민 일자리는 세계 사업 현장을 지원하는 멘토·코칭 역할의 지식서비스로 업그레이드된다.

3. 국제 사회 자본과 인재가 모여드는 글로벌 집적효과 환경조성

    서울이 지방 사업장의 집적효과로 성장했듯이 국가도 상품 제조수출로 벌어들이던 달러를 이제 국제 사회 자본과 인재가 모여드는 집적효과를 내는 국제 허브형 경제체제로 바꿔야 한다. 반도체도 자동차도 없는 싱가포르가 10만 달러 고소득 국가로 변신한 비결은 무엇인가? 수출 낙수효과를 넘어 글로벌 집적효과를 내는 경제체제로 전환하려면 상품 제조수출형 통상을 바꿔야 한다.

    이는 곧 상품 시장(수출 시장)에서 국제 개발 아젠다 시장, 개도국 편승의 멘토링. 코칭 서비스 시장으로 한 단계 위로 옮겨가는 것이다. 수출 강국의 업종과 기술을 활용해 국제 사회 개발 아젠다를 해결하는 개발 협력 플랫폼 국가로 변신한다. 세계 각국과 산업 파트너십으로 연결성이 극대화된 미래 한국은 국제 사회 자본과 인재가 모여드는, 글로벌 집적효과를 누리는 지경학적 국제 허브다.

    한국은 상품을 생산해 글로벌 시장에 공급(수출)하는 공장(제조)형 현장 국가로 성장했다. 이제 현장을 지원하는 본사 국가로 진화해 2차 도약해야 한다. 글로벌 산업 수도로 포지셔닝하면 우리 국민 각자가 경제성장기에 축적한 모든 지식과 경험 노하우는 이를 필요로 하는 시장을 찾아 부가가치 자산으로 바뀐다. 이를테면 국내 산단이 보유한 업종과 기술을 필요로 하는 해외 사업장을 조성하면 산단 내 기업들이 클러스터로 진출해 일감을 확보할 수 있고 국내는 HQ 지원 업무 일자리가 늘어나 제조 일자리를 연구사무직으로 점차 바꿔낼 수 있다. 세계 최고 고학력 지식사회의 국민 일자리 베이스를 지식 기반 연구직으로 업그레이드시키는 국가 플랫폼이다.

단품 수출형 통상을 개발 아젠다 맞춤형 국제사업으로 전환시키면 우리나라는 무슨 역할을 하게 될까? 우리가 국제 사회 개발 아젠다 사업을 펼쳐 베트남과 같은 현장 국가가 30여 개 생기면 K-제조업 벨트가 구축되고 제조업을 매개로 이들 국가들과 연결고리가 확장된다.

이렇게 되면 한국과 상대국은 수도와 지방, 본사와 현장, 선수와 코치 관계의 산업 파트너십이 형성되고 한국은 각국의 사업 현장을 후방 지원하는 역할을 하게 된다. 곧 상대국은 사업 현장 국가, 우리는 사업 현장을 지원하는 본사 국가(코칭 국가. 멘토 국가)의 원원형 관계로 발전한다.

현장을 지원하는 본사 역할과 기능을 국가 차원으로 확장하면 국가 전체가 본사가 되고 수도가 된다. 곧 국제 개발 협력 플랫폼 국가로서 글로벌 산업 수도다. 우리가 산업한류를 펼쳐 선·후발국이 경제 성장을 이루면 이들 국가들은 국가 운영 전반에 대해 우리나라에 컨설팅을 구하고 의지할 수 밖에 없다. 글로벌 산업 수도가 되는 것이다. 이는 통상 국가의 강점을 활용해 국제자본과 인재가 모이는, 글로벌 집적효과를 누리는, 대한민국을 국제 허브로 변신시키는 플랫폼이다. 곧 아웃바운드(Outbound) 뉴딜로 수출 강국이 글로벌 개발 아젠다를 해결하는 국제 개발 협력 플랫폼 국가[18]로 진화하고 인바운드(Inbound) 뉴딜로 국내는 제조 강국에서 국제 사회 산업화 현장을 지원하는 글로벌 산업 수도[19]로 도약한다.

한국의 산업도시는 급격한 도시화에 따른 교육·위생·교통·물류 등 각종 도시문제를 해결하는 데 필요한 모든 솔루션을 갖추고 있다. 신흥개도국이 산업화 과정에서 겪게 되는 제반 경제 사회적 문제들에 대해 벤치마킹하고 답을 찾을 수 있는 '산업 수도(Industrial Capital for Developing Countries)'로 최적이다.

글로벌 산업 수도는 상품 제조·수출 산업의 비교우위를 상실한 통상 국가가 택할 새로운 국제 포지셔닝(새로운 비교우위 기반 국제 역할)이다. 글로벌 산업 수도는 우리가 되고 싶다고 되는 게 아니다. 우리가 상대국 산업화에 역할을 하고 지구 균형발전에 기여할 때 국제 사회로부터 글로벌 산업 수도로 인정받는다. '글로벌 중추 국가' 비전을 실현하는 외교 툴이기도 하다.

본사 국가로 역할이 바뀌면 달리 유입 환경도 바뀐다.

첫째, 국내 투자 환경이 제조설비 중심에서 지식서비스(본사 일감)의 무

---

[18] 제품을 만들어 파는 수출 강국의 상인 국가에서 한국이 보유한 다양한 산업업종과 기술로 상대국의 개발 아젠다와 국제 사회 난제를 해결하는 '맞춤형 융복합 개발사업'을 펼쳐 지구촌 균형발전에 글로벌 리더십을 발휘하는, 한국의 성장 경로를 후발국에게 전수하는 선도 국가로 포지셔닝

[19] 국제 사회 지경학적, 기정학적 경계위치에서 선진국과 개도국 모두가 필요로 하는 '기술 브릿징 역할'로 세계 산업현장을 지원하는 '본사 국가·코칭 국가·멘토 국가'의 국제 허브로 포지셔닝 해 '글로벌 집적효과'를 누리는 나라(국가산업의 생태계를 세계 권역별 스포크로 확장시켜 해당 산업의 국제 허브 역할을 수행하는 글로벌 산업 수도)

형자산 중심 투자(세계 신산업 신기술 실증사업 테스트베드+적정기술 R&D 허브)로 바뀌고 투자 순유입 흐름이 생겨난다. 투자 불모지대(OECD 꼴찌)에서 벗어나 OECD 평균만 유치해도 국내 일자리 등 사회 문제 대부분에 해결의 물꼬가 트인다.

둘째, 외화 유입과 고용 효과 면에서 상품 제조·수출 이상으로 레버리지 파워가 큰 관광산업을 한류 레버리지로 세계 평균 수준(현재 GDP 2%대 → 10%대)으로 끌어올릴 수 있다. 과밀한 자영업자 문제도 해소된다. 셋째, 해외 개발사업을 확장해 무역수지는 적자가 나더라도 경상수지에서 흑자가 나는 선진국형 교역구조로 바뀌게 된다.

• **교역 상대국과의 연결성 극대화, 글로벌 비즈니스 허브 기회**

한국에 아태본부(아시아·태평양본부)를 둔 글로벌 기업은 100개 이하이지만 싱가포르는 5,000여 개(홍콩 1,400, 상하이 940여 개)에 달한다. G2 간 대립으로 중국 리스크를 줄이려는 글로벌 기업에게는 중국과 서구를 잇는 한·유럽, 한·미FTA, 중국과 인접한 지리적 이점(교통, 물류), ICT 강국의 디지털 인프라, 무엇보다 무역 강국을 리드하는 수출 대기업의 시장개척 역량, 한류 등 여러 장점이 있음에도 불구하고 한국을 아시아 본부 1순위로 실제 고려하고 있는[20] 글로벌 기업은 극소수에 불과하다. 세제 혜택, 노

---

[20] 글로벌 기업 300곳 대상 조사 결과(국제 무역통상연구원 2022년), 한국은 3.3%로 싱가포르 32.7%, 홍콩 13%, 일본 10.7%는 물론 중국 9.3%, 인도 5.3%, 태국 3.7%보다도 낮다.

동유연성, 도시 인프라 등 FDI에 친화적인 일반적 환경조성도 필요하지만, 무엇보다 글로벌 기업이 한국을 아태본부로 활용할 수밖에 없는 강력한 레버리지가 요구된다.

한국이 선·후발국 간 기술 브릿징 역할을 하는 국제 개발 협력 플랫폼 국가로 포지셔닝하면 그 자체로 글로벌 기업 본부를 유치하는 플랫폼이 된다. ① 세계로부터 FDI, 신기술, 인재 모두를 끌어들이는 국제 허브화의 직접적인 레버리지다. 국가의 포지셔닝이 바뀜으로써 ② 국민의 일자리 기회 총량을 결정하는 베이스(베이스캠프가 한 단계 올라감)가 확장됨은 물론이고, 성장동력을 높이는 글로벌 집적효과를 가져오는 것이다. 수출 낙수효과 경제에서 글로벌 집적효과 경제체제로의 전환이다. ③ 세계 질서 재편 속에 한국의 전략적 가치를 높이는 발판이다. 한국이 개발금융 기반의 국제금융 허브로 도약할 토대다.

[일자리 뉴딜] 고탄소 제조·수출형에서 친환경 지식서비스 기반 일자리로

출처 : 저자 작성

1. 일자리 대란 시대, 역대급 고용률은 역대급 불완전 고용

불완전 고용 확대는 곧 고용의 불안정성 확대다

• **국가 전체 기회 총량(기업 일감, 국민 일자리)이 줄고 있다.**

경제 수축기를 맞아 국가 전체에 양질의 일자리 총량 자체가 줄어들고 있다. 그 결과 산업이 제공하는 일자리와 국민이 기대하는 일자리 수준(質) 간 괴리(미스 매칭)가 역대 최대로 벌어지고 있다. 그냥 쉬었음이나 초단기 근로자가 급증하고 전문대 이상 고급 인력 비경제활동인구가 400만에 육박하는 등, 질 나쁜 고용이 역대 최고 고용 지표로 나타나고 있다. 지난 십수 년간 산업정책이 실패한 결과다. 이뿐인가? 역대급 일자리 미스매치, 은퇴 쓰나미, 자영업자 재취업, AI 시대가 몰고 올 고용 위기, 일자리 대란이 오고 있다. 일자리 환경 자체를 바꾸지 않고서는 재정을 투입해 만든 일자리로는 한계가 명백하다.

• **선진국 1/3 일자리 유형, 직무 다양성 부재의 뿌리**

대졸 진학률 72.8%(2023)에 전공, 직업 미스 매치율은 50%(25~34세 기준 22개 조사)로 OECD 1위다. 미스 매치율이 높은 배경도 고학력 지식사회에 걸맞지 않은 일자리 유형 부족이 근본이다. 미국은 일자리 유형(직업분류)이 36,000개나 된다. 한국은 미국의 1/3밖에 안 된다. 한국 사회는 동일 분야에서 그만큼 경쟁이 치열하다는 뜻이다. 일자리 유형이 비교적 단순한 제조산업기반에서 지식서비스 기반 산업으로 옮겨가야 다양한 직무를 창출할 수 있고 일자리 유형도 늘어난다.

• **사회 양극화의 근본, 일자리 양극화**

양극화 문제의 뿌리는 일자리 양극화에 있고 일자리 양극화의 근본은 산업구조에 있다. 대·중소기업 간 갑을관계의 상품 제조·수출형 산업이 노동 시장의 이중구조를 낳고 있다. 소득분배의 질, 곧 임금 격차가 확대되는 근본이 산업 구조에 있는 것이다. 2023년 대기업 정규직 대비 임금 수준은 대기업 비정규직이 67.2%, 중소기업 정규직은 57.6% 중소기업 비정규직은 44.1%에 불과하다. 양극화를 해소하려면 산업 구조부터 바꿔야 한다.

최고 업스트림 개혁과제, 산업개혁은 곧 국민 일자리 혁신

모두가 개혁을 외치고 있지만 정작 개혁의 키를 제대로 잡았는지는 의문이다. 지난 십수 년간 상투적 레토릭만 반복하면서도 개혁이 안 되는 것을 정치 탓으로 돌리고 있다. 마치 성장과 도약 방법은 이미 다 나와 있는데 정치 탓에 개혁하지 못하고 있다는 주장이다. 올바른 개혁 비전을 찾지 못했기에 성과가 나지 않는 것이다.

기술혁신을 통한 생산성 제고, FDI 적극 유치, 노동 개혁, 수출 경쟁력 회복 등 뻔한 정책들의 반복이다. 저출산·고령화로 구조적 저성장 늪에 빠진 한국 경제가 활력을 되찾는 길은 노동 교육 연금 개혁 등 구조개혁을 통해 경제 체질을 바꾸고 경쟁력을 높이는 방법밖에 없다는 주장은 타당한가?

한국 경제가 살아남으려면 창의적 인재를 키우는 교육개혁, 이들이 마음껏 뛸 수 있도록 혁신의 장을 조성해주는 노동 규제개혁, 미래에 대한 불안을 해소해주는 연금 개혁을 해야 경제의 역동성을 살아난다는 주장은 옳은가?

이 또한 현상에 대한 처방일뿐 원인에 대한 처방이 아니다. 한국의 구조적 저성장 문제는 재정이나 통화정책, 노동 교육 연금 개혁으로 해결되지 않는다. 전환기에 있는 우리 경제는 무엇보다 긴급한 일과 중요한 일에 균형이 필요하다. 특히 구조개혁의 우선순위가 그러하다.

정부의 경제정책이 진단 처방 모두 영점 조준에서 크게 벗어나 있다. 장기 침체의 기로에서 국가 성장 동력을 다시 살려내는 것이 시대적 소명이라며 구조개혁을 외치고 있지만 엉뚱한 곳을 긁어 사회 갈등만 일으킬 공산이 매우 크다. 애초 개혁의 타깃으로 신기루를 조준하고 있으니 체감 성과가 나오기는 당연히 어렵고, 개혁 성과가 부진한 것은 야당의 비협조를 핑계로 돌리며 허송세월을 보내고 있다.

노동 교육 연금 규제 문제가 저성장을 초래하는 게 아니라 이들은 저성장의 결과에 가깝다. 예컨대 노동 개혁의 최대 쟁점인 노동 시장 이중구조도 경제성장기에는 대·중소기업 간 수직계열화된 산업 구조가 동반

성장의 순기능을 가져왔으나 이제 시효를 다해 이중구조의 역기능으로 작용하고 있다. 이중구조는 원하청 간 차이도 있지만 과밀구조 과당경쟁 구조도 문제다. 압축성장에 힘입어 내수 규모에 비해 너무 많은 중소업체가 생겨나 일감경쟁이 저부가화를 초래한다. 밖으로 나가 경쟁 밀도를 낮춰야 한다. 산업 구조가 원인이고 노동 시장 이중구조는 결과다. 특히 규제개혁 만능론은 새로운 대안을 제시하지 못할 때 무 통찰을 면피하려는 단골 메뉴다.

우물 밖 세계 시장에서 성장을 못 하는 것이 국내 규제 때문이 아니지 않은가. 삼성이 OO개혁을 못 해 10년째 매출이 정체되고 있나? 오늘날 저성장의 근본은 지난 50년 성장 모델이던 상품 제조·수출 중심의 개도국형 산업 구조가 비교우위를 잃고 시효를 다했기 때문이다. 3대, 4대 개혁은 시대적 사회 구조변화에 맞추어 당연히 해나가야 하는 개혁과제들이지만 우물 안 국내에서 내부 개혁을 이룬다고 글로벌 경쟁력과 연계된 저성장 문제가 해결되지는 않는다. 산업개혁에 대한 미래 비전이 없다 보니 구조개혁의 핵심은 잡지 못하고 변죽만 울리고 있는 것이다.

과거 유럽의 병자라 불리던 독일이 하르츠 노동 개혁(2002년)에 힘입어 성장 궤도로 복귀하고 지금은 그 효과가 떨어져 다시 저성장을 겪고 있나? 하르츠 개혁 당시 때마침 중국 시장이 열리면서 새로운 시장을 얻고 국내에서 경쟁력을 잃고 있는 완성품·부품 생산을 밖으로 빼내 동유럽을 생산 기지화함으로써 산업용 기계, 자동차 등 전통적 강점 분야에서의 글로벌 경쟁력을 회복한 것이 보다 직접적 원인이다.

　오늘날 독일이 제조업 중심(전기차 전환 지연, 러시아 가스 의존 위기 등)으로 경제 부진을 겪고 있는 것도 결국 산업 경쟁력과 중국 시장의 환경변화가 근본 배경임을 보여준다. 프랑스가 상대적으로 호전된 성장세를 보이는 것도 마찬가지다. 프랑스 정부에서 연금 개혁을 잘해서가 아니라 브렉시트로 유럽의 금융 허브 대안으로 거듭나고 있기 때문이다. 이제라도 구조개혁 타겟을 재조준해 저성장의 근본인 산업개혁을 최우선 과제로 추진해야 한다.

　노동 교육 연금 규제개혁도 산업개혁 로드맵과 연계될 때 기득권 저항을 줄이면서 소기의 성과를 낼 수 있다. 무엇보다 산업 전환기를 맞아 국내 공급 과잉력 출구, 특히 국민이 기피하는 석유화학, 정유, 철강, 조선, 기계 등 고탄소 중화학공업 분야를 더 늦기 전에 글로벌로 재배치하고 이를 활용해 새로운 일감을 창출하는 산업개혁에 나서야 한다.

• 일자리 정책은 기존 일자리 보호가 아닌 일자리 업그레이드

　한국은 전환기(피크 코리아와 팍스 코리아나의 갈림길)를 맞아 무엇보다 국민 일자리의 토대이자 모든 사회 문제의 뿌리인 국가산업의 전환이 최대 업스트림 과제다. 저성장, 양극화, 지방소멸, 노동 시장 이중구조 등 사회문제는 모두 산업이 제공하는 '일자리와 소득'이 시대적 사회적 변화를 따라가지 못하는 데 기인한다. 곧 경제 주체가 변화에 걸맞은 '부가가치 있는 일감'을 찾지 못하는 것이 모든 사회 문제의 근본이다. 사회발전에 따라 높아지는 국민의 눈높이에 걸맞은 양질의 일자리가 턱없이 부족해 생겨나는 일자리 미스 매칭이 만악의 근원인 셈이다. 먹고사는 문제인 경제는 일자리와 소득을 제공하는 산업이 엔진이다. 곧 개인 단위로는 일자리 문제고, 기업 단위로는 사업 문제이고 국가 단위로는 산업 문제다.

산업개혁은 곧 국민 일자리 혁신이다. 경제정책 산업정책 모두가 기업과 국민의 일감과 일자리가 고부가가치로 옮겨가도록 물꼬를 터주는 것이 키다. 산업계와 정부가 산업전환으로 생산성을 올리려고는 하지 않고 기존 산업을 지켜내기에 급급해 외국인 노동자(이하 외노자) 수입을 무분별하게 확대(인건비가 줄어 노동 생산성이 올라가는 효과)하려는 것은 현대 복지국가의 전범인 스웨덴의 이민갱단 등 사회 갈등 확산, 기존 산업 구조개혁 실기, 임시방편의 일자리 질 개악 확대, 이민 문제 등 많은 잠재 위험을 내포하고 있다.

오원철 경제보좌관이 산업 입국의 경제모델로 상품 제조수출형 산업을 설계한 이래 지난 50여 년간 제품은 일부 바뀌었지만 산업 구조 자체는 근본적 변화가 없었다. 고령화에 따른 복지 이야기만 했지, 디지털 사회에 적응하고(교육복지), 고학력 인구 비중이 높은 사회 구조변화와 지식 사회에 걸맞은 일자리와 부가가치를 제공할 산업으로 옮겨가려는 산업정책은 보이지 않는다. 구인난을 겪는 저부가 일자리를 외노자로 임시로 메꿀 생각만 하지 우리 여성과 청년들이 할만한 고부가 일자리로 바꿔낼 근본 처방을 못 하고 있다.

경제발전을 가져오는 생산성 혁신은 지속적으로 일자리를 고부가로 재생산해나가는 과정이다. 우리 사회 일자리 문제는 일자리 '질'의 문제다. 국민 눈높이 관점의 일자리 문제는 구인난에서 적나라하게 드러난다.

20대 청년 취업률이 60% 이하(2023년 청년 고용률은 46%에 불과)다. 54%가 미취업임에도 중소기업은 60만여 명 일자리가 구인난을 겪고 있다. 일자리가 부족해서가 아니라 청년 눈높이에 맞는 일자리가 없다.

세계 최고 고학력 지식사회인 한국은 저(低)숙련 노동, 전문기술이 필요한 중(中)숙련 노동, 대학 졸업자 이상의 전문인력이 할 수 있는 고(高)숙련(고위 기술) 노동 중에서 고학력 인력의 일자리(고학력 지식인에 걸맞은 연구 활동 기반의 일자리)를 늘리는 것이 최우선 일자리 정책과제다.

청년이 기피해 외노자로 대체되고 있는 중소제조업은 이제 더 이상 양질의 일자리도 아니다. 제조업 취업자 비중도 15.7%(2023년)로 지속적으로 하락하고 있는 것도 사회 변화가 투영된 결과다. 외노자를 수입해서라도 저부가 일감을 국내에 유지하려고 하면 양질의 일자리를 국내에 늘릴 기회도 없어진다. 일자리 정책이 기존 일자리 보호(공장 이전 억제, 수입 인력 대체 등)가 아니라 일자리를 업그레이드(일감 부가가치 혁신 곧 업종의 부가가치 제고에 의한 생산성 향상)하는 데 두어야 한다는 뜻이다.

양질의 일자리 기회 총량을 늘리려면 먼저 국가 포지셔닝 전략을 통해 국민 일자리 베이스캠프부터 올려야 한다. 국제 사회 본사 국가로 포지셔닝하면 국민 일자리가 지식서비스 기반 본사 일감 중심으로 업그레이드된다.

산업개혁의 최대 걸림돌, 법안규제보다 사회 통념

• 산업고도화, 산업공동화, 구조조정

산업전환이 안되는 이유는 첫째 기존 산업을 진화시킬 미래산업에 대한 구체적 전환 비전이 없다. 방향이 분명해야 무엇을 지키고 무엇을 버려야 할지 개혁에 나설 게 아닌가. 둘째 산업공동화 우려 등 사회 통념상 저항을 해소할 수 있는 실효성 있는 구조개혁 해법이 없다. 무엇보다 산업개혁에 대한 강고한 사회 통념이 구조개혁을 가로막고 있다. 대표적으로 ① 산업고도화 ② 산업공동화 ③ 구조조정에 대한 오해다.

진정한 산업고도화는 중국과의 경쟁 구도에서 벗어나 경쟁 기반 상품 수출 시장에서 비대칭성 기반 지식서비스 시장으로 옮겨가는 것이다. 상품 제조수출형 산업 구조를 그대로 두고 초격차를 내세우며 기존 산업 경쟁력을 강화하거나 프리미엄 제품 비중을 늘이거나 일부 첨단제품을 신산업으로 육성해 대체하는 것만으로는 경쟁 구도에서 벗어날 수 없다.

AX, DX 기술을 접목해 업무 효율성과 생산성을 높여 기존 산업 경쟁력을 강화하는 것도 한시적이다. AX, DX를 활용해 새로운 시장을 창출함으로써 데이터 기업, AI 서비스기업으로 재탄생하는 것이 제2 창업이자 진정한 사업고도화다. 예를 들면 내시경 제조기업이 AI 기반 실시간 영상 분석 병변 탐지 디지털 의료서비스로, CCTV 제조기업이 AI 기반 방범 서비스 시장에 진출하는 등 단순 기기 제조업에 머물던 국내 중소 제조기업이 지식기반 운용서비스업으로 탈바꿈할 수 있다.

우리는 제조업이 공장이 밖으로 나가는 것을 산업공동화라 여기는데, 본질은 제조업의 일감, 일자리가 사라지는 것이다. 지자체장들이 제조업을 지킨다는 신념으로 오히려 공동화를 부추기고 있다. 소부장 중소기업 해외 이전으로 인한 국내 공급망 붕괴를 우려해 정부는 리쇼어링을 추진하고 있지만, 연간 2,000~3,000여 개의 기업들이 탈한국에 나서고 있다.

해외 이전 여력이 없는 영세한 중소기업들은 국내 고비용을 버티다가 상당수 한계기업으로 전락해 부채로 연명하며 고사하고 있다. 공급망이 안정되고 경쟁력을 유지하려면 중소기업의 기술 개발이 전제 조건이다. 대기업이 납품 물량을 늘려줘야 중소기업 일감이 늘고 돈이 돈다. 돈이 돌아야 기술 개발을 지속할 수 있는데 현실은 기술 개발은커녕 대다수가 정책자금으로 연명 중이다.

대중 무역수지가 적자로 돌아선 것은 대기업이 소싱을 국내에서 중국으로 대거 옮겨가고 중간재가 중국산으로 대체되고 그만큼 국내 공급망 생태계가 이미 빠르게 붕괴되고 있다는 방증이다. 제조업을 지키려 하면 제조기업을 잃는다는 의미가 제조 지식서비스 시장으로 옮겨가지 못한 데에 대한 경고다.

공장 이전이 아니라 국내 버티기 고사 위기가 진짜 공동화다. 공동화는 공장 이전 자체보다 각자도생 해외 진출이 초래한다. 공장이 밖으로 나가면 지역 경제기반, 일자리 기반, 산업기반이 무너진다는 것도 근시안적 접근이다. 이미 중소기업 생태계는 지역경제의 밑 빠진 독(각종 정책자금으로 연명)이 된 지 오래고, 일자리 또한 우리 국민이 기피해 외노자로 대체되고 있다.

공장이 이전하면 산업 기반인 제조 기술을 잃는다는 것도 오해다. 일감이 줄어들면서 일자리를 지키지 못해 기술 인력이 유출되는 것이 진짜 공동화다. 조선업 불황기에 구조조정으로 업계를 떠난 기술 인력들이 다시 돌아오지 않는 것이 그 예다. 제조업을 국내에 지키는 것이 공동화를 막는 것이 아니라 제조업을 활용해 서비스 일자리(R&D 등 생산형 서비스)를 만들어내는 산업진화가 공동화를 막는 일이다.

더욱이 기존 글로벌 밸류체인상 국제분업 구도와 공급망 안정 논리에 매몰되어 밸류체인 상단부로 옮겨갈 생각 자체를 못 하고 있다. 대·중소기업 간 수직적 산업 구조가 그대로 세계로 확장된 것이 미국 주도 글로벌 공급망이다. 미국이 앵커 대기업이고 한국, 중국, 대만은 미국에 납품하는 중소기업과 같은 처지다.

국내 원하청 납품 관계에서 중소 협력업체는 1~2% 마진을 두고 경쟁을 벌인다. 미국(지식서비스)-일본(소부장)-한국(중간재)-중국(완성품 조립)-미국(소비)으로 이어지는 밸류체인 구도 속에서 한국은 기존 역할을 지키려는 데 급급하다. 국가 포지셔닝 자체가 구조적으로 저생산성 체제에 갇혀있는 형국이다.

글로벌 밸류체인 피라미드의 꼭대기에 미국이 있다. 피라미드 하단부에서 한국은 납품 파이를 두고 중국 대만 등 후발국들과 경쟁하고 있다. GVC 재편 시대에 기존 분업체계에 매여 공급망 안정화만 지키려들면 밸류체인 내 고부가가치 상위 영역(스마일커브)으로 옮겨갈 기회를 놓친다. 밸류체인 하위에서 미국의 부품기지창 역할에 만족하고 있는 한 일류 국가로의 도약은 요원하다.

시장 자율적 구조조정이라는 명분 아래 석유화학 설비와 같이 기업 간 외형 통폐합이나 비용 절감 중심의 효율 경영 식 구조조정도 근본적인 산업전환이 될 수는 없다. 한국은행 이창용 총재는 "제조업을 기반으로 한 한국의 성장 모델이 고갈되고 있다. 이제 우리가 타던 말이 지쳐서 새로운 말로 갈아타야 한다고 느끼는데, 사람들은 '이 말이 그렇게 빠르고 잘 달렸는데 왜 바꿔야 하나'라고 반문한다"라고 지적한 바 있는데 적절한 비유다.

한편, 주력산업 생태계를 이끄는 앵커 기업인 재벌 대기업의 제2 창업(업종전환, 시장 전환) 실기가 사실 국가산업 전환이 지연되는 가장 큰 원인이다. 재계가 3세대로 세대교체는 되었으나 국가의 산업교체가 일어나지 않고 있다.

제조업에서 지식서비스업으로 진화해야 하는데 3세 총수들이 제조판매업 중심 '초격차' 경쟁우위 혁신에 매여 현상 유지를 고수하고 있다. 그 결과가 SK, LG, 삼성 등 한국을 대표하는 기업들이 미국 빅테크의 납품업체로 전락했다. 주가는 보통 전통제조업은 현금창출력 중심으로 매겨지지만 제2 창업으로 신사업에 진출하면 미래 성장성에 초점을 맞춘 테크기업으로 재평가받을 수 있다. 삼성전자가 고수익에도 주가가 오르지 않는 이유다.

한국을 대표하는 대기업들의 사업구조가 전통제조산업에 머물러 있기 때문에 한국 시총이 오르지 않는다. 지난 십수 년간 사업전환을 거부하고 초격차를 추진해온 삼성은 지금 어떠한가? 경제성장기의 삼성 신화가 산업진화를 막는 최대 걸림돌이다. 더 큰 문제는 정부의 산업정책이 국가 단위 비교우위 관점을 갖지 못하고 초격차와 같은 개별 기업 사업전략과 괘를 같이 하는 수준에 머물러 있다는 점이다.

2. 포스트 수출 강국의 미래산업 조건

반도체, 배터리, 바이오 등 첨단 제조가 우리의 미래인가?

첨단 제조의 소재 대부분 수입 의존, 부품. 장비 생태계의 취약성, 완성품 양산의 원가경쟁력 등 제반에서 지속 가능한 비교우위를 갖기 어렵다. 사실 하드웨어 첨단 제조산업은 첨단문화산업의 잠재력에 비할 바가 아니다. 게다가 CAPEX를 HW 설비 투자 경쟁에 올인하는 것은 필연적으로 공급과잉을 가져와 투자 리스크가 크다. 포스트 수출 강국, 선진 한국의 미래산업은 이미 정해져 있다. 선진국이 고부가가치 제품을 생산하고 수출하지만, 이는 선진국이 창출하는 부가가치의 일부에 지나지 않는다. 첨단산업이 하드웨어 기술에만 국한되는 것도 아니다. 세계가 따라 하는 새로운 문화, 미래 문화를 선도하는 소프트웨어 콘텐츠도 고부가가치 첨단지식 분야다.

상품 제조·수출이 아니라면 우리 국민은 무슨 산업에서 일자리를 찾을 수 있을까? 주력제조산업을 대체할 새로운 지식서비스산업은 한국만의 고유한 경쟁력을 바탕으로 글로벌 시장에서 새로운 비교우위(포스트 제조 강국)로 차별화될 수 있어야 한다. 상품 제조수출 대신 달러를 벌어들일 수 있고 친환경, 친고용, 고부가가치형 산업이어야 한다.

기존 주력산업이 그러하듯이 지식서비스산업 간 상호 연관 효과로 시너지를 극대화할 수 있어야 한다. 기존 산업의 한 단계 위 진화다. 즉 ① 양산제조의 최정상에 오른 제조 강국 역량, ② 세계 최고 ICT 인프라 강국, ③ 대중문화 한류 강국 등 한국만의 강점 역량에 기반한 비교우위 분야는 기술과 경험 노하우를 제공하는 멘토 역할·본사 역할의 지식서비스다.

선진형 경제는 축적된 자산운용

우리나라는 산업화에 성공해 산업사회에서 (고학력 국민의) 지식사회로 변모했는데 지식서비스 중심의 선진형 산업 구조로 옮겨가지 못하고 여전히 제조업 기반의 개도국 형 산업에 머물러 있다. 이제 우리 산업의 중심축을 제조업에서 선진국형 지식서비스업으로 옮겨가야 하나 제조업에 발이 묶여 있는 것이다. 예컨대 S&P500 기업은 무형자산이 90%나 되지만 KOSPI 200 기업의 무형자산 비중은 13%에 불과하다.[21] 한국 시총은 PBR이 선진국 평균의 1/3밖에 안 된다. 전 세계 GDP의 21%를 차지하는 미국은 전 세계 시총의 약 60%를 차지한다. 그만큼 미국 기업의 내재적 가치, 즉 기업의 수익성에 대한 기대치가 높다는 뜻이다.

우리나라 기업 PBR이 선진국 대비 낮은 근본은 설비 투자 등 유형자산 중심의 제조업 편중에 있다. 미국은 지식재산 집약 산업(2019년)이 GDP

---

[21] 'S&P500 무형자산 90%(미국 PBR 4.6배, 2024.3월) vs KOSPI200 무형자산 비중 13%(한국 PBR 1.1배, 설비 투자 중심)

기여 41%, 고용의 44%(6,300만 개 일자리)를 차지한다. 유럽도 GDP 47%, 고용의 29.7%를 지식기반 산업(한국은 GDP 30%, 고용 20%)이 차지한다. PBR이 낮다는 것은 수익성 곧 기업의 내재적 가치가 그만큼 낮다는 뜻인데 GDP 대비 시가총액을 보면 한국은 영국 일본 독일보다도 높다. 한국 133.5%(2024년 10월 기준, 이병태 KAIST 경영대학 교수) 독일 60%, 영국 100%, 네덜란드 132.3%, 싱가포르 119.2%보다 오히려 고평가를 보인다. 사회 통념적으로 한국 주식이 저평가되었다는 '코리아 디스카운트'는 없다는 뜻이다.

지식사회는 인적자원의 경험 노하우를 활용하는 지식서비스 기반 일자리

일정 수준의 경제성장을 이룬 국가들은 자본과 노동 투입을 통한 성장이 한계를 보인다. 유기적 성장의 한계다. 자본과 노동 투입을 통한 대표적 성장 모델이 상품 제조수출형 산업이다.

내생적 경제성장 이론을 주창한 폴 로머(Paul Romer)는 이를 극복할 대안으로 '축적된 지식'을 제시한다. 곧 기술 개발, 생산성 증대, 혁신에 대한 투자를 회수할 수 있는 지식재산권 IP다. 우리나라의 경우 산업화 경험과 기술 노하우가 곧 '축적된 지식재산'이고 이에 기반한 지식서비스산업이 미래산업이다. 저출산 고령화 시대에 지식사회로 변모한 한국도 노동 투입에 의한 경제성장은 더 이상 유효하지 않다. 잠재성장률과 생산성을 높이려면 지식서비스산업으로 진화가 불가피하다. 무엇을 레버리지로 삼아 디지털경제 시대에 우리 국민 일자리를 지식서비스산업으로 업그레이드시킬 것인가? 상품 제조판매 기반 국내 일자리는 비교우위 상실로 인한 부가가치 축소, 낙수효과 축소, 환경비용 증가 등 통상 환경변화로 저부가화되어 일자리 질(비정규직, 임금 격차) 또한 악화되고 있다. 시효를 다한 상품 제조·수출형 산업을 선진국형 첨단지식서비스산업으로 한 단계 업그레이드시켜야 한다. 부가가치가 높고(고소득) 더 다양하고 더 많은 일자리를 창출하는 산업으로 업그레이드하려면 지식서비스 일자리 환경(친고용. 친환경)으로 옮겨가야 한다. 세계 최고 고학력 지식사회에 걸맞게 연구 기반 일자리로 바꿔내야 한다.

3. 본사 일감 기반 지식서비스 일자리 환경으로 전환

경쟁우위 혁신에서 운용 혁신으로 전환

전환기는 곧 산업 전환기다. 전환기 산업개혁은 기존 산업 경쟁력 강화 차원을 넘어 '산업전환'이 목표가 되어야 한다. 산업사회의 제조업 기반에서 지식사회의 지식서비스 기반 선진형 산업 구조로 옮겨가는 산업 전환이다. 산업전환을 이루려면 나라 전체가 경쟁우위 혁신에서 운용 혁신으로 혁신 패러다임 자체를 먼저 바꿔야 한다. 초격차는 기존 산업 수성 위주의 전략에 불과하다.

UN 글로벌 혁신지수에서 한국은 6위인데 생산성은 선진국의 50~60% 수준에 불과하다. 혁신이 생산성으로 이어지지 않는 이유는 무엇일까? 여기에 두 가지 혁신이 있다. '쥐덫을 잘 만드는 일'과 '쥐를 잘 잡는 일'이다. 혁신성과는 혁신의 방점에 따라 좌우된다.

우리나라 대표기업들이 수십조 원에서 수백조 원 규모의 미래 투자를 발표해도 왜 한국 시총은 겨우 PBR 1배 수준을 맴돌고 있을까? 오늘날 우리 기업들의 혁신은 어디에 방점을 두고 있나? 삼류는 제품을 만들고 일등(이류)은 기술을 개발하고 일류는 '운용'한다. 기업은 도구를 생산하는 '업의 수단'에서 '업의 본질'인 도구를 활용해 문제를 해결하는 운용 서비스(생산형서비스, 사업서비스, 본사 일감)로 진화한다. 예를 들면 PC 제조판매업을 하던 델은 AI 팩토리 솔루션 서비스업으로, 선박건조업의 HD현대중공업은 해양선박 관리서비스업의 HD현대 마린 솔루션으로 진화하고 있다.

축적된 자본·기술·경험 노하우를 부가가치화시키는 운용 혁신

'운영(運營)'이 단체나 조직 따위를 경영한다에 방점이 있다면 '운용(運用)'은 자본이나 자원 따위를 어디에 얼마나 잘 사용하느냐가 키다. 기술 자체보다는 기술을 활용한 솔루션과 서비스 곧 어디에 기술을 적용·활용하느냐에 방점을 둔 혁신이 운용 혁신이다. 기술은 단지 기술일 뿐 실제 우리 삶에 어떻게 활용되는지가 키다.

'기술 기업'을 '문제를 해결하는 기업'으로 재탄생시키는 것이 운용 혁신이다. 문제해결은 단위 기술을 넘어 다양한 기술을 융합시킨 솔루션에서 나온다. 각개전투(各個戰鬪式)식 경쟁을 넘어 해결할 문제를 중심에 두고 다양한 부문 간 업종과 기술 융합이 경쟁력이 되는 시대다.

운용 혁신은 한 단계 위로 도약해 기존 시장의 경쟁에서 벗어나는 것이다. 한 단계 위로 도약하려면 허공이 아니라 무언가를 딛고 즉 지금까지 축적해온 것을 딛고 올라서는 것이다. 기존 것을 잘 운용해 새로운 기회를 찾는 것이 운용 혁신이다.

피크 코리아, 선진국 함정, 코리아 디스카운트, 코리아 패러독스를 극복하는 길도 운용 혁신에 있다. 한국이 선진국 함정에 빠지지 않고 진정한 선진국으로 가기 위한 국가 포지셔닝이 수출 강국에서 국제 개발 협력 플랫폼 국가로의 전환도 운용 혁신이다.

전통기업은 제품을 생산하고 기술을 개발하지만 '운용기업'은 제품과 기술을 활용한다. 기존 기업은 제품을 생산하고 디지털 기업은 제품을 활용한다.

운용 서비스를 제공하는 벤처기업에 의한 '제조기업 하청화'가 4차 산업혁명의 산업재편이다. 생산제조의 1, 2, 3차 산업혁명이 물자 조달 중심의 제조산업(도구 생산)이 동력이라면 4차 산업혁명은 제조판매업의 본질인 문제해결(도구 활용)의 지식서비스산업 중심이다.

혁신의 방점이 운용에 있다. 만드는 자(者) 망(亡), 쓰는 자(者) 곧 운용자(者) 흥(興)의 시대다. '혁신성장'은 기존사업 재생 및 재도약의 제2 창업에 있다. 제조기업에서 한 단계 위 운용기업으로의 진화. 일례로 애플은 싱가포르에 3,600여 명을 고용하고 있지만, 제조시설은 없고 연구·지원 시설만 있다. 삼성전자 TV 사업은 국내에서 한 대의 TV도 생산하지 않지만, 국내에서 모든 TV를 생산해 수출하던 30년 전보다 더 많은 인력이 현재 수원 본사에 근무하고 있다.

엘빈 토플러(Alvin Toffler)는 《미래 쇼크》에서 경험산업의 등장을 예고했다. 상품 자체를 판매하는 것이 주가 아니라 상품을 수단으로 이용해 경험을 제공하는 판매(서비스산업 중심, 솔루션 중심, 기기보다 콘텐츠 중심)이다. 제품의 기능적 차별화가 아니라 감성적이고 경제적 부가가치를 함께 제공하는 경험상품(경험재=문제 해결)으로 가치가 이동하는 경험산업 시대가 열린다. 대표 사례가 XR 기기 제조판매업과 XR 콘텐츠 경험판매업의 차이다.

AI 기술, XR 기술 모두 어디에 활용할 것이냐가 키다. AI 전략도 AI 기술 자체를 발전시키는데 미국 빅테크들과 불리한 경쟁을 하기보다 빠르게 고도화되고 있는 AI를 어느 영역에 적용해 얼마나 실용적인 솔루션·서비스를 개발해낼 것이냐에 방점을 두는 것이 유리하다.

빅테크가 범용 AI 모델을 경쟁한다면 우리는 특정 영역에 특화된 전문 AI로 차별화된 경쟁력을 확보하는 것이다. 범용 AI는 다양한 일을 해낼 수 있지만 특정 영역(예 의료 교육 번역 법률 등)에 맞춰 훈련된 AI는 전문영역에서 더 우수한 품질의 결과물을 내놓을 수 있다. AI 투자를 어떻게 수익 모델로 연결시킬지가 기업들의 최대 고민인데 '해결해야 할 실질적 문제'에 집중하는 '솔루션 중심의 접근법'이 그 출발점이다.

빅테크는 테크(기술)기업이라기보다 운용(기술을 잘 쓰는)기업이다. 애플은 '제공하고자 하는 솔루션 비전'을 먼저 디자인하고 이에 필요한 기술 기업을 밖에서 M&A 하는 방식으로 운용 혁신을 계속해 나가고 있다. AI 기술 자체가 아닌 AI가 줄 기회(해결할 수 있는 문제)에 집중(곧 상용화)한다.

기존 사업을 이어가는 것(경영자 혁신)보다 주력사업을 변신시켜 기업을 이어가는 것(사업가 혁신)이 제2 창업이다. 제품기능 개선만 보면 기회가 적지만 제품을 수단으로 보고 본질적 목적을 구현하고자 하면 솔루션 서비스 기회가 무궁무진하다.

• 운용 혁신 기반의 비유기적 성장

주력사업의 성장 정체를 겪고 있는 우리나라 대기업도 한 단계 더 성장하려면 비유기적 성장으로 성장전략을 전환해야 한다. 미국의 빅테크는 자체 기술 개발보다는 외부 기술 기업을 인수하는 방식으로 지속적인 성장을 일궈내고 있다. 2020~2024년간을 보면 메타 97건, 아마존 101건, 구글 262건, MS 219건, 애플 113건의 M&A에 투자하고 있다. 삼성, 현대, SK, LG 등도 내부 기술 개발에만 매여 있지 말고 국내외 다양한 기술 스타트업을 인수해 글로벌 시장으로 진출시키는 등 스케일업(SCALE UP) 플랫폼 VC로 비유기적 성장을 도모할 수 있다. 자본, 시스템 인프라, 글로벌 네트워크를 갖춘 대기업이 외부의 창의적 혁신을 활용해 성장하는 운용 혁신이다. 이는 우리 기업이 강점을 가진 신기술 상용화를 선점하는 길이기도 하다.

- **"일류는 가르치고 이끈다. 선수에서 코치로"**

산업전환(업종전환, 시장전환)을 하려면 먼저 국가 전체가 초격차와 퍼스트 무버 전략으로 대표되는 '경쟁우위 혁신'에서 '운용 혁신'으로 혁신 패러다임부터 바꿔야 한다. 운용 혁신은 기존 시장을 놓고 벌이는 경쟁우위 혁신에서 벗어나 축적된 역량자산을 활용해 코칭·멘토링 기반의 지식서비스산업으로 진화하는 것이다.

기존 산업 기반을 운용해 한 단계 위 고부가가치형 산업으로 진화한 사례는 하역·운송업 같은 전통적인 항구사업에서 탈피(스마트 항구로 무인 자동화)한 로테르담항이다. 터미널 운영을 통해 얻는 부가가치 비중은 17.3%

에 불과하고 대부분의 부가가치는 벙커링, 선박 금융, 항만배후단지 건설 및 운영 사업 등에서 올린다. 현재는 유럽 수소 허브를 지향하고 있다. 반면 부산항은 기본 터미널 운영 의존도가 60%에 달한다. 기업 단위로 보면[22] '사업 투자형' 모델이 운용 혁신에 기반한 사업 진화다.

예를 들면 일본 종합상사들은 무역중개업이 한계에 이르자 해외 광산, 유전 등 자원 분야뿐 아니라 전 업종에 걸쳐 유망한 국내외 업체를 인수하여 경영 개선에 나서는 이른바 '사업 투자'형 모델(코칭 투자 사업)로 전환했다. 종합상사가 보유한 네트워크, 자본, 경영 노하우를 활용해 업종을 가리지 않고 투자 대상 기업의 가치를 높여, 배당과 자본 이익을 획득하는 것이 일본 종합상사의 수익모델이다.

미쓰비시상사는 연결 대상 회사가 1,800여 개, 미쓰이물산은 국내외 500개 가까운 자회사를 거느리게 된 것은 모두 이러한 사업전략의 귀결이다. 워런 버핏(Warren Buffett)은 마루베니·미쓰비시·미쓰이·이토추·스미토모 등 일본 5대 종합상사를 '영원히 살아남을 기업'이라고 평가하며 2020년부터 투자를 늘리고 있다.

우리나라 대기업들도 '상품 제조수출형 통상'에서 '투자형 통상'으로

---

[22] '선수에서 코치로 변신'하는 운용 혁신의 대표 사례로, 국가 차원으로는 '탈경쟁의 비대칭적 경쟁전략 기반 + 비유기적 편승형 성장 기반'의 산업 파트너십 통상 모델, 기업 단위로는 유망한 국내외 업체를 인수하거나 지분에 참여해 자사가 축적해온 자본 및 기술, 네트워크, 경영노하우를 활용(운용 혁신)해 투자 대상 기업의 가치를 높여 배당과 자본 이익을 획득하는 '사업 투자'형 모델임. 제조업뿐만 아니라 병원, 호텔, 대학, 공항, 발전소 등 제반 산업 분야에서 앞선 운영 노하우를 수출해 부가가치 창출

전환이 불가피하다. 해외 시장의 리스크를 완화하기 위해 기업체를 직접 인수하고 우리가 보유한 자본, 기술, 경영노하우, 네트워크를 투입해 경영의 질을 높혀 이익을 도모하는 것이 우리 기업의 미래 수익모델이 되어야 한다. 이는 비대칭적 경쟁전략 기반의 비유기적 편승 성장형 신성장 해법이다. 후발국과의 경쟁 구도에서 벗어나 국제 사회를 선도하는 나라가 진정한 선진국이자 일류 국가다.

지식서비스산업으로의 전환 로드맵

① [서비스 중심 선진형 경제] 선진국형 경제는 개도국과 경쟁하는 것이 아니라 축적된 자산을 운용하는 나라다. 선진국은 모두 제조업을 주 성장동력으로 하는 개도국형 경제에서 경제가 성숙단계에 이르면 서비스업이 주도하는 경제로 진화한다.

제조를 기반으로 하고는 있지만 문화적 자산과 결합되어 브랜드 산업화된 선진국의 명품산업, 패션산업은 제조업이라기보다 문화산업이다. 초정밀 기계 등 첨단산업도 규모의 경제로 수익을 내는 양산제조업과는 차원이 다른, R&D 중심의 지식산업에 가깝다. 스위스 스웨덴 핀란드 미국 덴마크 영국 등 선진국은 모두 1인당 지식재산 무역 수지가 최상위권에 위치하고 있다.

제조업 성장으로 무역흑자를 쌓는 개발도상국형 경제에서 무역흑자로 축적한 부를 해외에 투자함으로써 자산이 벌어들이는 이자와 배당 소득으로 먹고사는 선진국형 경제로의 전환이다.

선진경제가 제조업 대비 서비스업 비중이 높아지고 그것도 지식기반 서비스업이 확대되는 배경이다. 일례로 미국은 서비스업이 GDP의 75%~80%, EU 평균도 70~75%를 차지하는 반면 한국은 60%~65%로 선진국 대비 10~20% 갭이 있다. 한국도 경제가 성숙단계에 이르고 고비용사회에 진입해 생산기지로서의 매력은 떨어질 수밖에 없다. 국내가 탈제조업 시대를 맞고 있는 것이다.

제조기업의 탈한국 러시가 일어나는 배경이다. 고비용사회에 진입한 우리나라도 생산기지로 매력이 떨어지는 범용제품 양산제조 중심 산업기반을 지식기반 제조업으로, 지식서비스산업으로 전환해야 한다.

내수 경제도 성숙단계에 진입하면 내구재 소비 시장이 포화 돼 정체 내지는 감소되기 마련이다. 소비패턴이 재화 중심에서 경험을 제공하는 서비스 중심으로 옮겨간다. 선진경제의 내수 소비를 키우는 힘은 인구 증감보다 소비의 다양성에 있다. 소비의 다양성은 서비스상품이 다양하게 나올 때 가능하다. 서비스상품의 다양성은 직종의 다양성 곧 다양한 일자리 유형(미국은 3만 6,000여 개 직종, 한국은 1만 2,000여 개)에서 나온다. 그동안 수출 물량 증가에 맞춰 늘어난 과잉 공급력과 과밀화된 중소 제조기업 생태계도 DX, AX를 통해 지식서비스 기반 제조업으로 전환해야 지속 성장이 가능하다. AI 로봇 시대도 제조업 분야는 상당수 AI와 로봇으로 대체되지만, 문화콘텐츠 기반 서비스 분야는 부가가치와 고용률이 계속 확대되는 추세다.

더 큰 문제는 한국의 서비스업 생산성이 제조업의 반밖에 되지 않는다는 점이다. 서비스산업의 주류도 제조업을 뒷받침하기 위한[23] 제조 연관 서비스다. 한국이 OECD 최하위 생산성을 보이는 것도 서비스산업의 저부가가치 탓이 크다. 서비스업 생산성이 제조업의 반밖에 되지 않는다. 제조업이 대기업 중심으로 글로벌 사업 규모를 갖춘 반면, 서비스업은 내수 중심에 중소기업이 과밀구조를 이루고 규모가 영세하기 때문이다. 서비스업이 생산성을 올리려면 지식서비스로 가야 하고 규모의 경제를 늘려야 하는 데 내수만으로는 한계다. 선진국의 서비스업이 고부가가치인 것은 지식기반, 글로벌 기반이기 때문이다.

② [업력 축적과 후발국의 선망] 선진국은 공통적으로 개도국 형 산업사회를 거쳐 지식사회로 진화(선진화)하면서 오랜 업력에서 오는 축적된 기술과 경험이 연구 기반 ① 지식산업(IP)의 토대가 되고, 특히 기초연구로 누적된 지식역량이 바탕이 되어 ② 첨단산업을 선도하고 경제성장기에 제조업으로 축적한 자본(누적된 무역흑자)을 투자해(③ 금융산업) 국부를 창출(해외 자산에 붙는 이자와 배당 소득)하고, 국제 사회 후발국에 선망의 대상이 되므로 선진 문화를 소비하려는 글로벌 수요가 소비재 브랜드 등 ④ 문화산업을 일으키고 선진문화를 직접 체험하려는 오프라인 ⑤ 관광산업으

---

[23] 미국은 GDP의 서비스 비중이 77%, 한국은 60%대로 17% 정도 차이가 나지만 한국은 제조업(28%)과 제조 연관 서비스를 포함하면 GDP의 74%에 육박(미국은 제조업 10%와 제조 연관 서비스를 합해 30%)

로 이어진다. 이와 같이 선진국이 공통적으로 영위하는 산업은 연구 중심의 지식기반 IP 산업(지식산업), 첨단산업, 금융산업, 문화산업, 관광산업 등 5개 분야를 백본으로 하고 있지만 각자 차별화를 이루고 있다.

③ [전환 레버리지] 그럼 한국은 어떻게 국가산업의 베이스캠프를 지식서비스로 전환할 수 있나? 선진국은 오랜 구조개혁 과정을 거쳐 서비스산업으로 진화했다면 압축성장한 한국은 압축적 전환이 요구되고 이를 위해 분명한 '전환 비전'과 '레버리지'가 필요하다. 제조·수출 중심 개도국형 산업을 지식서비스 중심의 선진형 산업 구조로 바꿔내기 위한 국가 차원의 레버리지다. 개방형 통상 경제는 대내와 대외를 통합한 글로벌 뉴딜 구상이 산업전환의 기본 토대다.

우리는 제조업 대안으로 서비스산업 하면 금융 의료 유통 등에서 글로벌 산업화를 떠올리는데 이미 세계에 뿌리내리고 있는 제조산업 자체를 [24] 엔지니어링 서비스산업으로 진화시킬 수 있다.

즉 ① 서비스산업을 따로 찾을 것이 아니라 기존 강점인 제조업을 지식서비스산업(K-제조업의 업종과 기술을 서비스로 수출)으로 업그레이드하는 것이 우선이다. 제조 강국이 제조 지식서비스 강국으로 진화하는 것이다. 국가

---

[24] 2021년 기준 39만 8,000여 명이 엔지니어링 산업에 종사하고 상근직 비율이 90.9%, 일자리 질도 우수하며 생산성과 수익성을 판단하는 지표인 부가가치율도 62.1%로 산업평균 38%의 1.5배가 넘는다.

단위로 운용 혁신을 적용하면 수출 강국, 제조 강국인 한국은 국제 사회 문제 곧 개발 아젠다를 해결하는 개발 협력 플랫폼 국가로 포지셔닝할 수 있다.

② 국내에서 벌어지는 지방과 수도권의 산업 분화 과정을 보면 지방의 현장 일감은 해외 이전으로 축소되고 서울의 본사 일감은 증가하고 있는데 이 분화 과정을 글로벌로 확장할 수 있다. 즉 국제 사회 한국 제조업 수요를 활용해 글로벌 허브 앤 스포크(Hub & Spoke) 체제를 구축할 수 있다.

이렇게 되면 한국과 상대국은 선수와 코치 관계가 형성되고 글로벌 산업 생태계 속의 우리나라 기업들은 세계 사업장이 요구하는 R&D 수요에 집중함으로써 항상 한발 앞서 기술우위를 가져갈 수 있는 분업 환경이 구축된다. 국내는 허브 일감 중심의 지식서비스(제조 지식, 엔지니어링 서비스, 위탁 운영 노하우 등)로 옮겨갈 토대가 마련된다.

싱가포르는 5,000개 아태본부가 국제 허브 일감을 제공한다. 글로벌 밸류체인을 (도구 생산의) 공급망 리스크 관점에서만 보지 말고 선·후발국 밸류체인 전체로 확장시키면 선진국은 (도구 활용의) 지식서비스 분업을 맡게 된다. 곧 국내 경제는 서비스 허브로서 편승 성장 체제로 전환된다. 국가 전체가 세계 개발사업 현장을 지원하고 선도하는 본사 국가, 코칭 국가, 멘토 국가의 역할로의 변신이다.

곧 수출 강국에서 '국제 사회 개발 협력 플랫폼 국가'로 국가 포지셔닝(국민 일자리 베이스 캠프)을 바꾸면[25] 원팀코리아 투자(ODI 2.0), K-국제 산단, K-신도시, K-경제특구로 이어지는 개발 아젠다 맞춤형 국제 사업을 펼쳐 국제 사회와의 산업 연결성이 극대화된다.

그러면 국내는 '글로벌 산업 수도'의 국제 허브로 변모하고 본사 일감 중심의 5대 지식서비스산업으로 재편된다. 우리 국민의 일자리 환경은 선수직에서 코치직으로 바뀐다. 숙련노동을 파는 기능공에서 현장을 지원하는 지식연구원(코치 역할)으로 진화하는 것이다. 곧 세계 사업 현장을 코칭하는, 청년세대가 선호하는 본사 일감 중심의 지식서비스 일자리다. 기후변화·저출산 고령화 시대에 국민 모두가 선수에서 코치로 변신해 지식서비스 연구원으로 전환된다. 본사 일감 기반 지식서비스 체제가 서비스산업 생산성도 올리고 규모의 경제도 늘리는 두 마리 토끼 잡기다.

산업전환이 뒷받침되지 않은 에너지전환은 공허하다. 후대에 부담을 전가하지 않고 깨끗한 환경과 산업 기반을 물려주는 길도 여기 있다.

'국제 개발 협력 플랫폼'은 K-국제 산단과 K-신도시, K-경제특구 조성의 국책사업으로 구현된다. 세 가지 개발사업은 한국과 국제 사회와의 연결성을 극대화하는 레버리지로 작용해 국내를 5대 지식서비스 플랫폼 산업으로 재편시킨다.

국제 산단 사업은 세계 산단 현장을 지원하는 제조 기술 R&D 중심 '지식산업', 신도시 개발사업은 '첨단산업(신기술 상용화·융합 플랫폼)+금융산업

---

[25] ① 개별 기업의 각자도생 해외 투자를 팀코리아 투자로 전환해 투자 지역 선택과 집중, ② 직접 투자보다 로컬기업 지분인수 등 편승 성장형 SI 투자, ③ 장기적 개발이익을 현지와 공유하도록 시행 사업형 투자

(국제 개발금융)+문화콘텐츠산업(미래형 신도시 라이프 스타일 SW 및 콘텐츠)'을 일으키는 기본 토대가 되고 이들 지식서비스를 직접 체험하고 배워가려는 글로벌 수요가 관광산업(목적성 에듀투어) 부흥으로 표출된다.

④ [차별화 비전] 한국은 어떻게 지식서비스산업에서 차별화를 이룰 것인가? 우리나라는 선진형 산업의 5대 공통 분야에서 한국만의 비교우위에 기반해 차별화를 이룰 수 있다. 제조산업을 서비스산업화시키는 것은 제품 제조·판매 대신 업종과 기술 포트폴리오를 활용해 현지 문제해결(개발 아젠다)의 사업장을 조성해 우리는 현장을 지원하는 서비스로 이동하는 것이다. 제조업의 본질은 문제해결의 서비스 솔루션이다. 한국을 IT 강국이라 하는데 엄밀히 말해 IT(정보 기술) 시대 IT 기기 제조 강국이다. 지금은 IT 시대에서 DT(데이터기술) 시대로 넘어가고 있는데 IT 기기와 IT 기술을 활용해 문제해결 서비스를 제공하는 DT(AI 기반 개인 추천 및 수요 예측 등 데이터 활용) 산업은 미국 빅테크가 주도하고 우리나라는 중국기업에도 뒤처지고 있다. 알리 등 중국 온라인 유통이 국내를 중국 내수 시장화하고 있으니 말이다.

허브 & 스포크 분업체제가 구축되면 우리 국민 일자리 베이스캠프는 선수에서 코치로 한 단계 위로 올라가 본사 일감기반의 지식서비스 일자리 환경이 조성된다. 본업(기존 주력 제조산업 비교우위) 운용 기반(경제 전반 생산성 좌우)-본사 일감기반(선수 & 코치, 허브 & 스포크)-한류 기반으로 5대 지식서비스 플랫폼으로 차별화한다.

첫째, 지식산업은 주력산업 관련 현장 기술·경험 노하우를 기반으로 해서 제조 지식서비스, 엔지니어링 서비스, 위탁경영 서비스 등 사업 투자형 모델로 차별화한다.

둘째, 금융산업은 개발 아젠다 국제사업을 펼치는 개발 협력 플랫폼 국가로서 국제 개발금융에 집중한다.

셋째, 첨단산업은 세계 과학기술 생태계 내 국내 산업 비교우위가 있는 상용화 R&D 역량과 고도화된 제조 기반을 활용해 신기술 실증사업 테스트베드로, 스마트 산업 테스팅 마켓(미래 첨단기술의 총합체인 신도시 플랫폼 선점, 설비 투자 대신 R&D 투자 환경) 및 글로벌 시장 개척 교두보(첨단 제조산업현장 플랫폼 보유) 역할을 한다.

넷째, 전통 선진국과 달리 한국은 경제적 성공이 국제 관심을 끌어 한국 문화에 대한 소비를 유발한바 한국의 문화산업은 한류 테마 기반 문화콘텐츠 IP 산업(미래 신도시형 K-라이프 스타일 일체, 신개념 교육 콘텐츠 IP, 소비재 산업의 브랜드 산업화·문화산업화 등)을 키로 한다.

다섯째, 세계사적, 자연적 관광문화자원이 부족한 관광산업은 국제 사회에 신흥선진국으로 부상한 롤 모델로서의 교육적 요소가 가미된 에듀투어 기반 목적성 관광 등으로 특화해 AI·고령화 시대 친환경·고용 친화적(특히 고령 친화적)·고부가가치형 산업으로 재편한다(《킹핀 이후 K-산업 2.0》, '지식서비스 기반 5대 선진형 산업 플랫폼' 참고).

⑤ [산업 간 연계성 및 시너지] 상품 수출형·수주 경쟁형 통상을 개발

아젠다 맞춤형 국제 사업으로 전환하면 국내는 필연적으로 현지를 지원하고 코칭하는 본사 일감이 늘어나면서 제조 지식(또는 엔지니어링 서비스) 기반 ① 연구 산업(글로벌연구소)이 일어난다. 개발사업을 주도하는 한국에 국제개발 자금이 모여들면서 ② 금융산업을 일으키고, 지구촌 곳곳에 개발 사업장을 펼치게 되면 한국의 강점인 응용 상용 R&D를 활용해 시장을 개척하려는 세계 선진기술기업들의 투자가 몰려 글로벌 기업의 연구클러스터가 조성된다.

이는 새로운 FDI 유치 매력 포인트로 작용해 한국을 첨단산업의 ③ 글로벌 테스트베드로 만든다. 개발사업이 성과를 내 국제 사회에 경제공동체가 생겨나면 경제사회 전반 교류가 확대되고 대중문화 한류 인기가 국제 사회 존경과 신용으로 바뀌게 된다. 이는 K-문화소비로 연결되어 ④ 문화산업을 일으킨다. 한류는 대중문화 콘텐츠를 넘어 K 라이프 스타일이 담겨 있는 소비재 산업 전체, 사회시스템 OS, 정책 한류 등 모든 분야로 확장 된다. 기성세대의 HW 제품 중심 수출이 MZ세대의 SW 중심 수출품으로 바뀌는 것이다. 이를 직접 체험하고 경험하려는 세계인의 방한 수요는 필연적으로 ⑤ 관광산업으로 이어진다.

제조업으로 성장한 한국의 2차 도약은 글로벌 산업 수도로서의 지식서비스산업에 있다. 5대 지식서비스 분야가 3대 산업군(기계, 소재, IT) 12대 제조산업(반도체, 자동차, 철강, 조선 등)을 대체할 새로운 주력산업으로 떠오른다.

제철, 화학, 정유 등 소재산업과 전자, 자동차, 조선 등과 같은 완성품 제조산업이 서로 연계되어 시너지를 일으키며 주력산업으로 성장했듯이 5대 지식서비스도 상호 시너지를 일으킨다.

일례로 스마트 산업 테스트베드는 디지털 신기술의 선제적 도입과 상용화를 통해 신기술의 완성도를 높이는 R&D 기회를 선점할 수 있게 하고 이는 엔지니어링 서비스 역량을 강화시킨다. 문화콘텐츠 서비스는 다시 테마관광 서비스로 연결되는 식이다.

• 지식서비스산업의 국부 창출 잠재 역량

5대 지식서비스산업이 상품 제조수출 산업(10대 주력산업)은 대체 가능한가? 곧 상품 수출 대신 이들 지식서비스산업만으로도 우리나라 경제 규모를 유지할 수 있나? 기존 주력 수출산업 이상으로 외화획득률이 높은 고부가가치 산업인가?

GVC 재편으로 K-제조업 전성기를 맞아 세계를 대상으로 우리 산업 업종과 현장 기술로 사업장을 조성(공장 수출)하면 이에 따른 제조 지식서비스, 엔지니어링 서비스뿐만 아니라 호텔 병원 공항 발전소 대학 등 다양한 영역에서 K-운영 노하우를 활용한 위탁경영까지 ① 지식산업을 확장할 수 있다. 이들이 가져올 편승형 간접수익이 상품 수출만 못 할 것인가? 성장은 일감에서 오는데 추가로 해외에 일감 사업장을 만드는 것이니 이보다 더 강력한 성장 기제는 없다. 사업장을 만드는 것보다 더 직접적인 일감과 일자리 창출 방법이 무엇이 있겠는가?

해외사업장과 연계해 국제 개발금융에 특화된 ② 금융산업은 개발사업 현장의 장기적인 개발이익을 확보할 뿐만 아니라 국제금융을 투자 레버리지로 활용할 수 있는 플랫폼이다. GDP에 비례(일본 대비 37%, 2021)해 해외 투자를 늘리기만 해도 연간 130조 원의 본원소득수지가 예상된다. 세계 개발금융만 해도 그 수요가 4.2조 불이나 되지만 조달은 턱없이 부족하다. 부족분을 한국이 국제금융을 일으켜 조달(중국 일대일로 이자 5~6%대) 한다. 선진국 대비 자본 축적이 일천한 한국은 국제 금융 투자 레버리지를 일으켜 국부를 창출한다. 선진국은 모두 투자 이익으로 먹고산다. 금융산업은 곧 투자 사업이다. 개발이익이 제품 판매 마진이나 도급비보다 못할 것인가?

신도시는 미래 첨단기술의 집합체로 신도시 개발사업을 선점하는 나라가 AI DX 기반 ③ 첨단산업을 선도한다. 신도시는 2030년까지 9,000조 원대 시장 형성이 예측되는 세계 최대 시장이다. 2024년 경공업 분야는 한국 수출의 28%를 차지한다. 앞으로 세계 한류의 부상과 더불어 경공업 분야 제조업은 K-라이프 스타일의 브랜드 산업으로 바뀐다. 사회 전 부문의 글로벌 K-소비(OS, 콘텐츠 IP)를 산업화한다. 지재권 IP 무역수지가 흑자(2024 상반기 1조 원)로 돌아섰다. (산업재산권과 저작권 중) 저작권이 흑자를 이끌고 있다.

한류 문화소비에 기반한 제조업은 고부가가치 ④ 문화산업이다. 특히 관광산업은 굴뚝 없는 수출공장으로 달러 획득 레버리지가 크다. 한국이 관광산업을 현재 2~3%에서 세계 평균인 10%만 해도 반도체 규모의 국부(240조 원)를 창출할 수 있다. 반도체 1개 라인 투자보다 아레나 한 곳 투자가 일자리, 수입 면에서 더 유망하다.

우리나라는 세계 6위 수출 강국(2022년 기준)인데 수출 9위인 프랑스 경제는 LVMH 에르메스 샤넬 등 명품 기업이 전체 수출의 12%를 차지한다. 우리나라 자동차 수출 11.2%와 맞먹는 비중이다. 외국 관광객 방문(2023년)으로만 약 91조 원 정도(우리나라 메모리 수출 수준)를 벌어들인다. 관광산업을 포함하면 GDP 20% 이상이 문화관광산업에서 나온다.

산업전환을 위한 포용적 구조개혁

압축적 전환을 위해서는 국가 차원의 개혁 레버리지가 반드시 필요하다. 특히 압축성장으로 우후죽순 생겨난 한국 중소기업 생태계는 자생력이 부족해 시장 자율적 자연 도태식 구조조정에 맡기기에는 그 비용이 너무 크다. 국가 단위 기업가 정신을 발휘해 국가 차원의 운용 기회를 찾아 출구를 열어주는 것이 우선이다.

① [포용적 구조개혁 원칙] 자생력이 없는 중소기업 생태계를 감안하면 각자도생 경쟁에 맡겨진 시장 자율적 구조조정은 산업 붕괴를 가져올 수 있다. 한계 기업에도 잉여 설비와 인력을 활용할 수 있는 출구가 생겨야 포용적 구조개혁이 가능하다. 위기 산업의 철수·매각·대체가 아닌 '업종과 기술 포트폴리오 운용 기반' 구조개혁이 되어야 기존 산업 종사자들을 보호할 수 있다.

예컨대 LG가 한때 세계 1위를 달리던 디스플레이, LG석유화학 사업을 중국에 밀려 국내 공장을 닫으면 그 산업에 종사하던 기술 인력들은 소외(비포용적 전환)될 수밖에 없고 국가적으로 숙련 인력풀을 활용할 기회도 사라진다. 엄청난 사회적 손실이 아닐 수 없다. 대·중소기업 간 동반성장을 위한 공정경쟁 기반 정책도 산업별 앵커기업인 대기업을 포용해 중소기업에 새로운 일감을 창출하는 플랫폼으로 활용할 수 있다.

② [개혁 대상] 첫째, 사회 구조 및 시대변화에 뒤처진 낙후된 업종구조를 개혁한다. 둘째, 압축 성장기에 급팽창한 산업별 생태계의 과밀기업구조가 수축기를 맞아 과당경쟁 출혈경쟁의 온상이 되고 있어 국내 공급과잉력을 해소한다. 셋째, 노동 시장 이중구조 및 양극화를 초래하는 대·중소기업 간 수직적 갑을 구조 곧 상품 제조·수출형 산업 구조를 개혁한다.

③ [전환적 구조개혁 레버리지] 첫째, 에너지전환에 발맞춰 에너지 다소비 중화학공업 설비는 시장 가까이 원재료 가까이 글로벌로 재배치한다. 중화학공업 생태계를 글로벌로 확장시켜 국내는 허브, 해외는 스포크 구도로 이원화한다. 허브 역할을 하는 국내는 본사 일감중심의 친환경 지식서비스로 전환한다.

둘째, 국내 과잉설비, 유휴설비를 활용해 새로운 일감을 창출할 수 있도록 국가 차원의 해외 출구('K-국제 산단' 내용 참고)를 마련한다.

셋째, 소수 대기업 중심-일부 산업 중심-상품 제조·수출 중심의 통상 모델이 GVC 재편에 따라 국내 낙수효과를 잃고 있으므로 통상 구조를 전환한다. 따로따로 진행해오던 제조 거점 투자와 해외 건설 수주 사업을 융합해 개발사업형('산업도시·신도시 사업' 내용 참고) 통상으로 전환한다. '산업(제조업)+도시개발(건설업)'이 결합된 통상 모델이다. 해외 사업의 수단인 제품 판매에서 업의 본질인 지역 경제 활성화로 이동하는 것이다. 즉 해외 저임 활용 제조 투자(대기업 중심)는 로컬산업 육성으로, 시공형 수주 사업(대형 상위 10개 사의 수주가 97.2%)은 도시개발로 한 단계 위로 진화하는 것이다. 개발사업형 통상은 다양한 업종과 기술이 투입되는 종합개발사업으로 다수의 기업과 국민이 일감 기회를 얻는다. 국내 일감의 낙수효과 1.0에서 다수 기업이 해외 사업에 직접 참여해 해외 일감을 얻는 신성장의 기반이 되는 낙수효과 2.0 통상이다.

PART 3

실효적 정책 수단의 글로벌 뉴딜,
'신통상 3대 플랫폼+내수경제 개혁'

『우리나라가 국부 창출을 위해 채택한 통상은 '상품제조·수출과 해외 인프라 사업'이 중심이다. 수출 드라이브가 더 이상 능사가 아니다. ① 낙수효과가 사라진 통상을 내수와의 연계성을 강화하고, ② 격차 확대를 낳는 종속적 산업구조에서 대·중소기업 간 동반성장 기회를 늘려주고 ③ 중국 기업과의 개별 기업단위 경쟁에서 벗어나 팀코리아 융합경쟁력으로 승부하는 합목적성을 가진 '신통상 플랫폼'이 요구된다. K-국제 산단, K-신도시(산업도시), K-경제특구 사업은 포스트(Post) 수출 강국의 신통상 3대 플랫폼이다. 이는 ① 국가 경제 전반의 생산성을 제고하기 위해 기존 산업의 활로를 열고, ② 상품제조·수출을 대체할 새로운 국가 단위 비교우위를 재정립하고, ③ 제로섬 게임에 빠진 우리 사회를 포지티브섬 게임으로 바꿔내는 신통상 2.0 플랫폼이다.』

보호무역과 관세 전쟁이 강화되면서 WTO 체제(FTA 1.0)가 1:1 양자 체제(FTA 2.0)로 전환되고 세계 상품 수출 시장 수요가 국가별 아젠다(문제 해결 시장) 시장 수요로 바뀌고 있다. 원원형 통상 곧 국내 문제와 국제문제를 매칭시켜 동시에 해결하는 통상 포맷이 요구되는 배경이다.

인건비 등 비용 절감을 위한 제조거점 확보용 해외 투자가 관세로 보호받는 시장에 대한 접근권을 확보하기 위한 '시장 확보형 투자 전략(현지 생산 현지 판매)'으로 전환되고 도급형 건설 수주도 '투자 개발형'으로 시장이 바뀌고 있다. 예컨대 과거 한국 조선사가 저렴한 인건비를 고려해 중국 베트남 필리핀 등에 진출한 것과는 상반되는 케이스로 한화는 인력난과 기술 노하우 부족으로 생산 능력이 급감해 최근 6년간 적자 상태인 미국 필리 조선소를 높은 원가 부담에도 불구하고 인수했다. 상대국이 원하는 바는 상품 수출이 아니라 협업(경제 파트너) 곧 현지가 필요로 하는 산업기반을 구축하고 현지 인프라를 개발해 달라는 요구다.

국제 사회가 한국을 경제 산업파트너로 삼고 싶은 것은 압축성장에 성공한 산업역량이다. 산업 한류는 이들 수요에 부응해 한국의 경제개발 노하우를 국제 사회와 공유하는 것이다. 한국은 전국에 30여 개 국가산단을 조성해 철강 조선 자동차 전자 석유화학 등 주력산업 클러스터를 구축하고 그 배후를 산업도시로 개발해 단기간에 인구 집적효과를 극대화시켰다. 곧 국가산단과 산업도시의 조합이 압축성장 엔진이다. 상품 수출과 수주형 건설 대신에 '공장 수출(산단 사업)'과 '도시 수출(산업도시·신도시 사업)'과 같이 단품이나 개별 인프라 사업을 넘어 K-솔루션 패키지를 제공하는 형식(산업 한류)으로 통상 포맷이 전환되어야 하는 이유다. K-제조, K-신도시 시스템, K-병원, K-발전 등 다양한 K-솔루션 패키지(HW 기술+SW 운영 노하우) 모두를 수출하는 경제영토(산업 한류 시장) 조성이 '경제공동체형 K-경제특구(내수 시장화)' 사업이다.

① 관세전쟁으로 제조업의 해외 투자가 비용절감형에서 '시장 확보형 투자'로 바뀌면서 공급망 현지화를 뒷받침하기 위한 클러스터 진출의 K-국제 산단 플랫폼, ② 해외 건설 수주 시장이 '투자 개발형'으로 전환되면서 우리나라 산업 업종과 기술 포트폴리오를 가장 폭넓게 활용할 수 있는 최적 해외 사업 플랫폼으로서 K-신도시·산업도시 사업, ③ 상대국 문

제(개발 아젠다)와 국내 문제(내수 시장)가 매칭되어 동시에 해결될 때 진정한 상생이 가능한데 상대국 경제 화학적으로 통합되어 단일 시장화된 경제공동체형 시장 개발 플랫폼으로 K-경제특구 사업은 '산업 파트너십' 신통상을 구현하는 3대 레버리지다.

국제 산단 사업은 중국에 밀리는 전통제조산업의 재건 전략, K-산업 생태계의 글로벌 확장 전략(세계 공급점유율로 승부), 공급망(부품 생태계) 현지화 전략이다. 산업도시·신도시 사업은 팀코리아 융합(특히 제조업과 건설업 간)으로 펼칠 대·중소기업 동반성장 일감을 창출(양극화 해소)하고, 다양한 산업업종과 기술 포트폴리오 운용으로 승부(개별기업의 대중국 경쟁 탈피)하는 사업이다. 세계 첨단기술 상용화를 선도(기술 선진국과 파트너십)할 사업장으로 미래도시 플랫폼을 선점하는 것이다.

경제특구 사업은 수출 낙수효과 감소로 내수 시장이 수축되고 기회총량이 줄면서 네거티브섬 게임으로 치닫고 있는 우리 사회에 새로운 성장 공간을 제공하는 사업이다. 상대국 경제와 화학적으로 결합(인구·자원+자본·기술)해 내수 시장화시키고 국민 경제 활동 영토를 확장시킴으로써 국내 과밀구조 과당 경쟁을 해소하고 중소기업 자영업 등 다수 서민층에게도 성장 기회를 제공하는 사업이다. 산단은 맞춤형 K-제조업을, 산업도시는 K-병원, K-발전, K-공항, K-학교, K-인프라 등 K-수요 전반을 수출할 수 있는 포맷이다. 경제특구는 한류로 촉발된 현지의 K-생활 서비스 수요 모두를 충족시킬 수 있는 한류 기반 내수 시장이다.

제조기업이 따로따로 나가면 경쟁력을 갖추기 어렵다. 현지 제조가 경쟁력을 갖추기 위해서는 원부자재 수급 등 생태계 구축 곧 공급망 현지화 전략이 필수다. 현지 공급망을 구축하기 위한 수단이 클러스터 조성 곧 국제 산단 사업이다. 각자도생으로 진출하고 있는 우리 기업의 해외투자를 진출국별로 조직화해 특정 지역 중심으로 집중시켜야 클러스터 집적효과를 극대화할 수 있다.

또한 인재 수급, 물류, 발전 등 제조를 뒷받침하는 배후 인프라가 구축되어야 지속 가능한 경쟁력을 확보할 수 있다. 곧 산업도시 개발이 뒤따라야 한다는 뜻이다. 제조기업도 투자 지역에 지가 상승에 따른 장기적 개발이익도 누릴 수 있어야 설비 투자 유인이 생긴다.

투자 개발형 해외사업도 건설 후 장기간 직접 운영을 통해 운영수익과 투자자산의 가치상승으로 투자를 회수해야 하는데 집적효과가 생겨야 건설한 인프라 수요가 늘어나 안정적 투자 회수가 가능하다. 인프라 수요를 집적시킬 플랫폼이 산업도시다. 따라서 단기간에 인구 집적을 일으키는 제조 투자와 주변 인프라 경쟁력을 뒷받침하는 건설 투자가 결합 되어야 시너지를 낼 수 있다. 제조업과 건설업의 결합, 산단과 신도시의 결합이다. 배후도시를 '그 나라에서 가장 살기 좋은 미래형 도시'로 조성할 때 인구 유입이 늘어나 도시 자체도 경쟁력을 갖는다. 특정 산업 클러스터를 중심으로 배후 지역은 산업도시를 형성하지만, 미래형 첨단 신도시로 개발되고 경제특구로 발전한다. 경제특구의 핵심은 3무 조약(세금, 규제, 비자)이고 산단은 경제특구로 인구 집적을 유도하기 위한 기본 조건이다.

상대국의 니즈와 우리나라의 니즈가 서로 매칭될 때 진정한 상생형 경제공동체다. 상대국 입장에서 해외 투자 유치이든 자체 투자이든 본질적 목표는 지역 경제 활성화다. 공장과 공사(해외 건설사업)는 현지에 진출하는 수단이다. 우리 기업의 현지 제조 투자를 마중물로 제조기업 외 다수 국내기업과 국민에게 새로운 일감과 일자리 기회를 창출해 국내 경제와 연계시키는 통상 포맷을 찾아야 한다.

[아웃바운드] 국제 사회 개발 아젠다 맞춤형 '산업단지' 사업

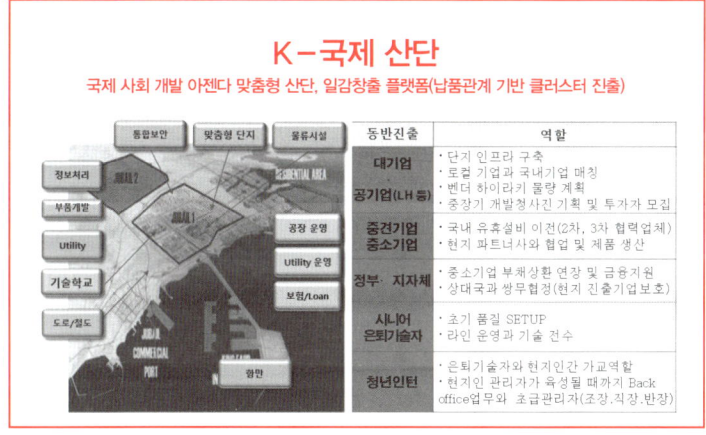

출처 : 저자 작성

1. 지역경제 기반에서 밑 빠진 독으로 전락한 국가산단

국내 과밀구조 해소 및 공급 과잉력(잉여 설비) 출구

전 세계 GDP 50% 이상이 클러스터 방식으로 창출된다. 우리나라는 산업화 초기 지방에 30여 개 국가산단을 조성해 제조 산단이 지방경제의 엔진이 되어 산업도시가 형성되고 국토 균형발전을 도모해왔다. 지역별 균형발전의 초석(지역경제 기반)이 되었던 국가산단이 경쟁력을 잃고 지역경제의 기반이 되기는커녕 밑 빠진 독(정책자금, 일자리 유실)이 되어 발목을 잡고 있다.

지자체마다 특별 지자체를 내세우며 첨단산업 지역 특구 신규 조성이 범람하고 있다. 특구를 조성해 신산업이 육성된다면 지난 십수 년간 역대 정부마다 8대 10대 신성장 엔진 육성은 특구가 없어 성과를 내지 못하고 있나? 산업 용지가 부족해 기업 유치가 안 되나? 수도권과 경쟁해 지방이 첨단산업을 유치하는 게 현실성이 있나? 통상 경제인 한국은 어떤 산업이라도 글로벌 경쟁력이 생존의 기본 토대이고 글로벌 경쟁력은 클러스터 규모를 키우는 메가(Mega)화가 필수다. 세계가 하나의 시장으로 통합되는 메가 컴피티션 시대에 글로벌 기업들은 세계 시장에서 메가 클러스터로 승부한다. 광역 통합으로 산업을 융합해야 할 때 균형발전이라는 명분 아래 좁은 국토에 지역마다 미래산업을 분산하고 있다. 바이오는 지자체 15여 곳에서 클러스터를 조성하고 있다. 균형발전이 밑 빠진 독에 물 붓기(돈 먹는 하마 정책)식이 되고 있는 것이다.

글로벌 시장 경쟁에 뿌리를 둔 지방경제와 산업 문제를 국내에서 해결하려고 하면 우물 안 제로섬 게임으로 빠져든다. 새로운 산업단지를 조성하기보다 기존 산업단지를 재생하도록 활로를 열어주는 것이 우선이다.

지방경제 활성화는 오히려 수십 년간 키워온 본업인 전통제조산업을 어떻게 활용할 것인가에 기회가 있다.

각자도생 탈한국이 산업공동화 초래

과밀 중소기업 및 과포화 자영업이 민생위기의 중심이다. 한때 제조경쟁력의 원천이었던 고밀도 생태계가 일감이 줄자 과밀구조의 역기능으로 변질되고 있다. 한국 제조업의 강점(주력산업의 경쟁력 원천)은 산업별로 각종 업종이 특정 지역에 집중(집적밀도)되어 클러스터를 형성(국가 산단이 중심 역할)하면서 효율적으로 작동하는 데 있다. 지금은 그 산단이 과밀 출혈경쟁의 온상으로 바뀌고 있다. 압축성장으로 과밀구조를 형성한 산단 내 중소기업들이 산업 전환기를 맞아 후발국에 일감을 빼앗기고 과당경쟁에 내몰려 있다. 내수기업조차도 e-커머스 플랫폼을 앞세운 중국산 직구 물량에 밀려 고전하고 있다. 중소기업의 부채가 급증하고 생산성이 지속해서 악화되는 배경이다.

• 집적생태계 및 공급망 붕괴 진행 중

실상 지금 국내는 빠르게 공동화가 일어나고 산업자산이 빠르게 유실되고 있다. 2023년만 해도 2,800여 개 기업이 각자도생으로 해외로 진출하고 상당수가 제조기업이다. 지금처럼 산업단지 내 기업들이 각자도생으로 해외로 진출해 흩어지면 집적의 힘도 사라진다. 진짜 공급망 붕괴이고 산업공동화다.

산업단지의 최대 장점은 집적효과다. 선반 금형 주조 용접 도금 등 공정의 가치 사슬을 모두 갖춘 협업 생태계가 경쟁력의 원천이다. 중소기업은 대기업이 납품 물량을 늘려줘야 일감이 늘고 돈이 돌아 기술 개발을 지속해야 국내 경쟁력을 유지할 수 있고 공급망도 안정되는데 기술 개발은커녕 정책자금으로 연명 중인 기업이 태반이다.

대중 무역수지가 적자로 돌아선 것도 대기업이 부품 소싱을 국내에서 중국으로 대거 옮겨간 영향이 크다. 그만큼 국내 생태계는 공동화되고 있는 것이다. 제조업의 '국내 공동화'를 우려하기보다 중국 공세에 밀려 고사하고 있는 '제조업의 국내 생태계 붕괴'를 우려해야 한다. 공장이 해외로 나가서가 아니라 국내가 제조거점의 매력을 상실해 기업들이 일감을 잃고 공급력이 줄어들고 있는 것이 공동화의 근본이다.

시대적 환경적 변화(고비용화 등)에 따른 산업분화에 대응해 지역 제조업 일감을 제때 업그레이드(산업전환)할 생각은 하지 않고, 제조업 일자리를 국내에 유지하려고만 하다가 뒤처진 경제가 러스트벨트화다. 즉 산업공동화는 구조개혁 타이밍을 놓친 결과다. 그 결과 중소 제조기업들은 청년이 기피해 외노자로 충원하고 기술혁신은커녕 부채로 연명에 급급하고 수출 덕을 보기는커녕 원자재가 인상 등 수출 드라이브가 초래한 내수 궁핍화 성장에 직면해 있다. 산업공동화(일자리·기술 기반 유실, 무역수지)를 우려해 산업 생태계를 국내에 유지하려는 쇄국 정책이 오히려 제조업 쇠락을 가속화시키고 있는 것이다. 공동화 우려보다 국내 제조업이 글로벌 벨류체인의 상단부 곧 지식기반 생산형 서비스로 R&D 중심 제조업으로 업그레이드하기 개혁 비전 제시가 먼저다.

국민 기피 제조 업종 글로벌 재배치 및 일감 업그레이드

산단 입주기업 대다수인 2~3차 협력업체들은 대부분 자생력 부재로 혼자서 해외 진출 여력이 없다. 정부도 해외 진출은 일자리 유출, 산업공동화, 지역경제 기반 붕괴를 우려해 정책자금을 지원하면서 제조업을 국내에 지키려는 관성이 강하다. 이는 국내에서 일감부족. 구인난. 고금리로 고사 위기에 처한 중소기업들을 우물 안에 묶어두는 것과 같다.

정책자금 대출과 외노자에 의존해 버티고 있지만, 한계기업이 급증하고 있다. 이는 우리 산업계가 축적해 온 다양한 업종과 숙련 기술 포트폴리오 자산을 잃고 있는 것이고 진짜 산업공동화가 진행되고 있는 것이다. 정부는 산단의 휴·폐업 공장을 재개발, 재건축해 저렴한 임대료로 제공하거나 문화센터를 건립하는 등 노후 산단 공간 개선 사업을 추진하고 있다. 작업 및 거주 환경을 개선한다고 청년이 몰려오고 인력난이 해소되지 않는다.

지난 십수 년간 낙후된 지방 산단을 살리고 청년 인재 유입을 위해 연구 중심 산단으로 스마트 산단으로 바꾸려고 노력해왔지만, 성과가 부진한 것은 일감이 줄고, 남은 일감마저 저부가가치화되어 중소기업에 자금이 돌지 않기 때문이다. 해외로 나가 일감을 회복해야 국내에 돈이 돌고, 돈이 돌아야 현장을 지원할 연구개발 인력도 뽑고 R&D 설비도 들일 수 있다. 산단의 저부가가치화된 일감을 고부가로 바꿔내려면 먼저 잉여 설비를 활용해 일감을 늘릴 수 있는 출구가 있어야 한다. 수출 일감으로 키워온 중소기업 생산능력(Capacity)을 내수 일감만으로 메꿀 수는 없다.

전통제조산업은 원가경쟁력을 잃고 있지만(일자리 유실) 30~40여 년간 조성된 국내 산업 생태계(예 : 창원 산단 입주기업 1975년 44개 → 2023년 2,965개)는 세계 최고의 업종 다양성과 기술 포트폴리오를 갖춘 클러스터(전국에 산재한 국가산단)이다. 단품 수출을 넘어 국가 단위, 지자체 단위, 그룹 단위 '포트폴리오 운용'이 차별화된 경쟁력의 원천이다. 산단의 성패는 얼마나 단기간에 1-2-3차 납품 기반 기업클러스터를 조성하느냐에 달려 있다.

2. 전통제조산업 경쟁력 재건 전략, K- 국제 산단 조성

취약 경제 주체들이 보유한 중·저위 적정기술 기반 맞춤형 산단 기획

과밀 해소 출구로는 기업들이 산업별 클러스터로 진출하는 산단 형태가 최적이다. K-산단은 한계기업은 물론 과밀한 중소기업의 유휴설비와 3D 업종, 뿌리산업, 중화학 등 우리 국민이 기피해 구인난을 겪고 있는 저부가가치 제조업종과 수출 설비를 글로벌로 재배치하는 출구다.

기본 수요(판매보장)가 있고 원가 경쟁우위 조건(인건비 재료비 물류비)을 충족시킬 수 있는 시장과 제품군을 매칭시켜 중소기업, 자영업자(과포화 구조조정), 청장년 등 취약 경제주체들이 보유한 중·저위 범용기술 기반 업종과 경험 노하우를 융합해 맞춤형 산단을 기획한다.

이때 중소기업 생태계의 과밀구조(출혈경쟁 온상)는 세계 곳곳에 산단을 다양하게 기획(일감창출)해 동시에 펼칠 수 있는 여럿 자산으로 작용한다. 청년은 초급관리자 인턴(세계 지역전문가 육성)으로 장년은 국제 기술 멘토로 현지에 패키지로 파견한다. 산단을 조성해 현장 일감이 늘어나면 이에 비례해 국내는 현장을 지원하는 본사 일감(연구 기반 일자리)이 늘어나면서 일자리의 질도 개선된다.

2000~2015년 16년간 지방별 대중수입 증가와 일자리 감소 관계를

분석한 결과 50개 광역도시권에서 사라진 일자리가 약 23만 개로 추산(한국고용정보원)된다. 인천(-3만 900개), 안산·시흥(-2만 6,000개), 구미(-2만 5,300개) 등 대부분 제조업 산업단지가 밀집된 지역이다.

대중 수입 증가로 감소한 일자리 70%는 상용 근로자(고용계약 기간 1년 이상)로 양질의 일자리에 해당된다. 대중 수입 품목 대부분은 제조업에 집중돼 있다. 국내산이 중국산으로 빠른 속도로 대체 되고 있는 것이다. 앞으로도 대중 수입 증가는 지방의 중소기업 입지를 더욱 위축시킬 수밖에 없다. 인구 유출과 지방경제 침체의 근본이 여기에 있다.

해외로 나가 일감을 회복해야 국내에 돈이 돌고, 돈이 돌아야 현장을 지원할 연구개발 인력도 뽑고 R&D 설비도 들일 수 있다. 지방 산단 살리기(노후 산단 : 업종 96%가 성숙기의 전통제조업)는 단순히 '제조업 살리기'에 국한된 것이 아니다. 산단에 얽힌 문제를 풀면 한국 사회의 굵직한 문제들을 많이 해결할 수 있다.

① 지역 균형발전을 이야기하며 지방에 있는 산단 문제를 빼놓을 수 없고, ② 인구감소와 고령화, ③ 이민 정책 문제를 다루려면 산단 내 고용 상황을 먼저 살펴봐야 한다.

기존 산업자원부나 지자체의 산단 정책(정책자금 지원, 디지털전환, 스마트 공장화 등)들은 제조업체들의 연명 치료에 그친다. 국가 산단의 미래 30년, 50년 청사진이 없다. 국내 산단에 묶여 있는 중소기업의 출구로 국가 차원의 국제 산단을 조성해 국제 사회 산업화를 지원하고 국내는 제조 중심 국가 산단 1.0을 연구 산단 2.0으로 변모시켜 국토 재생에 나설 때다.

기후위기 시대에 석탄 발전 비중이 높은 국가산단을 탄소중립 산단으로 재탄생시켜야 한다. 중국에 생산 거점이 있는 우리나라 기업 중에 상당수가 로컬업체와의 원가 경쟁에 밀리고 중국을 대체할 새로운 생산 거점을 찾아야 하는 상황에 처해 있다. 국제 산단은 국내 중소기업의 출구뿐만이 아니라 탈중국 한국 기업들의 공장 이전 거점이 될 수 있다.

• 교역 상대국의 공통 니즈를 반영한 통상 포맷

국제 교역에서 모든 나라의 공통 니즈는 현지 진출 외국기업이 ① 자국 내 일자리 창출에 적극 기여하고, ② 로컬업체 육성(합작 형태, 기술 전수 및 이전, 로컬기업 부품사용 비율 제고 GVC 편입), ③ 현지 자원개발의 부가가치 제고(자원 민족주의, 부품 현지화와 연계) 등이다. 이는 곧 각국의 경제개발 단계에 맞는 적정산업 육성을 위한 맞춤형 지원을 의미한다.

한편 전통산업의 국내 생산 제조원가 경쟁력(특히 범용제품 생산 설비)은 중국 등 후발국에 밀리고 있지만, ① 압축성장으로 축적한 숙성된 현장 기술과 상용화 개발 역량, ② 세계 곳곳으로 확장된 경제영토와 거래선 네트워크(정유산업은 세계 73여 개국에 수출), ③ 특히 30~40여 년간 조성돼 세계 최대 다양한 업종과 기술 포트폴리오(기계 산업 중심 창원 산단 사례)를 보유한 클러스터 생태계는 독보적인 자산이다.

상기 세 가지 상대국의 요구를 동시에 만족시키면서 우리 전통산업의 3대 강점을 기회로 활용할 수 있는 통상 포맷이 산업단지다.

앞으로 현대차 등 미국 IRA, EU CRMA(핵심원자재법) 등 요구에 따라 국내 대기업의 해외 생산 물량이 늘면 국내 중소부품업계 타격이 불가피하다. 내연차 자동차 중견 부품업체들은 자금력이 있어 전기차 부품(내연차 변속기 → 전기차 감속기)으로 전환할 수 있으나 2차, 3차 중소기업들은 자력으로 어렵기 때문에 납품받는 중견기업(냉장고 모터 코어 → 전기차 모터 코어)이 허리 역할을 해주도록 대기업의 물량과 연계시켜 유도해주어야 한다.

대기업 종합상사가 주도해 현지 문제(국가 아젠다) 해결에 필요한 중소기업 업종과 기술을 융합해 '개발 아젠다 맞춤형 산단'을 기획한다. 국민이 키운 소수 대기업을 우리 국민과 기업이 해외로 진출하는 레버리지 플랫폼으로 활용할 때다. 유휴설비 및 잉여 인력을 활용해 한국 기업이 클러스터로 진출하는 해외 사업장 30여 곳을 조성('K-국제 산단 기본설계' 내용 참고)한다.

실제로 사우디아라비아는 고질적인 물 부족 현상을 해결하기 위해 수도관 누수를 방지하는 시스템(유해화학물질 방재기술의 누액 감지 솔루션 필요)이 절실하다. 또한 전력 수급 효율화를 위한 스마트 그리드 구축 등 전력망 현대화 사업(스마트 검침기 및 원격 검침기 전원 기술)을 추진하고 있다. 이들 사업에 필요한 기술을 가진 중소기업을 최초 외국인 산단에 유치하고 있다. 순수 민간 차원의 사우디아라비아, 한국 산업단지 프로젝트 SKIV는 K-중소기업 전용 산업단지다. 신재생에너지, 의료기기, 전기차, 화학, 정보기술 IT, 디지털, 바이오, 경·중공업 등 우리나라 중소기업들의 사업 포트폴리오가 사우디아라비아 수요와 딱 맞아떨어진다. 메이드 인 사우디아라비아의 최적 파트너다.

23개 한국 중소기업은 합작법인 JV 형태로 진출한다. 산단에는 정보 기술 신재생에너지 일반제조 의료 제약 등 크게 4구역으로 나누어 한국의 중소기업들이 제조공장과 기술이전, 제조, 운영, 관리, 판매를 담당한다.

[중소기업 최적 산업 파트너십] 이처럼 한국 중소기업들이 사우디아라비아를 거점으로 중동 시장에 진출해 중견기업, 대기업으로 성장할 수 있다. 사우디아라비아에 전기차, 로봇 등 한국의 제조 기반 시설을 현지화하면 사우디아라비아는 노하우를 습득할 수 있고 높은 실업률도 해결할 수 있다.

사우디아라비아를 거점으로 걸프협력회의 GCC 국가로 진출할 수 있다. 사우디아라비아는 우리가 필요로 하는 자원의 80%를 보유하고 있다. 세계적 기술력을 갖춘 한국의 중소기업들과 윈윈할 수 있다. 중소기업은 대기업과 컨소시엄을 맺어 진출할 수 있는 기회가 더 열리길 기대한다. 3D부터 첨단산업까지 (중소기업의) 다양한 업종 포트폴리오와 과밀구조가 국제 사회 맞춤형 개발사업을 동시에 펼칠 수 있는 강점으로 작용한다. 한국 기업이 사우디아라비아 비전 2030 프로젝트에 최적 파트너다.

• **기업과 국민의 기술과 경험을 가장 폭넓게 활용할 수 있는 사업장**

산업단지 수출은 국제 사회와의 경쟁을 기반으로 하는 단품 수출을 넘어, 한 분야를 깊게 파고드는 초격차 경쟁을 넘어 국가 단위 지자체 단위

그룹 단위 '포트폴리오(자산·역량·강점·경험) 운용(다양한 산단 기획)'으로 승부하는 포맷이다.

즉 다양한 업종과 기술 포트폴리오를 운용하는 플랫폼이다. 한국은 세계 최고 수준의 제조 역량을 보유하고 있다. 이 제조 역량이 물리적으로 구현된 것이 전국에 산재해 있는 산업단지다. 산업단지 수출 사업은 용지, 용수, 전력 등 인프라와 세제, 규제 환경, 인력 공급 등 '한 나라의 총체적 역량'이 동원되어야 한다.

우리 국민의 경험 노하우와 중소기업 업종과 기술을 가장 종합적으로 융합·활용할 수 있는 사업장이 산단 포맷이다.

① 양극화(12:88), ② 저성장, ③ 지방 소멸, ④ 청장년 일자리, ⑤ 민생 위기를 동시에 해결할 수 있는 물꼬가 1석 5조의 산단 사업이다. 산업단지 포맷이라야 더 많은 중소기업과 국민 멘토가 진출할 수 있는 기회가 생겨난다.

상품 수출형 산업 생태계에 비해 다수 중소기업과 국민이 현지의 다양한 개발사업에 참여기회를 얻는다. '대기업(또는 공기업) 인프라+중소기업 업종+은퇴 인력 기술+청년 국제감각'의 민관융복합형 사업장이 산업단지다.

청장년을 패키지로 묶어 기술 전수 국제 멘토로 파견해 초기 셋업을 지원한다. 기술 멘토 은퇴자 일자리와 초급관리자 청년 일자리의 결합이다. 중견기업-중소기업 동반 진출형 현지 사업장을 만들면 대규모 일자리를 양국 모두에게 창출할 수 있는 것이다. 앞서 언급했듯이 현장 하드웨어는 기성세대가 멘토 역할을 하고 국내 청년은 펌웨어 등 지식 기반 업무로 분업이 가능해진다. 해외 경험이 없는 중소기업 은퇴 기술 인력은 청년 인력이 함께 나가야 현지인과 중개역할이 가능해 현장관리가 원활하게 돌아간다.

다수의 중소기업과 일반 국민이 참여할 수 있는 일터 환경을 권역별로 조성할 수 있다. 세계 30여 곳에 K-국제 산단을 조성해놓으면 우리 기업이 지역을 선정해 진출할 수 있다. 내수만으로 더 이상 성장 기회를 찾을 수 없는 중소기업들은 경제영토 확장만이 살길이다. 이들이 해외로 진출할 수 있는 출구이자 교두보가 세계 30여 개 K-국제 산단이다. 우리 내부 필요에 의해서도 반드시 필요한 해외 진출 포맷이다.

상품 수출형 산업 생태계에 비해 다수 중소기업과 국민이 현지의 다양한 개발사업에 참여기회를 얻는다. 개성공단은 123개 입주기업과 연결된 협력업체가 3,000~5,000개, 일자리가 12만 5,000개에 이른다. 해외에 산업단지 하나를 만들면 이렇게 많은 중소업체가 일감을 얻고 일자리가 생긴다.

싱가포르가 하노이에 산단을 조성하고 우리나라 기업들도 입주한다. 비용이 여타 산단에 비해 20% 정도 비싸지만, 자체 발전소를 운영해 전력이 안정되고 각종 행정절차 편의를 제공하기 때문이다.

산업단지 수출은 개도국에 필요한 제조 업종과 (유휴) 설비를 재배치하고 우리는 친환경 지식서비스산업으로 옮겨가기 위한 윈윈형 글로벌 뉴딜이다. 경공업 등 3D 업종, 중화학공업과 같은 개도국형 산업이 옮겨가야 국내는 반도체, 바이오, 배터리 같은 첨단산업과 지식기술 기반 산업으로 옮겨갈 수 있다.

산업단지 수출은 경제 안보 시대에 재벌그룹 총수의 국제적 영향력과 함께 한국이 전략물자 공급망 안정을 확보하기 위해 협상 레버리지로 활용할 수 있는 최대 전략적 자산이다. 개발 아젠다 맞춤형 국제사업(K- 패키지), 전통산업 글로벌 뉴딜(국내 공장 글로벌 분산 재배치), 대·중소기업 동반성장(해외 시장 클러스터 동반 진출) 같은 국가 단위 사업을 추진하는 기본 포맷도 산단이다.

국제 개발 아젠다와 국내 문제를 매칭시켜 동시에 해결

• 권역별 산업 생태계 조성(K-산업 수출 포맷)

원가와 규모의 경제에서 중국에 밀리고 있는 경공업 및 중후장대형 제조업 분야는 신흥국과의 산업 파트너십 통상에 기반해 국내 중심의 산업 생태계를 글로벌로 확장시켜 극복할 수 있다. K-산업을 글로벌 생태계로 확장시키는 기본 포맷이 산단 수출 곧 산업 클러스터 수출이다. 현지에 진출한 산업이 경쟁력을 갖추려면 클러스터 진출과 생산성 향상이 전제조건이다.

① 클러스터로 진출(산단 포맷)해 부품 공급망을 현지화(최소 70%)시켜야 물류비를 줄일 수 있고, 단기간에 기업생태계가 조성되어 관리운영비가 절감된다. 특히 관세전쟁으로 생산 시설을 상대국으로 이전하더라도 전후방 협력업체가 함께 진출하지 않으면 공급망이 길어져 물류·보관 비용만 늘면서 원가경쟁력을 상실할 수 있다.

더욱이 자원 무기화 시대에 공급망 안정을 확보하기 위해서는 1차, 2차 협력업체를 넘어 3차 이상 협력업체의 소재 부품 장비 공급 흐름까지 파악하고 있어야 공급망의 가시성을 높일 수 있다. 부품 현지화를 위한 자원개발은 관(공사) 중심 자원개발 투자에서 민간 주도로 리스크 헤징형 복합사업을 추진하는 것이 유리하다.

현지 경쟁력의 바로미터는 현지 부품 조달률 제고다. 품질을 우려해 본국 수입 부품에 의존하고 있으면 현지 경쟁력을 올릴 수 없다. 국내 품질 기술 인력을 현지에 투입해 현지 산 품질을 올려야 경쟁력이 산다. 물류비와 부품 생산원가 절감으로 멘토 파견 인건비를 상쇄하고 덤으로 납기를 단축할 수 있다. 납품관계 기반 클러스터 진출이 필요한 이유다. 일례로 HD현대건설기계는 인도 현지 부품 조달률(현지 생산)을 75%까지 올려 납품 기일 단축·물류비 절감시켜 1위 시장을 넘보고 있다.

② 현지의 저임 인건비만 볼 것이 아니라 생산성을 확보할 수 있어야 품질비용을 줄일 수 있다. 현지 비숙련 인력에 기술이전이 이뤄지지 않아 생산성이 바닥(인건비가 싸도 품질비용 추가)이면 경쟁력을 갖출 수가 없다. 한

진중공업의 필리핀 수빅 조선소 진출이 실패한 근본 원인도 여기에 있다. HD현대중공업이 본사에서 숙련공을 대거 파견해 현장 인력에 밀착해 기술을 코칭함으로써 베트남 조선소를 성공적으로 운영하고 있는 사례와 대조된다. 대규모 멘토 인력을 현지에 파견해야 하는 이유다.

③ 로컬업체와 기술 전수형 합작 진출이 영업력 확보(현지 로컬 시장과 주변 수요가 70% 물량 소화할 수 있어야)에도 유리하고 로컬기업과의 경쟁을 피해 장기적으로 현지 기업화하는 길이기도 하다. 네트워크, 자금력, 기술, 원료 등 현지에서 우리 기업의 약점을 보완해줄 수 있는 로컬기업과 협력해야 현지 내수 시장을 효과적으로 개발할 수 있다. 이는 기후변화 시대에 대륙을 횡단하는 물류를 최소화하는 길이기도 하다. 중국에 진출한 SK 에틸렌 사업 및 HL 만도의 성공과 현대모비스 130개 동반 진출의 실패가 서로 비교되는 좋은 사례다.

한 국가의 경제개발은 산업육성이 중심이고 산업육성은 클러스터(산업단지) 조성이 기본 토대다. 지역별 권역별 생산 클러스터(국가산업 벨트 조성, 경제특구화)를 만들어야 ① 혁신을 촉진하고 ② 생산력을 토대로 투자 잠재력을 키우고, ③지역경제 성장에 기여할 수 있다.

제조 산단은 지역 경제를 활성화하기 위한 수단이고 국제자금을 끌어들이는 토대가 되는 것이다. 산단과 연계해 주변 인프라 개발, 원부자재 현지화를 위한 자원개발, 인구 유입에 대응한 산업도시 개발 등 국가 종합 개발사업으로 확장된다. 현지에 진출한 부품중소기업들이 개도국의 풍부한 광물자원을 활용해 소재산업으로 확장할 수 있다. 개발기획 사업은 탈경쟁적 사업이다. 우리 기업과 국민의 참여기회를 넓히고 하노이와 같은 한국 거점도시(국가 차원의 장기적 투자 회수)가 조성된다.

대·중소기업 간, 중견·중소기업 간 납품 관계 기반 동반 진출

대내외 조건을 충족시키기 위해 맞춤형 산업단지(K-국제 산단)는 ① 민관협업, ② 대·중소기업 산업 클러스터 동반 진출(대기업 또는 공기업 인프라 + 중소기업 업종), ③ 청장년 패키지 멘토팀(은퇴자 기술+청년 국제감각) 파견의 3요소로 구성된 민관융복합형으로 기획한다.

『① 국내 주력산업별 앵커기업인 대기업과 인프라 공기업이 주축이 되어 정부지원 아래 은퇴기술자, 대졸 청년, 중소기업을 국가 단위로 조직화시켜 세계 권역별 중심지인 30여 개국에 납품관계를 기반으로 동반 진출한다. 해당국의 국경 지역에 각 국의 개발 아젠다와 경제 개발단계에 맞는 산업 업종과 적정 기술로 맞춤형 국제 산단을 조성한다. 산단 기본 규모는 50여 가지 품목에 150~200여 개 기업 입주를 목표로 조성한다. ② 대기업은 단독 혹은 현지 기업과의 합작으로 기본 생산 물량을 확보하고 산업단지 인프라를 조성한다. ③ 중소기업은 국내 유휴설비를 이전시켜 제품을 생산한다. 산업현장의 인력구성은 숙련공(기술자)−일반공−(안전)

관리자로 나뉘는데 숙련공(은퇴자)과 관리자(청년)는 국제 멘토 인력이 나가야 생산성이 올라간다. ④ 은퇴 기술자는 초기 품질 안정을 위해 라인 운영과 기술 전수를 책임지고 ⑤ 대졸 청년은 현지인 관리자가 육성될 때까지 백오피스(Back office) 업무와 초급 관리자 역할을 수행한다. ⑥ 앵커기업은 셋업기간 3~5년간은 판매 및 재고물량을 책임져 협력사의 리스크를 줄여준다. ⑦ 대기업은 1차 협력사인 중견기업이 더 많은 2차 3차 협력업체를 끌어들이도록 동반 협력업체 수에 상응해 물량증가 등 인센티브를 제공한다. ⑧ 정부는 과밀경쟁의 국내 중소기업이 해외로 진출하도록 금융정책 등 넛지 역할을 해주고 상대국과 쌍무협정(산단거점을 중심으로 세금·규제·비자 등 특혜를 제공하는 경제특구로 지정 등)을 맺어 현지에 진출한 한국기업을 보호한다. ⑨ 특히 국가산단을 보유한 지자체는 산업단지내 수직계열화된 2, 3차 부품협력업체가 함께 나가도록 업종별 조합과 협업해 주도적인 역할을 수행한다. ⑩ 단지가 조성되면 단지와 연계해 주변 인프라 개발 → 자원개발 및 원부자재 현지화 → 배후도시 개발 등 국가종합개발사업으로 확장시켜 한국의 다양한 중소기업 업종이 참여기회를 얻을 수 있도록 복합사업장을 조성한다. 곧 산업단지가 다양한 후속 개발투자사업의 기본 토대가 된다. 특히 저개발국은 용수, 전력, 교통(물류), 숙소, 방역 등 기본적 사회 기반 시설 인프라를 구축할 수 있는 기업들을 대거 포함시킨다.』

맞춤형 국제 산단은 K-제조업 수출 플랫폼이자 개발 아젠다 맞춤형 현지 사업 플랫폼이다. 그 유형을 예시로 들면 ① 개발 아젠다 맞춤형, ② 현지 자원 수출부가가치 제고형, ③ 수입대체 생필품 자급자족형, ④ K-산업 생태계 글로벌 확장형, ⑤ 전략제품 자국공급망 구축형, ⑥ 저개발국 산업화기반 엔트리 시장 개발형, ⑦ 선진국 쇠락 전통제조업 재생형, ⑧ 탄소중립 RE100 충족형, ⑨ 인프라 수주+건설기자재 현지생산 결합형, ⑩ 무역 불균형(일방적 무역흑자) 해소형, ⑪ 국제 사회 불법이민 방지 일자리형, ⑫자원개발 연계형 등 단품 수출 대신 산업업종과 기술 포트폴리오를 활용해 개발 협력형 산단 수십 개를 다양하게 설계할 수 있다(일감 창출 맞춤형 산단 기획 후보 참고). 국가 단위의 업종과 기술을 융합해 일감 산단(부가가치 일감과 일자리 창출)을 기획하는 것은 '국가 단위 기업가 정신'을 발휘하는 대표 사례다.

• 실행 주체

뭘 따로 하자는 게 아니다. 수출 대기업의 대규모 해외 투자 계획, 대형 인프라 수주, 또는 기존 거점지역을 플랫폼과 추진력으로 삼아 세계에 현지 맞춤형 K-국제 산단을 30여 개 조성한다.

전통산업 국가 산단의 출구로 국내 30여 개 국가산단의 유휴설비 및 잉여 인력을 활용해 대·중소기업이 납품 관계를 기반으로 클러스터로 동반 진출한다. 이를 테면 현대차가 생산공장을 세운 인도네시아, 멕시코, 인도 등에는 새로운 일감 기회가 다양하게 생겨난다.

현대자동차가 단독으로 나갈 것이 아니라 1차 협력사뿐만 아니라 직접 거래관계가 없는 2차, 3차 협력부품사도 1차 협력사인 중견기업을 매개로 동반진출할 수 있도록 정부가 넛지한다.

현대자동차도 미국 공장은 IRA, 인도네시아 공장은 AFTA 무관세 수출요건(부품 현지화율 40%)을 맞춰야 하므로 부품클러스터가 절대적으로 필요하다.

HD현대가 사우디아라비아에 건설하는 합작 조선소 건설 투자를 중심으로 한국 중견. 중소기자재 업체가 함께 진출해 K-조선 산단을 조성할 수 있다. K-국제 산단은 그 흔한 산단이 아니다. 산단 성패의 키는 외형 인프라가 아니라 기업 유치. 단기간에 기업 유치를 끌어내기 위한 포맷이 '납품 기반 대·중소기업 동반 진출 산단'이다. 시범사업으로 한·베트남 흥옌성 클린 산단, 한·사우디아라비아 중소기업 전용 산단(SKIV)부터 대·중소기업 동반 진출로 기획한다.

개성공단, 광주형 일자리 사업, 신남방정책 등으로 이미 연습도 다 해보지 않았나. 단, 경험 노하우 전수형 개발사업이 되려면 ① 산업단지 클러스터 조성, ② 양국 납품업체 간 기술 전수 협업 플랫폼, ③ 퀵스타트 교육프로그램 등의 조건을 갖추어야 한다.

• 국제 산단 사업의 기대효과

① 클러스터 규모가 산업 경쟁력을 결정한다.

② 상대국과의 화학적 경제통합을 이루는 기본 토대가 클러스터 산단이다.

③ 특히 맞춤형 산단은 앵커 기업을 중심으로 단기간에 밸류체인(납품관계) 기반 다수의 중견·중소기업을 함께 유치해 양국 모두에게 대규모 일감과 일자리를 창출하는 지역경제 활성화 플랫폼이다.

• 수출 플랫폼 2.0

K-국제 산단은 ① 일감 창출, ② 중소기업 과잉 유휴설비 출구, ③ 상대국과 상생형 경제공동체로 나아가는 화학적 경제 통합의 토대가 되는 다목적 플랫폼이다. 산단은 산업 생태계를 품은 산업도시 수출의 기본 토대이기도 하다. 산업도시를 수출하면 상대국 도시의 지속적인 발전을 선도하는 '산업 수도 역할'도 주어진다. 거제도는 조선 산업도시를 수출해 글로벌 조선산업 수도로, 대구는 섬유 산업도시를 수출해 글로벌 섬유산업 수도로, 울산은 글로벌 자동차산업 수도로 변신하는 격이다.

• 중소기업계의 20년 해묵은 숙제, 글로벌화 플랫폼(동반성장 2.0)

중소기업이 뭘 믿고 해외로 나가나. 빚만 더 지는 게 아닐까. 도저히 용기가 나지 않는다. 일감도 판매도 대금도 재고도 자신이 없다. 지자체별로 조직화(클러스터 포맷)해 동반 진출 모델을 찾아야 하는 이유다. 대·중소기업 동반성장을 위한 최적 포맷은 해외 시장 동반 진출형 K-산단이다. 정부가 아니라 대기업 주도의 동반진출이어야 한다. 중소기업 생존의 키는 대금 문제, 재고문제다. 협력업체로 나가면 대기업이 책임져 준다. 해외에 진출한 중소기업이 안착하려면 앵커 대기업의 일감 보장, 재고 책임

(판매), 적기 대금, 공단 내 입주 보호가 필수환경이다.

중소기업이 현지에서 자생력을 확보하기 전까지 일정 기간 최소한 3~5년간은 대기업이 울타리 역할을 해줄 수 있어야 한다. 대신 정부는 중소기업이 해외로 나갈 수 있도록 부채상환 연장, 초기 투자 금융지원 등 인센티브를 제공한다. 산단으로 조성된 곳이 아니면 중소기업이 보호받을 수 없다. 이들 조건을 충족시키는 진출 형태는 맞춤형 산업단지 기획(광주형 일자리+개성공단)이다. 공단 내 입주는 유틸리티(Utility) 등이 비싸지만 보호를 받을 수 있다. 공단 외곽은 싸지만 위험하다. 그래서 산업단지 형태가 유리하다. 대기업이 일감을 줘 일거리가 돌고 제때 대금을 지불하면 중소기업에도 현금이 돌고 국내에 사람도 뽑고 미래도 준비하고 선순환이 일어난다.

삼성전자 1차 협력업체로 호찌민에 진출한 뉴모텍(모터업체)은 광주에 본사를 두고 있다. 해외 공장 지원 업무를 위해 대졸 청년을 새로 뽑고 있다. 1차 협력업체에 자금이 돌면 2, 3차 협력업체도 '돈이 돌고' 미래를 위해 준비할 수 있다. 산업구조개혁의 길이 여기에 있다.

대만 정부는 TSMC 같은 대기업이 해외에 진출할 때 (소부장) 중소기업도 함께 나갈 수 있도록 해외 제조 단지를 조성해준다. 개별 중소기업이 뚫을 수 없는 해외 시장의 벽을 대기업과 정부의 등에 올라타 넘을 수 있다고 보기 때문이다.

인도네시아 진출 사례를 보면 중국은 정부 차원에서 기업들의 밸류체인을 긴밀하게 연결하고 있는 반면, 한국은 2,300여 개 진출 기업들이 구심점 없이 각개전투를 하고 있다.

대기업의 해외 투자를 산업공동화·투자 유출로 우려할 게 아니라 이를 국가 차원에서 적극적으로 활용할 기회에 주목한다.

대기업 해외 투자 활용 방안은 ① 공장 투자에 중소기업이 같이 진출해 산단 조성, ② 공장 투자 지역 인구 유입 효과를 활용해 국내 인프라 기업 및 투자사(KIC 등 국부 창출 기회)가 진출해 부동산 매입 및 개발, 인프라 사업 등 개발수익 확보, ③ 외교 지렛대로 활용해 개별 기업 차원을 넘는 국가 차원의 그란트 특혜 및 다수 국민을 위한 경제영토 개척에 활용할 수 있다. 선택과 집중으로 온 국민이 키워낸 소수 글로벌 대기업을 플랫폼으로 활용해 중소기업에 새로운 성장 기회를 열어주는 게 낙수효과 2.0이다. 대기업을 활용(팀코리아 앵커)하는 진정한 동반 성장 모델이다.

• 국가 산단 2.0과 균형발전 2.0

지역 균형발전의 성패도 지방경제의 몸통인 중소기업의 활로에 달려 있다. 지역내 기업들이 빠져나가지 않도록 밑 빠진 독을 먼저 막아야 한다. 생소한 첨단산업을 유치하려 들기에 앞서 중소기업이 이미 보유한 업종과 기술을 활용할 수 있는 일감을 찾아야 지역 경제주체 다수가 참여할 수 있고 경제 활성화도 조기에 가시화된다.

중소기업 생태계의 ① 자생력 부재, ② 일감 90% 납품의존, ③ 과밀구조의 태생적 한계를 직시하면 해답은 국제 산단에 있다. 지역 내 국가산단을 중심으로 산업 업종과 기술을 융합해 국제 사회에 개성공단 같은 사업장을 만들면 중소기업이 새로운 성장기회를 얻는다. 이때 대기업 종합상사가 클러스터 진출을 위한 플랫폼 역할을 할 수 있다. 국내에서 소멸위기에 직면한 지자체들이 작아도 글로벌 집적효과를 누릴 수 있게 국제 사회와 연결성을 확대시키는 길이기도 하다.

K-국제 산단(국가 산단 2.0)은 지방도시를 지역 전통산업기반 '글로벌 ○○산업 수도'의 국제 도시로 진화시키는 디딤돌이다. 지자체가 국제 산단 조성에 선뜻 나서지 못하는 것은 어떻게 국내 경제에 도움을 주는지 그 레버리지 효과를 확신하지 못하기 때문이다. 국제 산단은 ① 국내 중소기업의 막힌 물꼬를 틔우는 출구, ② 생산비 절감 및 추가 일감 확보로 자금 순환에 숨통, ③ 국가 단위로 현지진출 특혜 최대화 및 투자리스크 헤징 등은 물론 ④ 국내에 본사 일감 증가, ⑤ 현지 멘토 일자리 창출, ⑥핵심부품 및 설비 수출, ⑦ 인프라 등 개발사업 기회, ⑧ 인재유치, ⑨ 사업전환 물꼬, ⑩ 자영업 진출 등 새로운 기회를 다양하게 가져온다.

• **지방경제 침체와 일감창출 플랫폼으로서의 산단**

수도권 과밀화(특히 서울도심) 해소와 지방 소멸 대책은 별도 과제다.

지방 소멸 위기는 수도권과 비수도권 간 지역 불균형(정책) 문제가 아니라 국가차원의 산업 비교우위 상실로 인한 산업 분화 현상이다.

근본인 산업 경쟁력 문제를 건드리지 않고 인위적 기업, 공기관 분산 배치만으로는 인구 유출을 막을 수 없다. 지방 산업이 경쟁력을 잃고 일감이 개도국으로 옮겨가는 것이 수도권으로 인구가 쏠리는 근본이다. 수도권으로 기업과 인구를 빼앗기는 것이 아니라 지방 산업의 일감이 줄어드는 것이다. 지방 산업의 줄어드는 현장 일감을 대체할 본사 일감을 늘리는 것이 근본 해법이다.

지역의 산단과 공장들은 노동력을 확보하지 못해 외국인 의존도를 높이거나 사업을 접는 경우가 많아지고 있다. 산업 구조 변화로 지방에 새로운 일자리가 만들어지는 게 어려워지고 있다. 지역의 제조업 일자리는 쇠퇴하고 새로운 서비스 일자리는 수도권을 중심으로 생기다 보니 청년들이 수도권으로 몰리고 있다. 어떻게 지역에 서비스 일자리가 많이 생기게 할까?

지방침체와 청년 유출을 막으려면 지방에서 쇠퇴(유휴설비)하는 제조업으로 해외 사업장(=산단)을 1~2곳 당장 만들어 일감을 만들면 국내가 활성화되고 다수 서민층에 돈이 돌고 현장 지원 서비스업무가 늘어난다. 본사 일감이다. 산단 내 돌봄 등 복지는 그다음 순이다.

첨단산업의 성패도 기존 국가산단을 어떻게 물꼬를 트느냐에 달려 있다. 정부도 중소기업이 다양한 시장에 접근하도록 공적개발원조를 활용하고는 있지만, 산업단지만큼 강력하지 않다. 상대국이 공통으로 요구하는 기술 전수, 일자리 창출, 로컬업체 부품 활용 등을 최적화시킨 포맷이 맞춤형 산단이다. 가능한 한 비용과 리스크를 줄이고 양국의 강점을 활용할 수 있도록 원원형 산업 파트너십 기반의 로컬업체 JV로 진출한다. 산단이 현지 경쟁력을 갖추려면 필요 인력의 70%를 현지에서 수급(생산성

교육을 담당할 현장멘토 파견이 필수)할 수 있고, 원자재의 70% 이상을 현지에서 조달(클러스터 진출, 공급망 다변화 자원개발 연계)할 수 있으며 생산물량의 70%를 현지 시장 및 역내 수출로 판매 가능(수요 맞춤형, 현지 유통 합작으로 안정된 수요처 확보 등)한 지역을 생산거점으로 선정 등 3대 조건을 충족시켜야 한다.

[동반 진출] 납품 관계로 연결된 대기업·중견·중소기업들이 클러스터를 이루어 해외로 동반 진출한다. 대기업-중견기업-중소기업 동반 진출형 현지 사업장을 만들면 대규모 일자리(한국은 적정기술 멘토 은퇴자 일자리)를 양국 모두에게 창출할 수 있다.

장기적 구조개혁과 미래 수익도 중요하지만 당장 경기를 활성화할 일감 확장 정책이 시급하다. 기왕에 진출계획이 있거나 진행 중인 대기업 진출을 기반으로 대·중·소 동반 진출형 사업장을 조성해 일감을 시급하게 늘려준다.

3. 국제 산단 기획 예시

(부록 '민생위기 극복 서민층 구제 사업'과 연계)

세대 상생형+경험 활용형+부가가치 창출형 일자리 창출

- **K-산업 생태계 글로벌 확장형**(현지 제조+국내 R&D, 경쟁력 보완 및 부품 현지화, 중·저위 기술 활용, 본사 일감창출)

선진국의 쇠락한 전통제조업을 인수(예 : 한미 조선산업 동맹)해 세계 최고 효율 등급의 제조 기술과 생산성 노하우를 접목시켜 재생시키거나 후발국의 제조산업을 한 단계 레벨업시킨다. 모두 경쟁력 있는 산업 생태계가 뒷받침되어야 가능한 일이다.

예로 중국에 추월당한 디스플레이 업계의 출구는 무엇인가? 인도는 2024년 시장 규모 스마트폰 2억, TV 1,300만 대, 자동차 1,000만 대로 예상된다. 반도체, LCD 등 전 세대 LCD 기술(100달러 미만 스마트폰이 수요 대부분)과 유휴 장비가 필요하고 자국 생산 확대를 위해 제품 관세를 높이고 있다. 우리 기업이 현지에 진출해 수요물량을 확보하면 주요 원자재, 중간재, 유휴설비 등 자본재는 한국에서 수입할 수밖에 없다.

- **수입대체 필수품 자급자족형**

  (예 : 의료기기 등 각국 정부 조달 물품 수입대체)

석유 같은 수출 자원이 없는 신흥국은 항상 생필품을 수입할 외화 부족에 시달리고 공산품에 대한 수입의존도가 높아 모두 필수품의 자국 생산 현지화를 희망한다. 제조수출품을 만들어내야 한국이나 베트남처럼 달러를 벌어들이면서 내수 시장을 키울 수 있다. 후발국들도 한국과 같이 산업화할 수 있다. 문제는 자본과 기술이 없다. 중요한 생필품을 수입에 의존하지 않고 국내 생산으로 대체하자는 현지의 국가 아젠다에 부응한다. 각국의 조달청과 협업해 현지 필수품에 대한 수입대체 자급자족 단지를 만든다.

- **현지 자원 수출 부가가치 제고형**

저개발국은 대부분 1차 산업과 원자재 수출국이고 소비재 수입국이다. 원자재를 가공해 수출할 수 있어야 부가가치를 올릴 수 있다. 캄보디아나 필리핀이 농식품 수출가공 단지, 인도네시아는 희토류 등 원자재 가공단지 유치를 희망하는 배경이다. 미국의 중국 견제에 따른 공급망 변화로 멕시코 등 중남미 국가들도 니어쇼어링으로 대미 수출을 위한 자원 수출 가공 수요가 급증할 전망이다.

- **전략제품 자국 공급망 구축형(BBC 등 첨단 제조)**

사우디아라비아-한국 산업단지 프로젝트 SKIV는 한국 중소기업(23곳이 참여 약속, 2024년)만을 대상으로 조성된다. 전기차 부품기업, 수소 연료전지 전문기업, 휴대폰 부품기업 등이 참여한다. 사우디아라비아 정부는 '사우디아라비아 비전 2030'을 달성하기 위해 독일, 일본 등 주요국들과 전략적 파트너십을 맺고 있는데 단일 국가의 중소기업들로만 구성된 산업단지는 한국이 첫 케이스다. 국내 중소기업들의 기술력과 신시장 개척 역량, 성장 의지를 높게 평가한 것이다. 천연자원 부국인 사우디아라비아와 다양한 업종과 기술을 보유한 한국 중소기업이 만나 시너지 효과를 창출하고 한국 중소기업들이 사우디아라비아를 거점으로 중동 시장에 진출해 중견·대기업으로 성장할 수 있는 발판이다. 대기업에 납품하는 1차 협력사나 완성재를 생산하는 중견기업이 주도해 2차 3차 협력 중소기업을 끌어들일 수 있다.

- **국제 불법 이민 일자리 창출형(예 : 영국-르완다, 이탈리아-알바니아 등 EU, 미국과 협업 이민수용 산단)**

불법 이민자로 몸살을 앓고 있는 EU(이탈리아, 영국 등)는 아프리카와 동유럽의 저개발국을 대상으로 현금을 지원하는 조건으로 불법 이민자 수용 아웃소싱을 추진하고 있다. 명분은 지원국의 경제 성장을 도와 불법 이민의 근본 원인을 없애고 밀입국을 시도하다 목숨을 잃는 참사를 줄이기 위한 것이다. 하지만 현금을 받은 아프리카 정부가 이 돈을 불법 이민자들을 막는 데 쓸지도 의문이다. 유럽과 물리적으로 가까운 지역 곧 불법 이민자들이 유럽으로 오는 중간 기착지에 EU와 협업해 산업단지를 만들어서 일자리를 제공할 수 있다.

- **K-대표 수출공산품·소비재 현지화형
  (수출 대체 범용공산품 현지 생산)**

　전통 내수기업인 CU, GS25 같은 편의점 유통(전문 무역상사로 지정, 무역협회)이 내수 한계에서 벗어나 몽골, 말레이시아 등에 진출하고 있는데, K-유통에 PB상품 수출이나 자체 브랜드로 납품하는 중소 제조기업을 융합해 K-유통과 연계된 K-산단을 조성한다. 해외에 진출한 유통 대기업이나 전문 무역상사를 앵커 기업으로 PB제품 산단을 기획한다. 현지 유통망을 가지고 있는 로컬 거래 선(대리점 사업)의 내수 생산 공장 투자를 유도할 수도 있다.

- **국가 개발 아젠다 맞춤형(베트남 로컬부품기업 GVC 편입, 인도네시아 원양어선 건조 자립화 등)**

　필리핀은 국가 개발 아젠다로 BBM(Build Better More, 대규모 인프라 업그레이드 프로젝트), 광물자원 개발, 농식품 수출가공 등 제조업 국가로 경제체질을 개선 중이다. 캄보디아 정부는 농업과 관광업에 치중된 현재의 산업 구조로는 경제개발 계획 달성이 어렵다고 본다. 의류나 신발 같은 단순 제조업에서 부가가치가 높은 자동차 부품과 전자 기기 제조업을 미래 먹거리로 정하고 집중 육성하려고 외자 유치에 전력하고 있다. 카타르가 추진하는 석유화학 산업육성은 한국이 세계적으로 선도하는 산업이라 협력 기회가 많다.

- **신도시 배후 자족 기능 강화 일자리 창출형**

신도시는 단순 베드타운이 아니라 생산성을 수반한 자족 기능(주거 외 자족 용지 비율, 스타트업 유치 등 미래산업 기반 강화, 지식서비스업, 제조업, 근린 서비스업, 공공·교육·복지업 등)이 두루 갖춰진 산업도시(일자리 창출 도시)로 조성되어야 한다. 일자리가 있는 지역과 함께 하나의 큰 산업 클러스터로 묶어 개발해 주변과의 연계성(교통 접근성 등)을 높여야 한다.

- **다품종 소모성 자재 현지 생산형**

우리나라 대규모 공장이 진출한 지역에 맞춤형 소모성 자재 납품산단을 조성할 수 있다. 국내 소모품 구매대행업체인 IMK가 국내 대기업이 다수 진출한 텍사스에 진출한 사례가 있다.

- **핵심 광물 공급망 다각화(수입 다변화) 자원개발 연계형**

전략물자의 대중의존도를 낮추고 주요 원자재 부족 사태에 대비하는 차원에서 원자재와 핵심 광물이 풍부한 아프리카, 중남미 등으로 경제영토를 확장한다. 아프리카는 석유 가스 코발트 크롬 등, 중남미는 니오븀, 리튬, 구리, 몰리브덴 등이 풍부한 신흥시장이다. 한국의 무역과 투자는 아시아, 북미, 유럽에 편중돼 있고 아프리카 중남미권은 경쟁국에 비해 미미하다. 투자시장 다변화는 공급망 위험 분산과 미래 고객 확충에도 기여한다. 삼성, 현대, 포스코 등 재벌그룹의 종합상사는 자원개발형 산단을 주도할 역량을 모두 갖추고 있다. 포스코 인터내셔널은 종합상사로서의 역량을 발휘해 희토류를 조달하고 국내 연구 자석 제조사인 성림 첨단산업에 생산을 맡기는 방식으로 해외 시장을 개척하고 있다.

• 저개발국 초저가 엔트리 시장 개발형(산업화 기반 구축, 생필품 자급자족, 빈곤퇴치 IDA 사업 등)

국제 사회 최대 경제 현안은 빈곤 문제다. 개도국의 빈곤퇴치를 목표로 하는 세계은행과 협업해 산업화의 기본 토대가 되는 '저개발국 엔트리 시장개발-초저가 생필품 산단' 사업을 세계에 펼친다. 국제개발협회 IDA(세계은행 산하 최빈국 대상 대출 지원 기구)로부터 자금(저리 융자와 보조금)을 지원받을 수 있는 적격 국가는 75개국이다. 이 중 39개국이 아프리카에 있다. 세계 전체 절대 빈곤층은 약 6억 9,100만 명으로 이중 IDA 적격 국가가 4억 9,700만 명으로 72%다. 최빈국이 빈곤의 한정에서 탈출하도록 자원을 지원하는 것은 선진국의 의무이자 기회다.

• SDGs 취지 맞춤형

UN 조달 시장(2022년 기준 296억 달러 중 특히 보건의료, 식음료품 등 물품 분야 약 161억 달러 54%, 세계 222개국 업체들 납품 중)과 협업해 우선구매 조건으로 SDGs 취지에 부합하는 국제 산단을 조성한다.

• 국가종합개발 시행 사업형(제조공장+배후 인프라 개발)

2022년 기준 세계 7위 에너지 자원 소비국인 우리나라는 수요의 75%

를 중동에서 수입하고 해외 건설 계약 60%가 중동에서 이루어지고 있다. 중동의 탈 석유산업 다각화 프로젝트 경협에 한국만큼 최적 파트너가 없다. 650조 원에 달하는 네옴시티도 많은 나라의 쟁쟁한 회사가 경쟁하고 있다. 이라크 비스마야 신도시, UAE 마스다르 탄소제로 시티, 사우니아라비아 네옴시티 등에 정경협업 팀코리아로 종합개발사업을 기획해 경쟁에서 벗어날 수 있다. 국내 10대 그룹 종합상사(무역상사)들이 원자재, 플랜트를 넘어 '국가종합개발' 분야로 사업을 확장할 수 있다.

- 무역 불균형(일방적 무역흑자) 해소형
  (수입 과다 품목 현지 생산 및 공급)

- 인프라+제조 결합형
  (대형 인프라 수주에 건설 기자재 현지 생산을 결합)

- 선진국 쇠락 전통제조업 재생형(세계 최고 효율 등급의 제조 기술과 생산성 노하우 접목, 예 한·미 조선산업 동맹)

- 탄소중립 RE100 충족형

[아웃바운드] 국제 사회 '산업도시·신도시' 개발 및 '경제특구' 사업

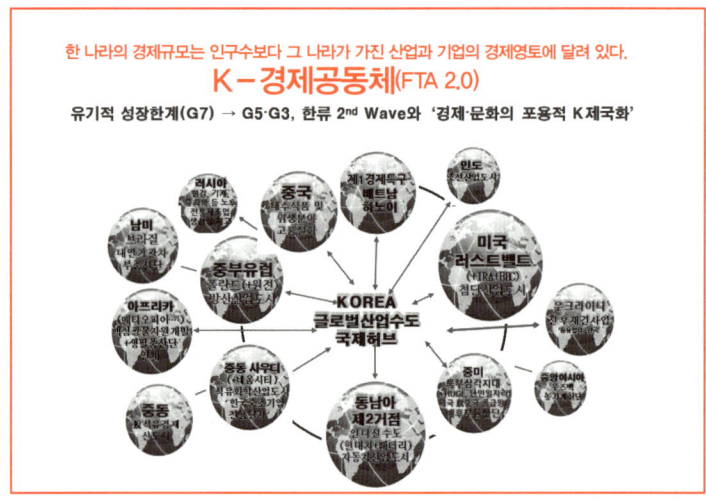

출처 : 저자 작성

　한 나라의 경제 규모는 인구수보다 그 나라가 가진 산업과 기업이 얼마나 더 넓은 시장(경제영토 사이즈)으로 나아가느냐에 달려 있다.

　선진국의 경제력은 얼마나 많은 세계적인 다국적 기업을 보유하고 있느냐에 따라 결정된다. 저출산·고령화를 극복하는 길은 궁극적으로 세계 속 한국 경제공동체 건설을 통한 '경제·문화의 포용적 K-제국화(다극화 시대 한국이 패권국가로 등장)'에 있다.

1. 한국 경제 피크아웃, 유기적 성장한계 봉착

인구구조·잠재성장률 추락·주력산업 경쟁력 등 피크 코리아 돌파구

• **급격한 고령화-노동인구 감소-내수 소비위축의 충격 완화**

우리나라는 지금 저성장은커녕 국가소멸을 우려하고 있다. 한국은 초저출생 국으로 인구 소멸 국가 1호라는 경고도 받고 있다. 인구가 2024년 5,175만 명으로 정점을 찍고 2030년대 초 5,000만 명 아래로 떨어진다. OECD는 한국이 2030~2060년 잠재성장률이 0%(0.8)대로 떨어져 OECD 38국 중 꼴찌 전망을 내놓았다. 1인당 국민총소득이 2017년 처음 3만 달러(3만 1,734달러대에 올라선 뒤 역대 최고점 3만 5,523달러, 2021년)를 기록하고는 8년째 3만 달러 박스권을 벗어나지 못하고 있다. 소득 증가율이 계속 1%대(3만 달러 돌파한 2017년 이래 평균)에 머물면 GNI 3만 달러에 진입한 후 4만 달러가 되는데 십수 년이나 걸릴 수 있다. 미국 8년, 일본·독일·프랑스 3년, 영국이 2년 걸렸다.

지금 우리나라는 GDP 2~3% 성장도 힘겹다. 2~3%면 40~60조 원이 늘어나는데 지난 5년간 매년 100조 원대 재정부채가 증가하고 있으니, 실질적으로는 이미 빚을 내지 않고는 사회 유지가 불가능하다. 고금리로 인한 자금조달 비용상승에도 불구하고 기업부채, 가계부채 모두 급증하고 있다. 상황이 이러한데도 우리는[26] G7(1인당 3만 달러대)에서 G5(1인당 5만 달러대), G3^{27}(1인당 7만 달러대) 도약을 꿈꾼다. 우리가 G5(미·독·일·영·한)가 되려면 지금 GDP의 1.5배(2.5조 달러)로 늘어야 하고 G3가 되려면 2배(3.6조 달러) 성장(연간 4%대 성장 시 2040년)해야 한다. 5,000만 인구로 G5, G3 경제 규모를 키운다는 게 가능할까?

국가 단위 비교우위로 보면 연간 약 100조 달러 세계 시장에서 우리나라는 220여 개국과 경쟁해 약 2.2% MS를 점유하고 있다. 우리가 G7, G5가 되려면 3%~4%까지 올려야 한다. 한국은 미국, 중국, 독일, 일본과 함께 세계적인 제조 강국이지만 중국 제조 굴기의 최대 피해국은 단연 한국이다. 선진국과 달리 한국은 한마디로 범용 중간재 중심 양산제조업이고 중국 제조업과 가장 많이 겹치는 산업 구조이기 때문이다. 특정 산업 육성과 내부 기술 개발의 유기적 성장만으로는 한계가 분명하다. 경제가 성숙단계에 접어들었으니, 이제는 선진국형 저성장이 당연하다고 여겨야 할 것인가? 피크 코리아가 살길은 무엇인가? 급격한 고령화, 인구감소, 소비위축의 충격을 완화하면서 지속 성장이 가능한 돌파구를 열어야 한다.

[FTA 2.0] FTA 국가 수를 늘리는 것만이 능사가 아니다

정부가 FTA 국가를 늘리고 '경제동반자 협정', '무역 투자 촉진 프레임워크', ODA 대폭 증액 등 다양한 외교활동을 통해 100개국 이상의 국가

---

[26] 인구 5,000만 이상 1인당 GDP 3만 달러 이상의 30~50 기준, 미·독·일·영·프·이탈리아·한
[27] 맥킨지 2040 성장전략 전망은 유기적 성장 기반으로 가능한 목표인지 의문

들과 통상 네트워크를 구축하고 경제영토를 확장하고는 있으나 해외 시장은 여전히 다수 중소기업과 다수 중산층 국민이 경제활동을 벌리기에는 벽이 높다. 양자 간 무역 협상과 협정도 중요하지만 궁극적으로 중소기업의 해외 시장 진출에 필요한 실질적 일감 확보 교두보가 요구된다.

한국은 59개국과 총 21개의 FTA 협정이 발효되어 있고 세계 시장 85%(우리나라 총수출의 87% 차지)를 커버하고 있다. 하지만 성장률은 전체 FTA 시장을 크게 밑돌고 있다(2024년 한국은 2%대, 동남아는 5%대 경제 성장 전망). 경제적 연결성이 높지 않다는 뜻이다. 게다가 비교우위와 국제 분업에 기반한 자유무역 체제 FTA가 보호무역으로 위협받고 있다. FTA(상품 수출 시장 영토 확보), EPA(경제동반자협정)를 더 늘린다고 달라지지 않는다. 신흥국의 성장세에 편승할 수 있는 FTA 2.0(화학적으로 결합된 경제영토 곧 내수 시장화)이 필요한 시대다. 우리나라는 경제 성장기에 FTA로 경제영토를 넓혀 상품 교역 시장을 확장하면서 경제 규모를 키워왔다. 트럼프 발 관세전쟁으로 대표되는 보호무역(자원무기화·자국우선주의·미중 디커플링 공급망 재편)의 세계 통상 환경 변화는 중상주의 통상에서 벗어나 상호 윈윈형 통상으로 진화하라는, 지구촌 균형발전의 시대정신이 반영되어 있다. FTA 국가 수를 늘리는 것만이 능사가 아닌 시대가 되어버린 것이다. 상품 시장 중심 경제영토 확장(FTA 1.0 노무현 대통령의 역사적 업적)이 경제공동체형 경제영토 확장(FTA 2.0, 새로운 국가리더의 시대적 책무)으로 한 단계 진화해야 한다. 상대국과 화학적 경제통합, 내수 시장 확장형 단일 시장화 등 일방적 상품수출을 넘어 상생형 경제공동체를 지향한다. 시대흐름의 본질을 보면 글로벌사우스 등 미중 시장 의존도를 줄이기 위한 시장 다변화 노력은 근본적 해법이 아니다.

중소기업과 서민층에게 새로운 성장 공간 제공

한국은 7대 무역 강국이지만 소수 대기업을 제외하고는 세계화가 가장 안 된 나라다. 글로벌 기업(해외 매출 비중이 25% 이상 기준) 비율은 영국 18.9%, 독일 18%, 일본 17.2%, 미국 9.5%에 비해 한국은 7%에 불과하다. 수출 중소기업(9만 5,000여 개) 60%가 1개국에만 수출하고 수출액 비중(2023)은 17%에 불과하다.

작금의 민생위기는 국내에 더 이상 중소기업, 서민층의 성장 공간(기회총량)이 없다는 아우성이 근본이다. 내수 시장에서 성장한계에 봉착한 국내기업은 일감을 찾아 해외로 나갈 수밖에 없다. 기업들의 탈한국이 이어지는 배경이다.

특히 은퇴 인력이나 고령층의 경험과 지식을 활용할 수 있는 성장 공간을 조성함으로써 이들에게 양질의 일자리를 제공할 수 있다. 서민층이 보유한 저위, 중위 기술도 쓰임새가 있는 사업장이 성장 공간이다. 노동인구가 줄어드는 상황에서 잠재성장률을 올리는 길이다. 양극화 해소의 궁극적 해법도 해외 시장 진출에 있다.

한국은 '특정 품목이나 국가'에 대한 품목 집중도가 세계 10대 수출국 중 가장 높은 국가다. 상위 10대 수출 품목이 전체 수출에서 차지하는 비중은 68.7%로 10대 수출국 평균 58.8%보다 높다. 시장 집중도도 중국 미국 두나라에 40% 수출을 의존할 정도로 캐나다(미국 77%로 사실상 북미 단일 상권)를 제외하고는 세계 1위다. 대외환경 변화에 따른 충격을 더 크게 받을 수밖에 없는 구조다. 개발 아젠다 시장으로 진출해 아웃스테이션(Outstation) 전략으로 편중된 수출구조를 개혁해야 한다. 세계화 2.0은 소수 기업 엘리트만이 아니라 다수 국민과 다수 중소기업이 세계화의 수혜를 누리도록 하는 경제영토의 확장이다. 개별 기업의 각자도생식 해외 진출은 국내 산업공동화를 부르고 진출 리스크도 크다. 이를 국가 단위로 조직화해 국내 경제와의 연계성도 극대화하고 개별기업 차원의 리스크도 줄이고 국가 차원의 시너지 국부도 창출할 수 있는 새로운 성장 공간이 요구된다.

제조업 따로 건설업 따로 각자도생식 통상의 비교우위 상실

국제 사회 선·후발국 간 경계에 있는 한국은 기정학적 샌드위치 처지다. 저성장 극복은 기술혁신밖에 없다고 하지만 미래 기술 대부분에 있어서 추격자 신세인 우리나라가 취할 기술혁신의 지름길은 무엇인가?

• 상품 제조수출형·도급 수주 경쟁형 해외사업의 국부 창출 피크아웃

한때 수출 강국으로 누렸던 통상 비교우위가 후발국 대비(특히 대중 경쟁

열위) 규모의 경제와 원가 면에서 경쟁력을 잃고 미·중 디커플링 등 통상 환경 급변으로 수출주도 경제 성장의 한계(국부 창출 한계, 저생산성)에 직면해 있다. 상품무역흑자로 쌓아온 국부 창출이 정점을 찍고 하락하는 피크아웃 현상을 보이고 있다.

국내 기업의 생산성(수익성)이 OECD 최하위 수준으로 떨어진 배경이다. 해외 건설도 도급형 수주 경쟁에서 투자를 겸한 PPP, EPCF 등 투자 개발형 디벨로퍼 중심으로 시장이 바뀌고 있다. 단순시공형 수주 경쟁은 원가를 앞세운 후발국에 밀릴 수밖에 없다. 새로운 국부 창출 모델이 요구되고 선진국에 진입한 한국도 이제 상품 수출로 축적한 자본을 성장 시장에 투자해 국부를 창출하는 편승 성장 시대를 맞고 있다.

[신도시 사업모델] 경쟁 기반의 세계 상품 시장과 도급형 수주 시장의 성장한계를 극복하기 위해서는 새로운 시장 확보가 절실하다. 예컨대 신흥국뿐만 아니라 선진국도 도시 재건 사업에 나서고 있다. 교통·안전 등 주요 도시 인프라에 ICT 기술을 접목해 도시를 재생시키고 있다. 아세안(ASEAN, 동남아시아국가연합)만 해도 2025년까지 26개의 스마트시티를 개발할 계획이다. 한국 기업들이 각개전투를 벌이는 소비자 제품 시장에서는 중국의 저가 공세로 고전하고 있지만, 세계 신도시 시장(도시 IT 인프라 시장)에 팀코리아로 융합해 진출하면 신도시 건설부터 운영관리에 이르기까지 중국 기업과 경쟁하지 않고 지속 가능한 성장 기회를 얻을 수 있다.

ICT 분야 기기·부품 중소 제조기업, IT 솔루션 서비스기업 모두가 도시 문제해결을 위한 다양한 요소기술 기업으로 진화하는 출구가 열리는 것이다. 기존 스마트시티 사업은 도시 기능별로 디지털 플랫폼을 제공하는 서비스사업 곧 스마트 기술을 적용해 주민 편의를 도모하는 소규모 ICT 사업 위주의 스마트시티 솔루션이 주가 된다.

시공을 본업으로 하는 건설사는 스마트시티 대응 역량이 내부에 없다 보니 사업을 주도하긴 어렵다. 건설사가 스마트시티 개발사업을 주도하려면 스마트시티 요소기술을 보유한 ICT 중소기업들과의 협업이 필수다. 특히 도급형 사업은 기술 진입장벽이 높지 않은 만큼 가격 경쟁력을 무기로 하는 중국 등 신흥국 기업의 해외 건설 진출 증가로 한국 기업의 수주 경쟁력이 위기다.

내수 수요 한계 및 후발국 저가 공세로 고전하고 있는 우리나라 건설업계에 스마트시티 사업은 단순히 시공뿐만 아니라 ICT 기술, 전자기술, 모빌리티 기술 등 다양한 산업 영역과 융합함으로써 차별화된 경쟁력을 제공할 수 있는 시장 기회다.

ICT 강국 한국이 신도시 건설, 구도시 재생 모두에 필요한 하드웨어·소프트웨어 업종과 기술을 통합한 'ICT 기반 스마트시티 토털솔루션 플랫폼'을 주도하면 다양한 우리 중소기업들이 참여할 수 있다. 신도시 사업을 위한 팀코리아 융합의 주체는 건설사는 물론 인프라 업종의 관계사와 협력 중소기업을 거느린 국내 대기업 그룹(종합상사)이다.

2. 국제 사회 30여 개국과[28] 화학적 경제통합으로 편승 성장 체제 구축

미국은 아프리카 끝단까지 세계 150여 개국에 걸쳐 800여 개의 군사기지를 운영하고 있다. 세계 경제 수도로서의 글로벌 집적효과와 달러패권을 유지하기 위한 미국식 세계 경영이다. 인구 6,700만의 영국 경제가 한 때 톱5 경제 규모에 든 것은 과거 식민지 유산인 영연방 56개국 25억 명 소비자가 기본 베이스다. 5,000만 인구로 G5, G3로 도약하는 길은 글로벌 집적효과를 불러올 세계 경영밖에는 없다.

한국은 무엇으로 세계 경영을 펼칠 것인가? 네덜란드, 포르투갈, 영국, 스페인은 인구도 적고 국토도 좁지만, 국부와 국력만큼은 한때 제국이었던 배경은 경제영토 확장이다. 과거에는 무력으로 식민지나 영토 정복으로 제국이 되었다면 21c는 무엇으로 '경제의 K-제국화'가 가능한가? 한국도 인구나 영토는 미·중 2대 대국에 비할 바 아니지만 국제 사회 K-경제공동체를 조성함으로써 미·중 패권 경쟁에 휘둘리지 않는 국부와 국력을 키울 수 있다.

---

[28] 한국 주력산업의 글로벌 생태계 곧 글로벌로 확장된 공급망(GVC)에 제3 국을 편입시켜 70% 이상의 고용인력 현지화, 자재 조달 현지화, 생산 물량 소비 현지화를 이뤄 양국이 동반 성장하는 경제 구조

'한국(K-)을 소비'하려는 글로벌 수요(국제 사회 한류 시장)를 플랫폼화

• 한국식 세계 경영의 기회, 한류 2.0(산업 한류)

피크 코리아가 우려되는 상황에서 세계 전략을 설계하지 않고서는 우리의 미래는 없다. 경제가 일정 수준 이상 발전하면 사회 전 부문이 국제 사회에 존재감을 드러내기 시작한다. 대중문화 한류를 필두로 최근 국제 사회에 불고 있는 K-식품, K-뷰티, K-방산, K-원전 등 K-현상의 본질은 한국(K-)을 소비하려는 글로벌 수요 곧 국제 사회 한류 시장이다.

한국만의 시장에 부응해 단품 수출을 넘어 K-공항, K-병원, K-원전, K-신도시 등 우리의 경험 노하우를 부가가치 서비스로 수출 곧 현지 문제해결의 K-솔루션(통합 솔루션 패키지)을 수출하는 플랫폼이 산업 한류다. 멘토국가의 수출품이다. 수출 강국으로서는 피크 코리아 위기에 직면해 있지만, 산업(제조) 강국으로서는 팍스코리아나 시대를 여는 기회. 지금 세계가 우리에게 내리는 찬사는 모두 과거 성공 방정식(압축성장)에 대한 것이지 한국의 미래에 박수를 보내는 것은 아니다. K-인기에 취해 현재를 고집하면 우리의 미래는 퇴락 국가다. K-현상의 역설이다. 이미 OECD 최고 자살률 최저 출생률 최고 노인빈곤율 등 사회 전반에 쇠락 징후가 농후하지 않은가.

우리나라의 국격은 경제력(10위권)만큼 높지 않다. 미-중-일 강대국의 외교 전략에 수동적으로 대응만 했지, 우리나라만의 외교 역량(K-경제공동체)을 키우지 못한 탓이다. 세계가 다극 체제로 변화함에 따라 경제 파트너십을 확대하고 다각화하는 것이야말로 미-중 갈등에 휘둘리지 않고 경제 및 안보상의 균형을 유지하는 기본 토대다. 지구촌 한류와 함께 우리나라가 상생형 경제공동체를 세계에 조성할 수 있는 절호의 시기가 도래했다. 국제 사회 균형발전과 국내 양극화 문제를 동시에 해결하는 한국형 글로벌 경영, K-세계 경영의 기회다. 전 세계에 걸쳐 개발 아젠다 시장을 새롭게 창출하는 한국형 세계 경영은 선택이 아니라 필수다.

• 대중문화 한류(1st Wave) → 산업 한류(2nd Wave)

K-팝, K-드라마, K-게임 등 대중문화 K-브랜드를 넘어서려면 이 시대 국제 사회가 당면한 글로벌 이슈(기후변화, 보호무역 등)에 대해 한국식 해결 방안(K-산업 업종과 기술 활용)을 제시하는 '산업 한류 플랫폼'이 곧 소프트 파워 K-브랜드의 성장 잠재력이다. 21세기 한국의 새로운 통상 전략(수출 전략)이다.

국제 사회에 유례가 없는 신흥선진국의 경제적 성공에 대한 국제적 관심이 불러일으킨 한류의 맥락을 이해한다면 대중문화 한류를 잇는 2nd 한류는 산업 한류가 당위적 과제다. 한류는 대중문화 소비 시장에 국한되지 않는다. 경제 산업 사회 문화 제반에서 '한국(K-)을 소비'하려는 글로벌 수요가 거대한 시장을 일으키고 있다.

국제 사회에 새롭게 열리고 있는 시장이고 당연히 한국이 개발하고 선도할 신시장이다. 산업 한류(세계화 2.0)는 국제 사회 문제 해결을 선도하는 일이다. 압축성장으로 축적한 K-산업 업종과 기술을 활용해 지구촌에 산업 한류의 바람을 일으켜 후발국도 우리처럼 잘살 수 있다는 희망(제2 한국 건설)을 국제 사회에 불러일으키고 우리 국민에게는 세계에 공헌하는 긍지와 보람을 갖게 한다(한류 2.0).

• 화학적 경제통합 기반 '경제··문화의 포용적 K-제국화'

세계는 하나로 통합되고 있고 다민족 포용력(이민정책)이 필수가 되는 시대다. 포용의 힘이 제국의 키 역량이다. 다양성과 포용력이 제국의 기본 토대다. 우리나라도 국내 약자 중심 포용 정책을 넘어 세계와 우리 사회를 통합하는 글로벌 포용국가로 진화한다. 세계 분절화 시대에 경제·기술 다각화가 불가피하고 이는 경제영토 확장은 물론 미래 인재경쟁력(세계 젊은 인재 수혈), 자원경쟁력(착취형 자원개발 탈피, 공동개발)을 위해서라도 세계인을 포용하는 사회로 바꿔나가야 한다. 저출생 대책의 십분의 일이라도 사회개혁에 노력을 기울여야 하는 이유다. 이는 교육의 역할이고 교육개혁의 한 부분이다. 인구도, 경제 규모도 100배(일당백) 더 큰 세계 시장으로 눈을 돌리면 우리가 가진 자산으로 성장 기회는 무궁무진하다. 미·중 패권전쟁의 지정학적 경제 안보 위기도 K-경제공동체를 매개로 한[29] 경제동맹국의 다자연대로 상쇄한다. EU는 '화학적 결합'으로 경제공동체형 단일 내수 시장을 형성한 대표적인 사례다. 북유럽 소국들이 지속 성장하는

---

[29] 작아도 선·후발국 교량 국가로서 지경학적(Geoeconomically) 국제 허브의 세계 중심 국가

것도 모두 EU 단일 시장의 한 부분으로 역할이 차별화되어 있기 때문이다. 톱5 경제 규모면 아세안 10개국 통합 시장(인구 7억 명, GDP 3조 6,000억 달러), 톱3 경제 규모면 EU 27개국 단일 시장(인구 4억 4,700만 명, GDP 17조 2,000억 달러, 세계 무역 규모 2위 4조 3,000억 달러, 세계 구매력 평가 지수 1위)와 비교할 수 있다. 경제공동체(편승 성장형, 투자개발형, 로컬기업 GVC 편입형, 지역경제 활성화)이냐, 경제식민지(19세기 자원착취형, 상품 시장화, 제조 거점화, 무역흑자 불균형)이냐는 통상 기조에서 판가름난다.

내수 시장 확장형 K-경제공동체
(한국인구 10배 규모 5억~7억 명 단일 시장)

• 상대국 인구·자원+한국 기술·자본 간 화학적 결합
(경제공동체형 내수 시장화)

한 나라 국민의 일자리 질과 양은 그 나라의 일감이 얼마나 큰 시장을 커버하냐에 비례해 확장된다. FTA로 지리적 경제영토를 넓혀왔다면 FTA 2.0은 상대국 경제와 화학적으로 통합해 우리도 편승 성장하는 경제공동체(내수 시장 확장)로 진화한다. 세계 권역별 요충지에 위치해 있으면서 인구가 젊고(캄보디아는 평균 연령이 27세, 35세 미만이 총인구의 70%) 자원도 많아 성장 잠재력이 높은 30여 개국을 묶어 화학적으로 결합(상대국 인구와 자원+우리의 기술과 자본)된 산업 파트너십으로 K-경제공동체를 형성해 우리 인구의 10배 규모인 인구 5억(EU 27개국 4억 4,700만 명)~7억 명(아세안 10개국 7억 명)대의 단일 시장 네트워크를 구축한다. 경제의 포용적 K-제국화다. 향후 10년 간 대기업 투자 지역 중심으로 제조클러스터+인프라건설+신도시 개발사업을 결합한 국제 사업장 30여 개를 조성한다.

인구감소로 고민하는 한국에 노동력을 공급하는 확장된 경제영토다. 양국 간 자원 공유, 기술 및 운영 노하우 공유, 인력 및 문화교류 등 비교우위 교역을 10배 이상 확대한다. 인재 경쟁력, 자원경쟁력, 물류 경쟁력 모두를 확장(신남방정책 2.0)시킨다. 국내 자원이 없다고 자원 빈국이 아니다. 국제 탄소중립 중기목표의 기점인 2030년경이 되면 재생 에너지 중심으로 에너지 체제가 바뀌면서 필수적인 주요 광물들의 세계적인 공급난이 심화 된다. 광물 매장량이 풍부한 자원 부국은 자원을 경제 성장의 지렛대로 활용하고 싶어 하지만, 기술, 인프라, 자본이 부족해 한국과 같은 산업 강국과 파트너십이 필수다. 특히 우리가 자원 수입을 많이 하는 국가들과 경제공동체를 형성해 원화 결제를 늘려 달러 노출도를 줄이고 자원 수급의 안정성도 확보한다.

- **새로운 외환 균형 체제(달러 의존 축소, 원화의 국제화)**

개도국형 국제수지 흑자구조는 경제가 선진화되면서 무역수지 흑자 중심 → 상품수지 흑자 → 본원소득수지 흑자 중심의 선진국형으로 진화한다. 이는 원자재 수입에 필요한 달러 수요를 축소시키고 해외 사업장에서의 달러 소득(임금, 배당, 이자)을 늘려 새로운 외환 균형 체제를 이룬다. 경제 규모는 13위(2022년)이지만, 교역 규모(1.4조 달러 수출입)는 9위로 글로벌 달러 가치 변동 환경에 그만큼 많이 노출되어 크게 휘둘리는 경제체질이다.

원화가 글로벌 동네북 통화로 전락하고 있다. 한국 원화 변동 폭이 인도 브라질 등 개도국보다 불안한 이유는 무엇인가? 수출입의 달러 노출도에 비례해 대외 충격에 취약하기 때문이다.

한국 경제가 타국 대비 불안정성(경상수지 변동 폭)이 높은 것은 혼자서 통제할 수 없는 외생적 요인(미국 금리 동향, 우크라이나 전쟁 등)에 의한 달러 변동 폭이 과도하게 크기 때문이다. 달러의 역설인 달러 스마일 현상(미국 호황, 세계 불황 모두 달러 강세)은 원화를 상대로 가장 극적으로 나타난다. 수출 강국 한국 경제의 딜레마다. 세계에서 수출로 벌어들인 우리의 국부(달러)가 미국의 통화정책에 의해 쉽게 훼손되는 경제체질은 위험하다. 달러에 과다 노출되어 환 변동에 취약한 경제 구조를 K-경제공동체 내 상대국과[29] 원화-현지화 간 직거래 결제 시스템을 확대함으로써 체질을 바꿔나갈 수 있다.

2022년 한국의 교역 규모는 1조 4,150억 달러로 GDP 규모 4위인 프랑스 1조 4,370억 달러와 비슷하다. 2022년 한국의 수출 결제대금 가운데 원화 비중은 2.3%로 하락한 반면 미 달러화의 수출 결제 비중은 전년

---

[29] 한국과 인도네시아 간 원화-루피화 직거래 결제 시스템을 구축해 우리 기업이 달러아닌 원화로 인도네시아 희토류를 수입할 수 있게 된다

대비 1.2% 포인트 오른 85.0%로 상승했다. 달러화 결제 비중이 높은 석유제품, 화공품, 승용차 수출이 증가하면서 상승했기 때문이다. 결제통화별 수출 비중은 유로화와 엔화, 위안화가 각각 5.8%, 2.3%, 1.6%이고 수입 비중은 달러화(82.8%), 원화(6.1%), 유로화(4.8%), 엔화(3.9%), 위안화(1.7%) 순이다.

세계 교역에서 미국이 차지하는 비중은 8% 정도이지만 결제통화의 40%가 달러화다. 반면 한국은 수출의 85%, 수입의 82.8%를 달러화로 결제(2022년)한다. 달러 의존도를 줄여야 할 필요성을 절감한다면 장기적으로 무역과 외환보유고에서 달러 비중을 줄여나가야 한다. 기업과 민간이 해외에서 달러를 조달할 능력이 충분하면 외환 보유액을 굳이 많이 쌓아두지 않아도 된다.

호주는 금융의 국제화 수준과 높은 국가 신인도를 바탕으로 외환보유액을 555억 불 정도만 보유하고 있다. 원화-위안화에 이어 2024년 원화-인니 루피화 직거래가 가능해진다. 직거래가 활성화되면 거래 비용 및 환율 변동 리스크를 축소할 수 있고 양국 간 거래에서 원화 결제 비중이 높아진다.

- **K-제조산업 생태계의 범위를 국내를 넘어 글로벌로 확장(허브 & 스포크)**

WTO 붕괴·미·중 디커플링 GVC 재편·중국 저가 공세 및 글로벌 공급과잉·보호무역 등 통상 환경 변화를 순풍으로 바꿔내려면 산업공동화 우려를 넘어 우리 기업의 해외 제조 투자를 제조 강국 위상을 강화하기 위한 공급망 현지화 전략으로 봐야 한다. 중국과의 경쟁에서 한국 제조산업이 처한 실존적 위기 앞에 어떤 전략으로 지금의 제조업 기반을 지켜낼 것인가?

중국 규모의 경제에 밀려 국내에서 수축하고 있는 주력 제조산업은 다수국과 연결된 산업의 총생산량을 확대함으로써 규모의 경제를 확장한다. 우리나라의 경제 성장과 국민 일자리를 지켜온 주력산업 대부분이 대중국 경쟁우위를 잃고 있다. 반도체 정도를 제외하고는 우리 산업 대부분이 중국 제조업과 같은 시장에서 경쟁하고 있다. 석유화학, 정유, 조선, 철강, 배터리, 태양광, OLED 디스플레이 등 모두 중국 저가공세에 밀리고 있다. 첨단산업이라도 양산제조업은 규모의 경제가 성패를 좌우한다. 중국과 경쟁해서 승산이 있을까?

이미 중국산 저가 공세에 밀려 철수한 LCD, 태양광 산업에 이어 시간의 문제일 뿐 석유화학 → 정유 → 철강 → 조선 순으로 한계 상황이 오고 있다. 쓰나미처럼 밀려오는 중국산에 경공업, 중간재 부품, 소비재 제조기업도 모두 상황은 마찬가지다.

산업 연구원에 따르면 조선산업 경쟁력도 2023년 중국에 처음 역전당해 2위로 밀려났다. 연구개발 및 설계, 조달, 생산, 유지보수 및 서비스, 수요 등 5개 분야 평가에서 한국은 연구개발과 설계, 조달에서만 경쟁력 우위를 보이고, 생산과 유지보수 및 서비스, 수요 측면에선 중국의 경쟁력이 월등히 높다. 국내 생산을 고집한다면 같은 궤적을 그릴 가능성이 크다.

석유화학 산업은 이미 국내 설비 구조조정이 진행되고 있다. 석유화학은 중국 자급화에 이어 탈석유를 외치는 중동 산유국과도 경쟁하는 치킨게임에 직면해 있다. 중국의 저가 공세만큼이나 원유를 직접 생산하는 중동 정유사들이 석유화학 산업에 뛰어들면 50% 낮은 가격에 에틸렌을 생산할 수 있게 된다. 국내 NCC(나프타) 가동률이 마지노선인 70%대로 추락하고 있다.

석유화학(반·차에 이어 수출 3위 품목)이 무너지면 정유 산업도 무너진다. 공멸 위기에 처한 석유화학 업계와 정부가 구조개혁을 한다며 ① 가격 경쟁력 보완을 위한 일시적 세제 혜택, ② 공급과잉 설비해소(출혈경쟁 해소)를 위한 업체 간 통폐합식 구조조정(세제 감면 지원 등) ③ 공공 구매 확대, 인프라 비용 공동절감 유도 등 세제, 금융, 규제 완화의 미봉책만으로 해결될 일이 아니다. 시간의 문제일 뿐, 중국과 사업 영역이 겹치는 제조산업은 다 망한다고 봐야 한다. 중국이 아직 진입하지 못한 영역을 새로 개척하거나 아예 추격이 불가한 영역이 아니라면 말이다.

개별 대기업은 국내 납품 생태계를 고려하지 않고 사업 철수(예 : 삼성, LG LCD 사업 철수) 결정을 내린다. 대기업이야 경쟁력을 잃은 사업을 포기하고 유망사업으로 옮겨가면 그만이지만 산업 생태계 전체에 미치는 파장은 다차원적이다.

LCD, 태양광, 석유화학처럼 중국과의 가격 경쟁에 밀려 하나둘 사업을 포기하게 되면, 국내에서 버티다가 고사하면 ① 해당 산업 종사자 대부분은 일자리를 잃게 되고 그동안 축적해 온 숙련된 기술도 활용 기회를 잃고 사장될 수밖에 없다.

② 납품중소기업은 일감을 잃고 존폐의 기로에 선다. 규모의 경제를 떠받쳐 온 범용제품 물량이 사라지면 산업 전반(납품중소기업 포함)에 OH 코스트 압박이 작용해 협력중소기업에 빨대효과가 커진다. 양극화를 확대시키는 것이다.

③ 미래 사업 역량도 위축될 수밖에 없다. 사업고도화 명분을 내세우지만, 현실은 경쟁을 피해 축소된 시장으로 옮겨 다니다가 결국은 사업을 접는 수순으로 갈 가능성이 높다. 한국에 밀린 일본 전자업계가 전례다.

근본적 해법은 '제조산업 글로벌 파트너십 플랫폼' 사업으로 진화하는 것이다. 곧 경쟁에서 비대칭적 경쟁전략의 파트너십으로 옮겨가는 것이다. 예컨대 국내 과잉설비를 원재료 경쟁력을 갖춘 개도국(아람코 등 정유기업)에 지분을 넘기고 우리는 코치로 변신해 축적된 기술과 공장 운영 노하우를 지식서비스로 제공하는 것이다. 국내에서 사양산업으로 취급받는 일부 전통산업도 '사업 투자형+투자 개발형(기획제안 융합형)+산업 생태계 확장형' 사업 모델로 전환해 업종과 기술인재를 살릴 수 있다.

일례로 국내 석탄 발전 시장은 내리막이지만 해외 석탄 발전소 운영·유지보수(O&M) 사업은 확대할 수 있다. 원전이나 신재생을 할 수 없는 개발도상국이나 저개발국에서는 여전히 석탄 발전을 선호한다. 한전 산업

개발은 베트남 꽝짝에 들어서는 석탄화력발전소에 터빈과 보일러 등 주설비(탈황설비 포함) 시운전 사업 진출을 타진하고 있다. 주요 기기 유지보수에 대한 오랜 경험이 있기 때문이다.

더 늦기 전에 산업 생태계를 글로벌로 확장해 경쟁력을 회복시켜야 그 기반 위에서 국내는 고부가가치 제품 중심으로 옮겨갈 수 있다. 인력, 원자재, 수출입 물류비 등 국내에서 경쟁력 유지가 불가한 한계 업종에 대한 출구가 필요하다. 중화학공업 분야 범용제품 설비는 재배치(현지 기업 인수나 신규 공장 설립 형식)가 시급하다.

중국 저가 공세에 밀려 국내 생산력을 줄이며 쇠퇴하고 있는 전통산업은 오히려 해외 투자를 늘리면 국내 관련 산업 생태계가 살아날 기회를 얻을 수 있다. 예컨대 대미 투자로 미국에 진출한 한국 기업(현지 법인)은 한국에서 약 61.4%의 부품을 조달한다. 또한 해외 투자는 필연적으로 투자국에 서비스 수출(생산형 서비스) 등을 동반한다. 투자로 늘어나는 일자리가 현지에만 국한되지 않고 국내에도 생겨난다는 뜻이다.

사업을 철수하면 공급망 안정에도 불리하다. 국내 TV 업체들은 중국 LCD에 대한 의존도가 높아져 경쟁력 저하가 우려된다. 중국이 가격 통제권을 쥐고 단가인상 등을 추진하게 되면 수익성 악화 등 공급에 휘둘려서다. 보호주의 강화 및 GVC 재편 시대는 자국에서만 생산하는 것이 아니라 글로벌하게 생산 요소가 분산된 탄력적인 글로벌 가치사슬을 갖춘

나라가 대응에 더 유리하다.

GVC 재편에 부응하고 편승해 K-산업 생태계(납품중소기업 클러스터와 관련 인프라 전체)의 범위를 국내를 넘어 '글로벌 생태계'로 확장(글로벌 허브-한국 & 권역별 스포크)함으로써 국제 사회가 우리 산업을 견인하는 구조로 바꿔낸다. 관련 제품생산의 모든 공정을 지역 내에서 소화할 수 있도록 '권역별 생태계(부품-완제품 현지 일괄 생산 체제)'를 구축한다[30]. '글로벌 생산능력 점유율' 확장으로 대중 열위에 있는 규모의 경제를 더 키워 원가 경쟁력도 보완한다.

중국 규모의 경제에 밀려나는[31] 전통산업이 살길도 산업 생태계를 글로벌 생태계로 확장하는 데 있다. 국내 경쟁력 유지 관점을 넘어 글로벌 생태계 관점의 경쟁력을 재편성하는 것이다.

중국 제조 쓰나미는 자본재 중심인 독일 제조업에도 위협적이지만 70% 범용성 중간재 중심 한국 제조업은 지금이 실존적 생존 위기다. 중국이 주도하는 산업 공급망에서 하위 종속 국가가 되지 않으려면 중국

---

[30] 조선업을 예로 들면 지난 10년간(2014~2024년) 세계 조선 시장은 66% 성장했지만, 한국 조선업의 세계 점유율은 30%에서 17%로 급감, 2024년 수주호황으로 국내 가용한 조선소 독이 꽉 찬 상황에서 해외 공급 능력을 키우지 않으면 주도권 유지 불가

[31] 철강산업 조강능력은 2014년(정점) 7,100만 톤, 조선산업 건조량은 2017년(정점) 1,400만 CGT, 자동차 국내 생산은 2011년(정점) 460만 대, 석화산업 공급력은 2018년(정점) 5,000만 톤으로 각각 정점을 찍은 후 중국 저가공세에 밀리며 수축하고 있다. 한국 제조산업의 본질은 양산제조로 양산 규모를 잃으면 근간이 흔들린다. 산업별 생태계내 납품중소기업들이 공급력을 유지할 수 없게 된다. 국가 경제 전체가 수축되고 생산성이 악화되는 근본이 여기에 있다.

공급망에 대응해 한국이 주도해 세계 진영 공급망을 구축하는 주체가 되어야 한다.

우리 주력산업의 글로벌 생태계는 경제공동체로 나아가는 기본 토대다. 미·중 디커플링, 기후변화 대응, 보호무역 강화로 GVC 재편이 일어나고 있다. 통상 국가인 한국은 리쇼어링이 아닌 오프쇼어링의 역발상으로 공급망 위기를 기회로 바꿔낼 수 있다. 산업 생태계의 글로벌화는 통상환경 변화에 대응한 ① 지정학적 산업 재배치 전략이다. 한국 중심 산업 생태계를 세계 권역별로 구축함으로써 전통산업의 경쟁력을 강화한다.

② 공급망 안정도 자국에서만 생산하는 것이 아니라 세계에 걸쳐 생산요소가 분산된 탄력적인 글로벌 가치사슬을 구축하는 것이 유리하다. 탄소중립 시대에 원가 절감과 공급망 안정을 위해서는 주력 시장과 원재료 생산지 중심으로 제조 생태계(공급망 밸류체인)를 구축하는 것이 필수다. 국내 중심의 공급망을 고집해서는 경쟁력을 잃는다. 예컨대 현대차는 니켈을 직접 확보해 원가 절감과 공급 안전망을 동시에 달성할 수 있도록 인도네시아에 전기차 밸류체인 완성을 추진하고 있다. 현대차 공급을 위해 LX 인터내셔널은 현지 니켈 광산 경영권을 확보하고 포스코홀딩스는 니켈 제련 공장을 현지에 짓고 있다. 대표적 중화학공업인 철강과 석유화학 등 기간산업도 대거 인도네시아에 진출하고 있다.

③ 한국 허브 & 권역별 스포크 전략으로 제조업의 지식서비스산업화다. 즉 양산제조업(장사)을 R&D 중심 지식기반(코칭)산업으로 업그레이드

시키는 일이다. 자동차, 이차전지 등 우리 대기업들이 해외에 투자하면 현지에 K-산업 생태계를 구축하게 되어 현지 시장 공략을 확대함과 동시에 상대국의 제조업 역량을 끌어올리는 윈윈 효과를 낸다. 상대국이 한국 기업 진출을 선호는 이유도 K-제조업의 생태계(부품부터 완제품까지)가 자국에 이식되기를 바라기 때문이다. 세계 권역별 K-제조업 생태계 구축에 국내 21만 개 공장의 과잉 유휴설비 일부를 활용하면 국내 과밀·과당경쟁 해소에도 숨통이 트인다.

일례로 삼성중공업은 이집트 수에즈 운하 인근에 조선소 건설사업 1조 8,000억 원대 프로젝트에 입찰했다. 대우조선해양은 오만에 중동 지역 최초 수리 조선소를 세웠다. 현대중공업은 사우디아라비아 조선 사업 육성에 참여해줄 것을 요청받고 있다.

한화는 미국 필리 조선소를 1억 달러에 인수한다. 이들을 조선산업 생태계 확장 기회로 활용할 수 있다. 해외 조선소가 늘어나면 국내는 과거와 달리 엔진 제조, 특수성 건조, 선박 개조 등으로 사업 고도화와 다각화에 집중할 수 있다. 우크라이나 재건 사업에 가장 수요가 많을, 철강도 로컬 철강기업 지분에 참여해 조강 역량을 업그레이드해서 우크라이나를 K-철강산업 생태계에 편입시킬 기회다. 한국과 아랍에미리트 원전산업 파트너십은 제3국 원전 공동진출 협력의 첫 대상으로 영국을 공략하고 있다. 한국전력공사가 시공을 맡고 UAE가 자금을 조달하는 구조다. 최근 PPP 트랜드는 발주처가 건설 비용을 대지 않고 한전 등 원전 기업이 건설 및 운영(운영권을 통해 투입 자금을 회수)을 책임지는 구조이기 때문에 자금 조달이 핵심 요인이다.

이와 같이 중동에 개발사업 성공 사례를 하나 만들면 여타 중동 국가들이 돈을 대고 한국이 시공을 맡는 협업 모델을 확산시킬 수 있다. 탈석유 경제를 지향하는 중동 오일머니와 한국 산업기술의 결합이다. 이처럼 '한국과 미국 기술의 결합', '한국과 동유럽 교두보의 결합', '한국과 브라질 자원의 결합', '한국과 동남아 인력 간 분업식 결합', '한국과 중국 시장의 결합' 등이 가능하다. FTA를 경제공동체로 진화시키는 기회다.

- **국내 대학의 글로벌 대학(Outward Inward) 비전**
  - 글로벌 대기업과 대학 간 협업으로 우수 인재 유치

산업별 글로벌 생태계를 리드하는 국내 대기업들(삼성, 현대, LG, SK 등)의 ① 해외 법인(Spoke)에 근무하는 우수 현지 인력을 국내 본사(허브) 근무 기회를 부여함으로써 인재 유치 창구가 될 수 있다. 자동차 석유화학 철강 조선 반도체 배터리 등 ② [Inward] 우리 산업 생태계를 해외에 조성하려면 현지 엔지니어 조달이 필수이고 현지 청년 인력도 일자리 기회에 반응해 한국 대학의 자동차학 반도체학 철강학 조선학 과정을 이수하기 위해 본사가 있는 한국으로 몰려들 수밖에 없다. ③ [Outward] 한편 국내 대학이 해외에 진출하는 대기업과 함께 진출해 해외 캠퍼스(현지 대학과 협업도 가능)를 오픈하고 기업이 필요로 하는 기술 인력을 현지에서 양성해 공급할 수도 있다. 우리나라와 경제 수준 차이가 현격한 신흥국으로부터 우수 인재를 선별해 국내 이주 인센티브를 제공하는 등 우리 대기업과 대학의 연계가 이민 스크린 창구가 될 수 있다. 잠재 이민자에게 한국 적응에 필요한 사전 교육 기능도 포함된다.

한국 내수 시장의 확장으로 개발되는 K-경제특구[32]

우리나라가 G5 경제 규모로 도약하려면 무역 규모가 지금의 2배인 2조 달러 이상으로 늘어야 하는데 기존 주력 수출 상품과 수출 시장(수출 90%를 의존하는 아시아, 북미, 유럽)만으로는 명백한 한계다. 상대국과 장기적 개발이익을 공유하는 기본 토대가 K-경제특구다. 권역별 산업 생태계(클러스터)가 위치한 거점지역은 제2 K-산업도시로 개발되어 우리 기업과 국민의 경제영토로 발전한다. 제3국과의 화학적 경제통합을 이루기 위한 실질적 레버리지가 한국 주력산업의 글로벌 공급망(GVC) 곧 글로벌 생태계에 상대국을 편입시키는 것이다.

경제특구는 우리에게는 현지 진출 교두보이고 상대국에는 경제 허브 도시이자 국제 도시다. 신남방정책의 3P 원칙(인적 교류, 공동 번영, 평화 연대)이 물리적으로 구현된 것이 경제특구다. 한류에 편승해 내수 산업 전 부문을 해외로 진출시키는 플랫폼이 경제특구다. 경제특구는 현지 시장을 내수

---

[32] 한국 내수 시장의 확장으로 개발되는 특구는 양국 간 쌍무협정으로 세제 규제 비자 등에서 특혜 조건을 확보한다. EU 단일 시장과 같이 경제공동체형 시장으로 개발된다.

시장화하고 국내로 글로벌 집접 효과(국제 사회 돈과 인재가 모여드는)를 불러일으키도록 국제 사회와의 연결성을 극대화(FTA 2.0, 신남방정책 2.0)시키는 기제다. 이제 역내 포괄적 경제동반자 협정 RCEP, 양국 간 자유무역협정 등 일반적 경제협정을 넘어 쌍무협정 성격의 조약을 체결해 정권 교체와 상관없이 진출기업을 보호한다. 특구로 그란트를 받아내야 국내 기업 진출도 수월해진다. 안보 위기를 군사동맹으로 극복했다면 경제위기도 경제(기술)동맹으로 극복한다. 세계 최고의 저출산·고령화에 봉착한 대한민국의 생존 돌파구이자 소국이 중추 국가GPS 위상(GPS 비전과 국제 포지셔닝 전략 참고)을 확보하는 다자연대의 기본 토대다. 선진국에 진입한 한국은 인구 고령화와 자원 부재에 따른 경제안보를 위해 상품 시장으로서의 경제영토뿐만 아니라 ① 자본 투자처로서의 경제영토, ② 안정된 원자재 공급망으로서의 경제영토, ③ 고령화되는 인구 구조변화의 충격을 완화할 경제공동체(K-경제특구) 건설이 시급하다.

- 국제 개발 협력 플랫폼으로
  '산업도시·신도시(첨단 미래도시) 플랫폼' 선점

사우디아라비아 네옴시티, 쿠웨이트 압둘라 스마트시티, UAE 탄소제로 마스다르시티, 이라크 비스마야 시티, 인도네시아 수도 이전 누산트라 신도시, 베트남 박닌성 동남 신도시 등 중동, 동남아를 위시해 개도국은 도시화율을 높이고 경제 발전의 원동력이 될 '산업도시'를 조성하는 데 집중하고 있다.

반면, 성장 정체에 빠진 선진국은 쇠퇴한 전통 산업도시의 도심 재개발, 비싼 지가와 과밀로 인한 도시 경쟁력 저하 문제해결, 그리고 자율주행 및 탄소중립 등 미래 도시환경 구현에 있어서 기존 전통 도시가 가진 한계를 극복하고 지역을 활성화시키기 위해 미래형 첨단 '신도시'를 비롯한 혁신적인 도시 개발에 박차를 가하고 있다. 새로운 경제 활력 및 기술 혁신 중심지를 창출하기 위한 목적으로 신도시 건설, 구도시 재생사업 등 도시 개발 수요가 세계 전역에서 급증하고 있는 배경이다.

새로운 도시들은 경제적 기회를 창출하고 인구 과밀 해소를 목표로 지역별 경제 특성에 맞는 산업을 중심으로 자급자족이 가능하도록 설계한다. 단순히 주거단지를 건설하는 게 아니라 일자리를 제공하는 미래산업 클러스터의 업무단지(지식산업)를 중심으로 주거·교육·문화공간이 균형 있게 배치되고 첨단미래 도시 시스템(자율주행, UAM 등 미래 이동 기술 반영)으로 운영되는 신도시다.

단순히 돈을 쏟아붓는 소비형 도시가 아니라 고부가가치를 창출하는 신도시를 건설해야 한다. 실리콘밸리와 같은 기술 혁신도시, 홍콩 같은 금융·물류 등 국제 허브를 지향한다. AI 등 미래 첨단 신기술을 도시에 구현한 스마트시티를 지향한다. 현재 도요타의 AI 시티로 불리는 우븐시티, 일론 머스크, 링크드인 창업자 등 미국 억만장자들의 테크 신도시 등 다양한 미래도시 실험이 진행 중이다.

트럼프 2기 정부도 미국 내 새로운 경제 및 기술 중심지를 창출하기 위해 주로 중서부 및 남부 지역 연방정부가 소유한 토지를 활용해 미래 첨단 신도시 뉴시티 10곳 이상을 건설하겠다는 구상이다. 특히 낙후된 산업지역(러스트벨트)을 재생시키려면 전통산업을 업그레이드할 수 있는 생산성 기술과 스마트시티 기술이 결합되어야 가능하다.

한국은 전통산업 부문에서 세계 최고 수준의 생산성 노하우를 가진 글로벌 대기업과 스마트시티에 필요한 다양한 업종과 기술 융합에 최적화된 '건설사+종합상사+ICT 기술기업' 포트폴리오를 보유하고 있다. 게다가 지역별 특화산업을 중심으로 산업도시(제조 강국)를 개발해온 경험, 여타 선진국과 달리 최근까지도 지방에 혁신도시, 수도권에 1기, 2기, 3기로 이어지는 신도시(ICT 강국) 개발에 따른 도시 인프라 업그레이드 경험과 노하우가 축적되어 있다.

신도시 사업은 다양한 업종과 기술의 융합, 전통 아날로그 시공 기술과 첨단 디지털 기술 간 융합이 요구되는 사업이다. 문어발 관계사를 보유한 한국 대기업이 최적의 역량을 보유하고 있다. 미래형 첨단 신도시 사업은 미국 빅테크들도 관심이 큰바 이들과 협업해 세계 신도시 플랫폼을 한국이 선도할 수 있다. 텍사스주 '삼성 하이웨이', 테네시주 'LG 하이웨이', 조지아주 'SK블러바드(SK Blvd.)', 앨라배마주 '현대 블러바드(Hyundai Blvd.)' 등 한국 대기업이 투자한 지역 인근 도로명에 우리나라 대기업 이름이 붙어 있다.

이는 모두 '삼성시티', '현대시티', 'LG시티', 'SK시티'로 개발할 수 있다. 국내에서 일감을 못 찾아 고사하고 있는 중견 중소 건설사 모두를 살릴 수 있는 길이 신도시 건설이다. 신도시는 진출 산업을 기반으로 하는 산업도시로 출발하지만, 그 나라에서 가장 살기 좋은 미래형 도시로 기획하고 설계한다면 지역 사회에 큰 큰 호응을 얻을 수 있다. 현대, 삼성, SK, LG 등 미국에 투자하는 수십조 원 대 우리 기업의 투자금이 현지 공장 건설에만 쓰여서는 안 된다. 미국으로 옮겨간 우리 국부와 기업의 미래이익을 보호하기 위한 통상 플랫폼이 필요하다.

신흥국들은 공통으로 빠르게 성장하는 디지털산업(GDP 30%)과 도시화 확장이 성장동력이다. 각국에서 우리나라 대기업이 투자한 거점지역을 중심으로 그 나라에서 "가장 살기 좋은 산업도시, 미래형 신도시"를 한국이 건설해 준다는 비전을 그 나라 국민에게 제시한다. 우리의 앞선 디지털 기술과 도시화 경험을 종합적으로 활용해 경제개발을 지원하는 산업 파트너십 기반(양국 간 연결성 극대화)의 복합사업을 기획하면 상대국 성장에 편승할 수 있다. 기술 발전은 그 다양한 기술을 활용하는 사업 현장을 만들 때 그 속도가 배가된다. 신도시 사업은 다양한 업종과 기술로 승부하는 세계 최고의 복합사업 플랫폼이자 국가 종합개발사업(국제 사회 제2, 제3 한국 경제개발 신화 확산)이다. 탈경쟁의 편승 성장형 비대칭 경쟁전략이다(《킹핀 이후 : 산업 2.0시대의 대한민국》, '경제공동체형 K-경제특구 사업 실제' 참고).

3. [미래 한국] 신성장이 가져올 2030 대한민국은 이미 오고 있다

- **실효적 GPS(G3 수준 국제영향력),**
  K-경제공동체를 매개로 한 다자연대 국제 허브

K-경제특구 사업이 궤도에 오르면 우리나라는 ① 수출 강국에서 국제 개발 협력 플랫폼 국가로, ② 제조 강국에서 문화강국으로, ③ 미·중 사이에 낀 동북아 샌드위치에서 글로벌 산업 수도 역할을 하는 세계 중심 국가, 글로벌 중추 국가로 자리매김한다. 세계 K-경제공동체를 매개로 한 다자연대 국제 허브로 도약하는 것이다.

대한민국은 국제 사회에 ① 제조 지식 허브(세계 K-제조업 벨트), ② 개발 금융 허브(개발 기획 투자), ③ 기술혁신 허브(스마트산업 테스트베드, 앞선 ICT 인프라와 트렌드 선도 소비자를 활용한 신기술 테스트 마켓), ④ 문화강국(디지털 문화혁명의 리더), ⑤ 테마관광 대국(1억 명 유동 인구)으로 브랜딩된다. K-경제특구 개발사업은 한국이 취할 수 있는 비대칭적 경쟁전략 기반의 통상 모델이자 비유기적 편승 성장형 신성장 해법이다. 미·중 간 지정학적 리스크를 헤징할 수 있는 지경학적 다자연대 전략이기도 하다.

- **[일자리 해법 2.0] AI 대전환, 저출생·고령화, 기후변화,**
  지식산업 시대

미래 한국은 국제 허브화, 전 국토의 공원화, 전 국민의 연구원화로 변모한다. 최근 전국에 국가 정원, 지방 정원 조성 바람이 불고 있다. 기후 변화, 저출산 고령화 시대를 맞아 공장 국가(이산화탄소 배출량 2021년 기준 전 세계 7위, 1인당 배출량 세계 1위)에서 벗어나 삼천리 금수강산을 회복하고 세계 최고 고학력 지식사회답게 전 국민 연구원 체제의 지식 기반 일자리 환경으로 전환한다.

역설적으로 인구감소에 따른 지역 소멸도 생태 친화적 국토 복원의 기회로 삼을 때 새로운 인구 유입 기회도 생겨난다. 수도권은 이미 4만 개 이상의 기업부설 연구소가 들어서 거대한 연구 허브로 변모하고 있다. 지식산업센터가 확대되고 연구개발직 인력 수요가 급증하고 있다. 우리 국민은 이제 배를 직접 만드는 데 쓸 시간을 어떻게 더 좋은 배를 만들까 연구하는 데 쓰는 글로벌연구소의 연구원이다.

• [탄소중립 2.0] 기후변화 대응

한국은 스코프 1(직접배출), 스코프 2(전력 사용 등 간접배출)를 합하면 산업 부문이 탄소배출의 60% 이상을 차지한다. 재생 에너지로의 전환도 중요하지만, 에너지 절대 사용량 감축이 탄소중립의 키다. 고탄소 의존 산업구조를 친환경 지식서비스로 전환시키는 것이 곧 기후 기후 대응 최우선 과제다. 한국이 탄소중립을 새로운 경제 성장의 모멘텀으로 삼는 길은 친환경 기술 경쟁우위 확보로 제조경쟁력을 유지하는 차원을 넘어 과도한 화석의존형 국내 수출설비를 글로벌로 재배치하면서 글로벌 산업 수도 역할을 하는 지식서비스 국제 허브로 진화하는 데 있다.

• **가장 현실적인 저출산 고령화 대응 인구 대책**

한국은 이미 인구구조상 출산 장려 정책만으로는 늦었다. 저출산 문제는 장기적 과제이지만 인구구조 변화가 초래할 충격은 당장 '관리'해야 할 문제다. 2025년이면 65세 이상 인구가 25%를 넘는 초고령 사회가 된다. 2000년 이후 출생 세대가 지금의 재정지출 구조를 감당하려면 소득의 40%를 부담해야 한다(전영준 교수). 50~60년대생의 조세부담률 10~15%에 비하면 세대 간 전가가 심각하다.

기후위기를 초래하는 근본은 무엇인가? 국제 사회가 기후 문제를 본격적으로 이슈화하기 시작한 시점은 세계 인구가 대략 70억을 넘어섰을 때부터다.

기후위기는 세계 80억 인구를 부양하기 위한 자원개발과 소비가 지구 행성의 자정 능력을 초과하는 임계점 현상이다. 지금, 이 순간도 세계 인구(매일 18만 명씩 증가, 10여 년 만에 70억 명에서 80억 명으로 늘어남)는 계속 늘고 있고, 기후위기는 지구촌 모두에게 미치고, 어느 한 국가의 노력만으로 피해 갈 수 없는 재앙이다.

우리는 지금 저출생을 국가 위기로 보고 출산율을 올리려고 혈안이 되어 있다. 지구촌 인구과잉(지구촌 난민 문제도 같은 뿌리)으로 초래된 기후위기의 근본을 본다면 저출생 대책 곧 자국민 인구 증가 대책은 모순이다.

[저출생 대책 2.0] 저출생 인구문제를 세계 속의 한국(세계 경제와 화학적 통합)으로 풀어내는 정책 대전환이다. K-경제공동체는 세계 최고의 저출산·고령화에 봉착한 소국 대한민국의 돌파구다. 저출생 대책을 지구적 관점

에서 본다면 출생율 제고에만 집중할 것이 아니라 ① 인구수 늘리기에 앞서 기존 유휴 인구 활용(시니어층, 여성 등) 정책, ② 세계 젊은 인구를 포용하는 이민정책에 주목해야 한다. ③ 더욱이 저출생 자체에 집중(출산에 직접 영향을 주려는 단기적 정책)하면 풀기 어렵다. 초저출산의 근본인 초경쟁 사회화된 사회환경(국내 과밀·과당경쟁 구조)을 먼저 바꿔나가야 한다. 과당경쟁을 해소하기 위해서는 무엇보다 양질 일자리의 기회 총량을 늘릴 수 있도록 국가 차원의 베이스캠프를 업그레이드해야 한다. 출산 친화적으로 사회환경을 바꾸는 데는 장기적 관점이 요구된다.

[인바운드] 구조적 내수 침체, 글로벌 집적효과 기반 내수경제로 구조개혁

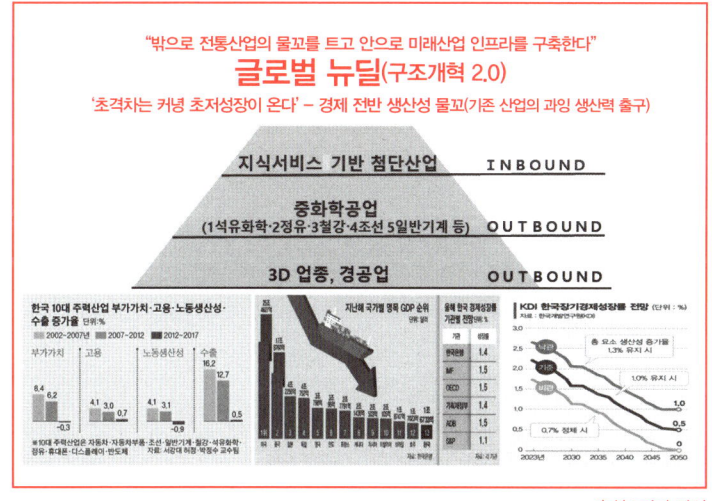

출처 : 저자 작성

1. 내수 개혁 최우선 과제, 압축성장 최대 후유증 과밀·과잉 경쟁 구조

노동 교육 연금 등 다양한 분야에 구조개혁과제가 있지만, 국민 삶의 질을 결정짓는 소득과 일자리의 기본 토대인 산업개혁이 최고 업스트림 개혁과제다. 노동 개혁도 그 본질은 고용의 질 곧 국민 일자리의 질을 개선하는 것이다. 이는 국내에서 경쟁력을 잃고 있고, 국민이 기피하는 중화학공업과 3D 업종을 재배치하는 출구전략에서부터 시작된다. 특히 대기업과 중소기업(납품업체) 간, 정규직과 비정규직 간 임금 격차가 사회 양극화의 근본이다. 이는 '상품 제조·수출형 수직적 산업 구조'를 바꾸지 않고서는 해소할 수 없다.

미국은 1,200만 대 완성차 생산에 5,600개 차 부품기업이 있고 한국은 400만 대 미만 생산에 4,800개 부품중소기업이 있다. 자동차 생산량은 미국의 1/3인데 부품업체 수는 미국과 별반 차이가 없다. 우리나라 기업 수가 300만 개(중소기업부 자료, 소상공인 사업체 수 274만 개)인데 경제 규모가 우리의 3배인 일본과 유사하다. 기업 수로만 보면 우리 기업의 평균 규모가 일본기업의 1/3밖에 안 된다.

공급력 과잉→과당경쟁 유발 → 생산성 저하 → 초저성장 단계 진입(제로섬게임 사회)

지난 50여 년간 수출주도 압축성장으로 국내에 급격하게 늘려온 생산 캐파가 수출이 줄어들면서 문제가 되고 있다. 수출설비가 대안을 찾지 못해 내수로 몰리면서 공급력 과잉을 초래하고 이들 과잉 공급력을 시장 자율적 구조조정에 맡겨두면 내수 시장 규모에 맞게 생산력이 축소된 우리 경제는 '초 저성장 단계'로 추락할 수밖에 없다. 공급력 과잉이 과당경쟁을 유발해 생산성 저하(OECD 최하위 수준)를 초래하고 저생산성이 현금흐름으로 나타난 결과가 최근의 부채 급증(GDP 대비 세계 3위)이다. 압축성장에 성공했지만, 부작용 또한 압축적으로 경험하고 있는 것이다. 압축성장은 제조업뿐만 아니라 사회 전반에 과밀구조를 형성해 과밀이 과당경쟁을 초래해 저출생, 자살률, 노인빈곤율 등 OECD 사회 악성 지표 1위 항목(삶의 만족도 38국 중 34위)을 매년 갱신(한국병)하며 삶의 질을 떨어뜨리고 있다.

좁은 내수 우물 안에서의 과당경쟁이 규제 공화국을 낳았다. 규제를 풀어 신사업이 성장해도 시장 자체가 커지기보다는 내수 시장에서는 어떤 영역이라도 영세 자영업자 파이를 빼앗아 가는 형국이다. 자영업, 소상공인 비중이 1/4인 나라의 딜레마다.

저성장을 규제 탓, 정부 탓, 정치 탓으로 돌리기 쉽지만, 태생적 환경이 근본이다. 제한된 국내 시장에 세계 최고의 과밀 기업구조가 규제 공화국의 배경이다. 한국 안에서만 살아남고자 하니 규제가 문제가 된다. 세계 시장으로 나가면 문제가 되지 않는다.

한국의 규제는 한국 안에만 있는데 모두 규제 핑계를 댄다. 작은 내수 시장에 매달리지 말고 세계로 나가야 한다. 인구가 줄면 과당경쟁도 자연적으로 해소될 것 같지만 현실은 반대다. 20대 고용률이 2008년 60% 이하(남 59.4%, 여 59.3%, 취업자 수 395만 명)로 떨어진 이래 청년 인구가 감소하는

데도 고용률(2023년 취업자 수 374만 명, 남 58.3%, 여 63.4%)은 더 떨어지고 있다. 저성장으로 전체 파이가 줄어들기 때문에 경쟁은 더 치열해지고 불평등 구조는 악화된다. 지식사회(고학력, 가치관 변화)의 국민 삶의 질에 대한 기준은 더 빨리 높아지기 때문이다. 주택 총량은 인구 대비 남아돌고 있지만, 양질의 주택(아파트, 1인 가구 트랜드) 공급은 수요 대비 부족하다. 양질의 일자리 수요도 더 빠르게 늘어난다.

격화되는 경쟁에 비례해 출산 조건도 더 높아질 수밖에 없다. 온갖 저출생 대책에도 출생률이 계속 떨어지는 이유다. "당장 태어나는 아기(출생아 중심 정책) 숫자 하나하나에 일희일비하지 말고 10년 뒤 아이를 충분히 나을 수 있는 환경(부모 중심 정책)을 조성해야 한다(조영태 교수)"라고 주장한 바 있는데 옳은 지적이다. 더욱이 국토 대비 한국의 인구 밀도는 선진국의 20배 수준이다. OECD 압도적 1위다. 일본의 1.5배 프랑스의 2.3배다. 인구 과밀로 인한 환경오염, 자원 부족, 과당경쟁은 지속가능성과 상충되지 않나? 인구감소로 인해 지속가능성이 위협(국가소멸)받는 만큼 인구 과밀로 인한 위협도 임계점(출혈경쟁)을 넘고 있다. 한국의 지속 가능 딜레마다. 적정인구 밀도를 고민할 때다.

소득과 일자리의 기본 토대는 산업개혁이다. 노동, 교육, 연금 개혁은 저성장의 결과다. '일자리 질'을 개선하려면 '산업 구조조정'을 촉진해야 하고 이를 위해서는 기존 국내 설비에 대한 출구가 필요하다. 특히 초저성장의 근본 원인이 되는 경제 수축기 공급 과잉력 해소를 위한 '과밀구조' 개혁이 최우선 개혁과제다.

글로벌 시장에서 초격차 경쟁우위를 추구하는 한국 경제는 초격차를 이루기는커녕 초저성장 단계에 진입하고 있다. '팽창한 것은 반드시 수축한다.' 상품 제조수출형 산업 모델로 팽창한 한국 경제는 수축 과정의 산업 전환기에 있다.

최근 1~2% 성장도 늘어나는 부채를 감안하면 진짜 성장이 아니다. 부채 성격이 투자성이라기보다 버티기를 위한 비용성이 대세이기 때문이다. 탄소 의존도가 높은 산업 구조는 신재생에너지 전환 투자로 인한 플러스 성장보다 마이너스 성장(한은 연간 0.6% 마이너스 성장 전망)으로 작용할 동력이 더 크다.

특히 부·울·경 동남권 GRDP에서 석유화학 조선 등 고탄소 산업 비중은 41%대(국가 전체 GDP 대비는 17.6%, 미국 10% 안팎, 독일 12%, 일본 15%)이다. CCU 등 탄소중립 기술의 발전 속도보다 배출권 구입 부담(한국 산업용 전기요금이 유럽의 1/2배 수준 현실화 시 원가 경쟁력 부메랑) 등 기존 산업의 경쟁력 하락 속도가 더 빠르다.

공급과잉은 제조업뿐만이 아니다. 사용자 대비 과밀 대학, 과밀 공항(국내 공항 15곳 중 10곳이 만성 적자 상태이고 이들의 평균 활주로 활용률은 4.5%에 불과) 등 내수용 인프라 서비스업은 전 분야가 과밀구조다.

일례로 건축업계는 과당경쟁으로 설계비가 20년 전 수준에 머물러 있다. 입학생이 없어 소멸 위기에 처한 다수 지방 대학은 어떤가? 내수 중심의 서비스업은 전 분야가 과밀구조다. 과밀이 과잉 경쟁을 낳고 생태계를 영세화시키고 있다. 곧 상품 제조수출형 산업 구조 → 수출축소 → 국내 공급력 과잉 → 과당경쟁 초래 → 시장 자율 구조조정(도태) → 경제 전반 생산성 저하 → 부채로 연명(부채 증가 속도 세계 1위)으로 이어진다.

고금리에도 불구하고 부채가 줄어들기는커녕 가계 1,800조 원, 기업 2,700조 원, 정부 1,100조 원 모두 늘어나고 증가 속도 또한 국제 사회(IIF 국제금융협회) 최상위권이다.

특히 기업부채 비율은 121.4%(2023년 6월 기준)로 외환위기(113.6%) 때보다도 높다. 부실기업 부채는 최근 5년간 연평균 24%(금융연구원)씩 증가해 상장사 17.5%가 한계기업이다. 지방소재 중소기업이 자금난으로 한국은행에 요청(2023년 9월)한 저금리 대출만 사상 최대 41조 원에 달한다. 시장에서는 이미 2009년 금융위기 때 보다 4배나 많은 기업과 자영업자들이 폐업하고 있다. 고금리 기조하에 코로나 저리 대출로 가려져 있던 부실기업들의 줄도산 줄폐업이 진행되고 있는 것이다. 이미 지방소재 대다수 중소기업은 저생산성 사업체를 부채로 연명하면서 지역경제의 기반이 되기는커녕 각종 정책자금, 보조금 등 밑 빠진 독으로 전락하고, 양질의 일자리는커녕 외노자로 버티고 있다. 압축성장으로 형성된 국내 과밀 경쟁구조를 해소하는 것이 모든 사회 문제해결의 물꼬를 트는 일이다.

특히 중소기업의 가동률 저하에 따른 국내 잉여 유휴설비를 해외로 이전해 활용하는 측면도 있지만, 국내에서 출혈경쟁을 초래하는 과다한 중소기업 일부를 밖으로 내보내 과밀구조를 해소하는 기회이기도 하다. 너무 많은 영세 중소기업이 국내에 발이 묶여 있다. 정부의 산업정책이라는 것이 미래 성장동력의 근원이 되는 R&D, 신산업, 중소기업, 에너지 예산편성 및 규제개혁 등 간접적인 역할에 그친다면 초저성장은 피할 수 없다. 과잉 생산력을 받아줄 국가 차원의 구조개혁 출구를 직접 만들어내는 산업정책이 필요하고 이는 정부에 기업가 정신 발휘를 요구한다.

우리 사회는 과밀로 인한 각종 사회 문제를 국내에서 해결하려다 제로섬 게임, 네거티브섬 게임에 빠져 있다. 예컨대 국가경쟁력을 결정하는 가장 중요한 요소는 산업 경쟁력이다. 국가가 아무리 안정적으로 운영된다 해도 그 나라에 세계적으로 발달된 산업이 없으면 아무도 그 나라가 잘 나간다고 생각하지 않는다. 산업 경쟁력의 핵심은 클러스터다. 관련 기업들이 한 지역에 몰려 있을 때 인재와 기술이 한 곳으로 모이는 '집적효과'가 일어나 시너지를 낸다. 인프라가 확장되고 기업 간 거리가 가까워 물류비도 절약된다. 뉴욕의 금융시장, 실리콘밸리의 인터넷 산업, 헐리우드의 영화산업, 라스베가스 엔터테인먼트산업 등이 세계적인 경쟁력을 갖고 관련 산업을 지배하는 이유다.

한국의 인터넷 산업 중심지는 테헤란로와 판교다. 하지만 한국인터넷진흥원은 전남 나주에 있다. 한국의 금융중심지는 여의도다. 하지만 한국거래소는 부산에 있다. 전국 15개 시·도에 무려 30여 개(2024년 기준) 바이오클러스터가 조성되고 있다. 지역 균형발전을 위해서다. 이는 명백하게 산업 경쟁력과 국가 경쟁력 측면에서 분명 저해되는 방향이다. 자칫 우물 안 '지역 균형발전론', '동반성장·공정성장담론'이 개방형 통상 국가의 국가 단위 경쟁력을 떨어뜨릴 수도 있다. 내치가 정책 실효는 내지 못하면서 정치의 역기능인 정쟁만 키우고 사회 갈등을 증폭시키는 이유다. 포지티브섬 경제 운영으로 전환해야 한다. 그 길은 대외전략과 연계한 동반성장에 있다.

• 내수 한계 극복

내수 기업도 저출산 고령화에 내수 시장이 정체돼 살아남기 위해 밖으로 나갈 수밖에 없다. 게다가 테무, 알리 익스프레스 등 중국산 직구 유통의 국내 시장 점유율도 급증하고 있다. 한·중 전용 고속 화물선 6척이 정기운행을 시작할 정도다.

2023년 기준 해외 직접판매와 직구 금액의 차이 곧 '직구 수지'는 5조 원 이상 적자다. 유통기업뿐만이 아니라 내수용 국내 제조기업들도 중국 본토 기업과의 가격 경쟁에 직접적으로 노출되고 있다.

한국 FTA 망을 활용하고 내수를 직접 공략하기 위한 중국 공장의 국내 진출도 늘고 있다. 한정된 내수 시장을 두고 경쟁은 갈수록 치열해지고 있다. 물류 측면에서 지리적으로 가까운 한국이 빠르게 중국의 내수 시장화되어 가고 있다. 더욱이 중국 내수 침체와 수출 부진은 중국발 공산품 쓰나미(철강 덤핑 등)를 몰고 오고 있다. 대중 수출감소는 물론이고 중국 내 공급과잉 물량이 국내로 밀려들면서 한국 제조업계를 초토화시킬 기세다.

내수 시장의 한계를 직시하면 우리 기업이 해외로 나가는 것은 생존을 위해 필수 불가결한 선택이다. 중국 싸구려 제품이 국내로 쏟아지면서 국내 제조기업은 해외 시장으로 나가지 못하면 고사할 처지다. 예를 들면 국내 수처리, 대기 에어필터 등 녹색기업이 유니콘으로 크지 못하는 것도 내수 부족 때문이다. 58,000개 관련 기업이 있지만 90%는 연간 매출 100억 원 미만 기업들이다. 녹색산업 생태계가 조성되기 어려운 이유도 시장 부족이다. 우리 중소기업이 중견기업으로 대기업으로 성장할 수 있는 길은 결국 해외 진출밖에 없다. 해외로 나간 국내기업은 대부분 수출 시장을 목표로 하므로 미국이나 일본기업들이 리쇼어링해 내수용 제품을 생산하는 것과는 상황이 다르다. 리쇼어링 인센티브 정책을 펼쳐도 한국은 유독 리쇼어링 성과가 부진한 이유다.

• 양극화 산업 구조 탈피

게다가 압축성장을 가져온 수직적 산업 생태계는 대·중소기업이 갑을 관계를 형성해 대기업의 유지비용이 피라미드 하층부로 전달(빨대효과)되는 착취형 구조다. 국내 완성 차 5개 기업의 1차 협력사만 740여 곳이다. 협력사 영업이익은 1~2%에 불과하다.

대기업의 불황이 상당수 중소기업을 위기에 빠뜨리고 있다. 대기업과 하나의 생태계로 엮여 있기 때문이다. 대기업이야 공장을 해외로 옮겨 값싼 중국산 부품으로 대체하면 그만이지만 국내에 남은 납품업체들은 고사 위기에 몰려 각자도생을 시도 중이다.

중소기업의 글로화는 중소기업계의 20년 이상 해묵은 숙제다. 영세한 중소기업이 각자도생으로 해외로 나가 일감 기회를 만들기는 어렵지만 '기획_(맞춤형) 산단' 형태_(업종 및 기술 포트폴리오 융합형)로 뭉치면_(동반 진출) 모두가 일감 기회를 얻는 진정한 동반성장 기회가 열린다.

예를 들면 조선업은 하청 일감이 63%나 된다. 하청 일감을 맡은 중소기업은 저임금 장시간 노동으로 노예화되고 국민이 기피하는 일자리가 된다. 삼성이 경기가 안 좋아 경비 절감에 나서면 식당 등 수원 자영업자 한숨부터 터져 나온다. 양극화 확대의 근본 배경이다.

- **규제개혁과 과밀구조-과당경쟁 해소**

세계경제포럼 부설 IMD 국제 경영 개발대학원의 세계 경쟁력 지수는 한국이 기업법·규제 경쟁력 부문에서 64개국 중 61위다. 2013년 32위에서 29계단 하락했다. 한국이 규제 공화국이 된 배경에는 과밀로 인한 과당경쟁이 있다. 과밀구조를 해소하지 않고서는 규제개혁에 성과를 낼 수 없다.

에너지 과소비 중화학공업 글로벌 재배치

- **글로벌 뉴딜형 구조개혁, 밖으로 전통산업 물꼬, 안으로 미래산업 인프라 구축**

통상 경제인 한국의 구조개혁은 글로벌 뉴딜로 기획해야 한다. 경제 재건의 백본인 글로벌 뉴딜이 그린 뉴딜, 디지털 뉴딜보다 우선인 이유다. 구조개혁의 범위를 국내를 넘어 글로벌로 확장시켜 기획한다. 고도성장기 압축적 팽창이 초래한 과밀구조는 저성장의 수축 시대에 접어들면서 과당경쟁(일감, 일자리)과 과잉 인프라(수요부족으로 남아도는)를 낳는다.

① 과당경쟁은 아웃바운드 출구의 해외 수요로, 과잉 인프라는 인바운드 세계 시민 수요로 푼다. 밖으로 과잉 공급력을 분산(해소 출구)해 세계 수요에 대응하고 안으로는 국내 수요가 부족해 놀고 있는 공항, 대학, 지방 시설 등 내수용 인프라는 세계인이 들어와 함께 쓰도록 한다.

② 경제 전반의 생산성을 올리려면 소수가 수혜를 받는 첨단산업 육성에 앞서 전통산업에 묶여 있는 노동과 자본이 재배치되도록 물꼬를 터주는 것이 가장 시급한 개혁과제다.

지난 십수 년간 구조개혁을 외쳐도 진전이 없는 것은 국내에는 과잉 생산력을 받아줄 출구가 없기 때문이다. 국내 21만 3,000여 개 공장(한국산업단지 공단 2024.6)의 잉여 설비(가동률 70%)와 수출 설비 일부를 글로벌로 재배치해 최근의 공급망 블록화를 주도하면서 동시에 국내 과밀구조도 해소하는 글로벌 뉴딜을 추진한다.

전통산업의 노동 생산성을 개선할 수 있는 레버리지도 저부가 업무를 밖으로 뺄 수 있는 출구전략에 있다. 특히 우리 국민이 기피해 외국인에 의존하는 3D 업종 및 중화학공업 설비를 30% 정도만, 이를 필요로 하는 개도국에 이전해도 과밀 경쟁사회에서 벗어나게 되고 저임 장시간 노동체제, 구인난, 탄소 감축 등 국내 문제 대부분은 해결의 물꼬가 트인다. 범용제품은 기술이 숙성·완성된 산업으로 미래형 지식산업을 선호하는 청년 세대에게는 기피 대상이다.

요즘 지자체 15곳이 지방소멸을 막는다며 반도체 특화단지 유치 경쟁을 벌이고 있다. 온 나라가 반도체에 올인하는 형국이다. 경제 전반의 생산성을 올리려면 첨단산업 몇몇을 육성하려 들기에 앞서 경공업, 3D 업종, 뿌리산업, 중화학공업 등 전통산업 분야에 묶여 있는 노동과 자본이 첨단산업 분야로 이동할 수 있도록 출구를 열어주는 것이 우선 과제이자 진정한 산업개혁이다.

구인난, 원가 경쟁력 등 국내에서 확장성 한계에 봉착한 전통 주력산업이 글로벌 경쟁력을 한 단계 업그레이드하려면 국내 중심의 산업 생태계를 글로벌 생태계로 확장한다. 국민이 기피하고 ·중국과의 경쟁으로 가동률이 떨어지고 공급과잉을 겪고 있는 고탄소 의존형 산업인 3D 업종, 경공업[33], 전체 국내 설비의 30%(유휴설비 우선, 2026) → 50%(범용제품 수출설비, 2028한) → 70%(기타 설비, 2030한) 재배치하고 국내는 마더 팩토리와 내수 공급능력만 보유한다.

2030 탄소중립 로드맵에 맞춰 점진적으로 추진한다. 산업 생태계를

---

[33] 1 석유화학 2 정유 3 철강 4 조선 5 일반기계 등 중후장대 산업 분야 범용제품 설비, 특히 중간재 수출 중 중국 비중이 높은 제품 설비(중국 현지 산으로 대체 및 국내로 물량 역공세, 예 : 석유화학 공장)부터 우선 재배치

글로벌로 확장시키는 허브 & 스포크 전략이다. 전통산업 일부를 밖으로 빼내야 국내 산업 구조가 변화할 수 있는 물꼬가 트인다. 더욱이 이들 산업은 더 이상 국내에서 인력, 원자재, 수출입 물류비 등 글로벌 경쟁력을 유지할 수 없는 한계 업종들이다. 에너지 다소비 중화학공업에 치중된 산업 구조가 일자리 미스 매치의 주범이다.

국내에서 경쟁력도 잃고 부가가치도 낮은 산업에 싼 노동력을 수입해 국내 공장을 돌리자는 것은 말로는 산업개혁을 외치며 국민 일자리를 과거에 묶어두자는 것과 같다. 국내 문제(과잉 공급력, 과밀구조, 저성장 극복 등)와 국제 사회 개발 아젠다(중추적 국제 역할, 자국 중심 생산, 지역경제 활성화 등)를 매칭시켜 동시에 해결하는 아웃바운드와 인바운드 상생형 글로벌 뉴딜로 실현할 수 있다. 글로벌 집적효과를 내는 진정한 '세계 속의 한국'을 구현하는 일이다.

• 전통산업 과잉설비 재배치 기회

한편 세계는 미·중 디커플링, 보호무역, 권역별 공급망 구축 등 국제질서 변화가 한국 중심의 제조 거점 재편을 요구하고 있다. 이에 부응하려면 글로벌 제조 거점 재구축 전략이 요구된다. 탈중국하는 한국 제조기업들을 어디로 배치할 것인가? 반도체 배터리 전기차 등 기업들의 지정학적 산업 재배치도 불가피한 흐름이다. 미국 등 자국 공급망 구축을 위한 현지 생산 요구 확대가 우리에게는 국내 과잉생산력을 밖으로 재배치할 기회다.

글로벌 공급망 재편(RVC, NVC 등 공급망 블록화)은 적어도 한국에 있어서 해외 설비를 국내로 되돌릴 리쇼어링 기회가 아니라 국내 수출 설비를 해외로 재배치할 기회다. 예를 들어 동남아 각국은 철강 자립 의지를 불태우고 있다. 이들 국가와 제철산업 육성 파트너십 사업을 펼치면 국내 철강산업의 출구가 생겨난다. 우리 기업은 수소 환원 제철 등 미래 기술 개발에 집중하고, 고로 설비는 점진적으로 동남아 인도 등으로 이전해 조강 규모를 키울 수 있다.

특히 자동차 조선 가전 등 완제품 공장이 진출하고 있는 지역(K 특구 후보 지역, 팀코리아 투자 후보)으로 같이 진출하면 전후방 산업 간 시너지로 경쟁력을 올릴 수 있다.

인도는 내수용 석유 수요 80%를 수입에 의존하고 있어 현지 정유공장을 비롯해 경제 발전에 따라 플라스틱 수요가 급증하면서 석유화학 공장 건설도 한국에 요청하고 있다. 산유국 카타르도 석유화학산업 육성을 추진하면서 한국을 주요 파트너국으로 보고 있다.

국내 석유공장을 수소공장으로 전환하는 등 국내 탄소 기반 공장들을 친환경사업으로 전환한다. 국가별 개발 아젠다 맞춤형 사업장을 조성하는 데 최우선 필요한 업종과 기술도 전통제조업이다. 전통산업의 국내 경쟁력을 유지하는 데 손발이 묶여 있는 기업들이 출구가 생기면 기존 산업을 고도화하고 첨단산업으로 옮겨갈 수 있는 환경(자원 재분배)이 조성된다. 우리나라 제조산업의 바탕이 되는 철강, 석유화학 등 소재산업이 경쟁력을 잃으면 제조산업의 기반이 되는 뿌리산업에도 영향을 줘 K-제조업 생태계 전체가 붕괴될 우려가 있다. 더 늦기 전에 시장 가까이 원재료 가까이 생산 거점을 글로벌로 재배치해 경쟁력 재건에 나서야 한다.

• 글로벌 뉴딜은 K-산업 생태계의 글로벌 확장

중국의 과잉설비에 밀려 가격 경쟁력을 잃은 철강 석유화학 정유 디스플레이 등 수출 업종도 처지는 마찬가지다. 이미 화학업종을 중심으로 대기업들도 국내 공장 처분에 나서고 있다. 수출 설비를 밖으로 재배치할 기회를 찾지 못하면 곧바로 매출 규모가 줄어들 수밖에 없다.

미국 등이 자국 우선 주의에 입각해 중국산 부품 및 우회 수출 퇴출에 나서고 있다. 현지 산 부품 장착률 조건을 충족시키지 못하면 고율의 관세를 부과하는 식이다. 현지의 원산지 규정을 충족하고 수출 공급망의 지속적인 경쟁력을 확보하려면[34] 권역별 산업 생태계 구축이 필수다. 탈탄소 시대에 걸맞은 제조업은 70% 현지화(인력, 자재, 시장 수요)가 가능해야 글로벌 경쟁력을 유지할 수 있다. 즉 필요 인력과 원재료의 70% 이상을 현지에서 조달하고 생산 물량 70% 이상을 내수 및 지역 내에서 소화할 수 있어야 원가 우위를 유지할 수 있다. 현재 우리나라의 경공업, 중화학공업은 만성적인 구인난, 대부분 수입에 의존하는 재료비, 대륙을 횡단하는 수출입 물류비 등을 감안할 때 더 이상 국내 제조수출은 글로벌 경쟁

---

[34] 일례로 USMCA(미국 멕시코 캐나다 무관세 협정)는 산업별 원산지 부품 비중을 조건으로 내걸고 있다. 자동차는 75%, 철강은 70% 이상이 북미 지역에서 생산되어야 생산 인증을 받을 수 있다.

력을 유지할 수 없는 한계 업종들이다.

2050년이 되면 2020년 대비 중국 일본 한국의 철강 생산량은 절반으로 줄어들고 인도 나이지리아 파키스탄 인도네시아 브라질 등은 3~5배 증가할 전망(컬럼비아대 글로벌 에너지 정책센터 CGEP)이다. 재생 에너지로 생산한 그린수소로 수소 환원 제철에 유리한 입지(그린전기 조달에 용이)이기 때문이다.

한국은 저탄소 철강 경쟁력에서 열위다. 예컨대 브라질산 철광석을 수입하는 철강산업, 중동산 원유를 수입해 정제하는 정유 및 석유화학산업 등은 현지 재배치한다. 우크라이나 재건 사업도 우리 철강기업의 생태계를 글로벌로 확장시킬 기회다. 현지 최대 철강사인 메트인베스트 지분을 포스코가 인수해 재건 사업 철강 수요를 선점할 수 있다. 글로벌 뉴딜은 글로벌 산업 파트너십 구축이고 이는 곧 글로벌 산업 생태계 구축이다.

국내에서 수축하고 있는 물량을 더 키우고 원가 경쟁력을 회복하려면 국내 중심의 산업 생태계를 글로벌로 확장해 전통 주력산업의 글로벌 경쟁력을 한 단계 업그레이드한다.

① 범용 공산품 중심 제조업을 고부가 첨단제품 중심 제조업으로, ② 생산직 중심의 제조업을 R&D 중심 제조업으로 업그레이드시켜 제조 강국 위상(산업기술 우위)을 유지하는 일이다. ③ 현장 일감(생산 물량)을 늘려 국내는 본사 일감 중심의 고부가 지식서비스로 국민 일자리의 질을 올리는 것이다. 제조 일감이 있어야 국내가 고부가 제조 지식서비스산업으로 옮

겨갈 수 있다. 예를 들면 효성은 주력 제품 스판덱스의 대중국 경쟁우위를 유지하기 위해 인도 동남아 등으로 생산 거점 확대를 추진하고 있다.

진정한 구조개혁은 3D 경공업, 중화학공업 등 전통제조업이 밑 빠진 독이 되지 않도록 경쟁력을 회복시키는 전략이다. 우리나라 전통제조업은 자본재나 소비재가 아닌 범용성 중간재 제품이 70%를 차지하고 경기 변동에 민감하다. 2022년 국내 제조업 제품 가운데 수입품 비율이 31.2%로 연간 기준 처음으로 30%를 넘어섰다. 국내 제조업 제품 중 수입산이 30%가 넘었다는 것은 아직도 70%를 국내에서 생산하고 있다는 뜻이다.

IT는 이미 69%(2022년)가 수입산이다. 국내 설비의 70%는 수출 설비다. 대중 교역품 중 70%가 무역수지 적자 품목이다. 국내 제조가 중국 대비 경쟁력이 없다는 뜻이고 이는 밖으로 빼내야 한다는 뜻이다. 한국은 제조업이 GDP의 27%이지만 제조 연관 서비스까지 합하면 GDP 74%(유승훈 교수)를 차지할 정도로 제조업 중심 경제다. GDP 대비 제조업 비중은 1991년 27.6% → 2019년 27.5%로 30년간 큰 변화가 없다. 같은 기간 미국은 16.1% → 10.9%, 일본은 23.5% → 20.7%, 독일은 24.8% → 19.1%로 낮아졌다. 정작 해야 할 산업개혁을 미룬 채 현장 유지를 위한 버티기를 계속한 결과다. 우리는 제조업 성공 신화에 힘입어 세계 경제 규모 10위권으로 도약했지만 이제 그 개도국 형 제조업(범용성 중간재 양산제조)에 발목이 잡혀 선진국형 지식기반 제조산업(고부가 R&D 중심 첨단 제조 포함)으로 나아가지 못하고 정체하고 있다.

전통산업 글로벌 분산 재배치는 가장 오랫동안 미뤄놓았던 개혁과제이자 산업 구조 선진화의 밑 그림이다. 압축성장을 이끈 전통제조산업은 후발국의 추격으로 저부가가치화되고 공급과잉을 초래해 과밀경쟁 사회(세계 최고 자살률, 최저 출생률, 삶의 만족도 59위, 아동, 청소년 삶의 만족도 OECD 최하위, 2022년)로 몰아가고 있다. 과밀로 생겨나는 문제(규제 환경 2023 세계 53위, IMD)들을 국내에서 관리하려는 시도는 근본 처방이 될 수 없다.

• **글로벌 뉴딜과 공급망 안정**

미·중 디커플링 GVC 재편, 자국 우선주의 보호무역에 따른 공급망 위기 대응도 리쇼어링을 통한 국내 공급망 완결형이 아니라 공급망 다변화를 통한 수입처 다변화가 키다. 니어쇼어링(현지 시장 가까이), 프랜드 쇼어링(원재료 생산지 가까이)의 오프쇼어링으로 공장을 재배치해 다원화·분산시켜 공급망 안정(중국 의존 핵심 소재)을 확보할 수 있다. 효과도 없는 리쇼어링 정책(연간 수 개 기업에 불과)에 매달릴 게 아니라 매년 수천 개씩 빠져나가는 우리 기업들의 오프쇼어링을 어떻게 국가 차원에서 조직화해 시너지를 만들어낼지 고민해야 한다.

• **글로벌 뉴딜은 한국 허브 & 권역별 스포크 전략**

국내에 첨단산업을 육성(전국에 15개 첨단산업 국가산단 신규 조성)하고 기존 산업을 고도화하기 위한 전제조건이 국내 허브공장-해외 양산공장의 이원화다. 세계 경제의 블록화에 따라 세계 각지에 생산시설을 운영해야 할 처지인 한국은 국내 공장이 마더 팩토리 역할(Hub & Spoke)을 하는 허브공장이 되어 현지 양산공장을 지원한다.

국내 공장이 R&D 중심의 허브공장으로 진화하려면 무엇보다 국내에서 줄어드는 현장 일감을 증가시켜야 투자 여력이 생겨난다. 일례로 배터리 전기차 반도체 등 국내 업체들의 미국진출 가속화로 인한 국내 산업 공동화 우려는 단견이다.

국내는 제조업의 허브(R&D센터 및 최첨단공장 중심), 해외는 스포크(집중에서 분산으로 생산 운영 전략 전환)이다. 해외로 나가 물량을 키워야 규모의 경쟁력도 올라가고 투자 리스크도 줄이면서 국내는 R&D 일감이 늘어나고 초격차 기술 개발 여력도 생겨난다. 좁은 국토에서 규제를 탓하며, 탄소중립에 역행하며 '국내 생산-해외 수출'을 고집하는 것은 비합리적이다.

해외로 진출해 외형을 확장시키는 목적은 우리의 최대 경쟁자인 중국 기업의 규모를 견제할 뿐만 아니라 연료·원료의 안정적인 수급을 위해서라도 대형화가 시급하다. 원료 구입비와 수요산업(예 : 철강재)의 판매가격 협상에 동등하게 맞설 수 있는 규모의 경제를 이뤄나가야 한다.

한국에 원자재 가격 상승은 자국 내에 원자재 생산량이 많은 중국 기업과 해외 시장에서 경쟁하기도 어려워진다. 첨단 제조산업도 허브 & 스포크 전략을 취해 생산은 밖에서 규모의 경제를 키우고 국내는 선진 원천기술 및 첨단기술 업체들과 산업 파트너십을 맺어 R&D를 유치해 '연구 클러스터'로 가야 친고용 산업이 될 수 있다. 국내가 허브공장으로 자리매김하면 마더 팩토리의 R&D 역량을 보완할 수 있는 소부장 분야 등 선진 기술기업들의 R&D 기능을 국내에 유치할 수 있는 환경이 조성된다. 국내에 R&D 센터를 둠으로써 우리나라의 글로벌 기업과 협업해 세계 시장으로 확장할 수 있기 때문이다. 2030년까지 국내 수출 설비의 70%는 밖으로 나가되, 뿔뿔이 나가지 말고 한국특구(반도체는 첨단특구, 조선 산업특구, 석유화학특구 등)를 만들어 우리 기업 한 곳으로 모아야 한다.

• 글로벌 뉴딜과 탄소중립(=탈산업화)

한국의 에너지 소비 절대량과 재생 에너지 환경 여건을 직시하면 국내 공장 재배치를 통한 에너지 수요 감축 없이는 탄소중립도 산업 경쟁력 유지도 사실상 불가능하다. (2022년 기준) 경제 규모는 세계 13위인 반면 이산화탄소 배출량은 세계 9위, 1인당 배출량으로는 세계 1위다.

우리나라 에너지 소비는 GDP가 우리 2배인 독일과 비슷한 수준이다. GDP 1달러를 생산하기 위해 독일의 2배 에너지를 소비하는 산업 구조다. 우리가 독일보다 재생 에너지 환경이 좋은가? 우리가 처한 환경 여건을 보면 에너지 전환(주요 60개국 중 46위, 2021년 기준 태양광 풍력 재생 에너지 비중 4.7%, 전 세계 평균 28.1%)이나 탄소 저감 기술혁신만으론 명백한 한계다.

① 에너지 소비 절대량을 줄이는 것이 먼저다. 에너지 소비 절대량 감축은 상품제조수출형 산업구조를 바꾸지 않으면 성과를 내기 어렵다.
② 친원전, 신재생에너지 확대, 탄소세 도입 등으로 탈탄소를 이룬다

는 것은 현실성이 떨어진다. 정부와 업계가 공유하는 미래산업 비전이 없다 보니 업계가 처한 당장의 현실적 어려움(글로벌 경제 상황이 악화하는 가운데 산업계의 우는 소리 특히 에쓰오일 석유화학 증설 투자 등)을 이유로 산업 부문 탄소 배출 감축량을 줄여주고 있다. 그런데 2030년 국제 무역 규범(RE100, ESG, CBAM과 같은)이 탈탄소 무역 규범으로 바뀌게 되면, 우리 산업 경쟁력은 급격한 추락에 직면할 수밖에 없다.

탄소중립은 에너지, 환경 차원을 넘어 산업정책, 경제정책과 직결되는데 이 점에 대한 인식이 부족하다. 또한 기후변화 대응에 대한 산업정책 담론이 주로 녹색산업(탈탄소 기술)을 중심에 두고 있다. 당연히 환경 기술 개발에 민관협업으로 박차를 가해야 하겠지만 주력산업을 대체할 정도로 글로벌 경쟁우위를 가진 클린테크 분야가 하나라도 있는지도 객관적으로 봐야 한다.

디지털경제와 탄소중립으로 폭발하듯 증가하는 (전기)에너지 수요는 에너지 가격 정책이나 절감 정책만으로는 한계다. 재생 에너지 증가가 화석 연료 산업에 필요한 에너지를 대체하기는커녕 늘어나는 신규 수요(데이터 센터 등) 증가도 따라가지 못할 지경이다. ③ 기존 산업을 밖으로 내보내야 안으로 새로 생겨나는 디지털산업에 필요한 재생 전력을 겨우 댈 수 있을 정도다.

전력 소비의 60%를 차지하는 산업전기를 포함하면 산업 부문 탄소배출은 국가 전체 배출의 60% 안팎으로 추산된다. 한국의 탄소중립은 에너지 소비 절대량을 줄이는데 달려 있고 에너지 소비는 산업 부문 과밀 설비를 재배치하지 않고서는 가시적인 감축이 불가능하다.

에너지 전환이 논쟁의 중심이고 정작 에너지를 과소비하는 산업 구조 자체를 바꾸는 근본 대책은 논의되지 않고 있다. 한국의 탄소중립은 탈산업화 과정이다. 산업화·민주화 선진국 진입 일류 국가로 도약하기 위한 탈산업화다. 곧 탈굴뚝산업(탈화석연료 의존형, 탈공장 국가)으로 첨단산업 강국(친환경 제조 강국)으로 진화하기 위한 환경 조성이다.

제조업과 수출로 선진국에 진입한 모든 국가는 친고용(고용 70% 이상) 고부가(고생산성 업종) 서비스산업 강국으로 변신한다. 공장제품 대신 K-제조업의 기술 지식서비스를 수출하는 코칭 국가, 멘토 국가, 본사 국가로의 도약이다.

이렇게 되면 국내 투자 환경도 제조설비 중심에서 소프트·사람 중심의 무형자산 투자로 곧 지식서비스 기반 투자 환경으로 바뀐다. 우리가 제조 강국 위상을 계속 유지하려면 현재 생산중심 제조업(탈노예화)에서 벗어나 R&D 중심 제조로 옮겨가야 미래에도 제조 강국 위상을 유지할 수 있다.

국제 무역은 비용을 절감하고 이윤을 극대화한다는 믿음에서 출발했다. 하지만 탄소중립 환경에서 장거리 이동에서 발생하는 환경오염과 연료 낭비 등 비용을 고려한다면 세계화는 이제 지역화로 진화해야 한다. 탄소중립 시대 원자재가 인상과 물류비 증가, 글로벌 공급망 재편 요구 등을 감안할 때 더 이상 국내 제조를 고집하며 경쟁력을 갉아먹을 것이 아니라 원자재 생산지와 시장 인근으로 생산사이트의 글로벌 재배치 전략이 필요하다.

• 출구전략이 전제된 구조개혁-기존 산업정책 한계

《킹핀 이후 K-산업 2.0》'산업정책 2.0' 참고)

전통적으로 우리 정부의 산업정책은 유망 첨단산업을 선정해 초격차 기술우위 전략을 지원하는 경쟁우위 기반의 이른바 '포트폴리오 대체식 신산업 정책'이다. 소수의 미래 특정 산업을 선정해 정부가 개입해 보호, 육성하는 식의 산업정책은 과거 성장기에 경제를 키울 때는 효과적이지만, 세계 10대 규모의 경제를 몇 개의 특정 산업으로 유지할 수는 없다. 배터리, 전기차, 바이오, AI, 반도체 등 새롭게 부상하는 몇몇 신산업이 전통제조산업 생태계 전반의 생산성 하락을 상쇄할 수는 없다. 신산업이 생태계를 형성하는 데는 장기간이 소요되므로 첨단산업만으로 저성장의 국가 경제 흐름을 반전시킬 수 없다. 첨단분야는 미래산업으로 당연히 키워야 하고, 기술 선진국이 우리의 미래 지향점임에는 분명하나 '경제 전반의 생산성'을 올리려면 전통산업에 묶여 있는 노동과 자본이 원활하게 새로운 산업에 재배치될 수 있도록 물꼬를 먼저 터줘야 한다.

배터리, 전기차 등 시대변화에 따른 일부 산업의 약진에 만족해서도 안 된다. 일본을 보면 탄소 섬유 수지 등 특정 산업의 소부장 기술에서 세계를 리드하는 분야가 많은데도 왜 경제 전체는 침체에서 벗어나지 못하고 있나? 이는 국가 경제 전체의 틀이 새로운 비교우위를 찾지 못하고 있기 때문이다. 전통산업이 출구를 찾지 못한 채 첨단산업 초격차 전략을 추진한 결과가 초저성장이다. 국가 경제 전반의 생산성을 올리려면 개별단위 신산업 육성 정책에 앞서 국가 차원의 새로운 비교우위를 찾아 유기적 성장 틀을 재구축하는 것이 우선이다.

저성장을 탈출하려면 가장 시급한 과제가 쇠락하는 전통산업부터 구조 개편을 이뤄내야 하고 이는 과밀구조 해소 곧 밑 빠진 독을 메꾸는 일이다. 그래야 미래형 혁신 경제로의 전환도 가속화된다. 전통산업 생태계 전체가 첨단산업으로 옮겨가도록 출구 환경을 조성해주는 것이 국가 차원의 산업정책이 되어야 한다는 뜻이다. 디지털경제로의 산업 지형 격변 시대에 (전통) 기업이 변신할 수 있는 마당을 조성하는 것은 어디까지나 정부의 몫이다.

특히 자생력 부재 중소기업 생태계를 감안해 자연도태식 시장 자율적 구조조정이 아니라 출구전략이 전제된 구조개혁이어야 한다. 중소기업 생태계는 매출 대부분(일감 90%)이 납품에 의존해 독자적인 생산성 향상은 기대하기 어렵다. 고용을 유지하면서 생산성을 올리려면 일감이 늘어야만 가능한데 자연도태식 구조조정이 이루어진다면 장기간이 소요되고 이를 견뎌낼 여력도 없다. 한계기업 구조조정이 퇴출이 아니라 과밀기업의 출구를 열어주는 것이 되어야 하는 이유다.

지난 십수 년간 구조개혁을 외쳐도 진전이 없는 것은 국내에는 과잉 생산력을 받아줄 출구가 없기 때문이다. 경제 전반의 생산성을 제고하려면 자원의 효율적 재배치를 위한 물꼬가 반드시 필요하다.

제조업을 국내에 지키려 하면 제조기업을 잃는다

제조기업이 밖으로 나가면 국내는 일자리 유출 아닌가? 중소기업이 해외로 나가면 특히 저소득층의 고용 문제를 일으키지 않을까? 국내 기업의 해외 진출을 산업공동화, 일자리 유출, 경제기반 유실로 바라보는 관점은 기우다.

사실 산업재편을 가로막는 최대 걸림돌은 법안규제보다는 제조업 밸류체인에 대한 이해 부족으로 인한 국민적 오해와 사회통념이다. 공장 해외 진출은 제조업을 버리라는 게 아니다. 역설적으로 제조업을 지키는 길은 양산제조의 '탈(脫) 국내'에 있다.

일감 부족으로 가동률이 떨어지고 인력을 구조조정해 감축하다가 결국 국내는 문을 닫게 되고 이대로 하나둘 각자도생으로 나가다 보면 산업공동화는 자명하다. 우물 안 국내에서 버티다가 고사하느니 글로벌 공급망 GVC 재편에 부응하고 이를 국내 설비의 재배치 기회로 적극적으로 활용한다. 권역별로 분산, 재편되는 글로벌 공급망을 한국이 선도하는 것이다 (한국 경제연구원 경제연구실장 조경엽, 통계청 '기업 활동 조사' 자료). 2006~2019년 국내 기업의 해외 투자는 40조 2,000억 원 → 184조 1,000억 원으로 증가했는

데, 같은 기간 국내 투자는 496조 6,000억 원 → 1,116조 1,000억 원, 고용은 295만 1,000명 → 416만 5,000명으로 늘었다. 해외 투자가 늘었다고 국내 투자나 고용이 줄지 않는다. 오히려 해외 투자는 국내 투자 및 고용과 선순환 구조에 있다고 보는 것이 합리적이다.

해외에 투자할 경우 국내에서의 ① 저부가가치 업무 감소로 인한 구조 조정 효과 곧 해외 생산에 따른 국내외 간 분업화·전문화 및 수출입 증가로 국내 산업 구조가 고도화되고 생산성이 증가하게 된다.

② 국내 자본재 및 중간재의 수출 증대, ③ 현장 일감이 늘어나면서 관리직 및 서비스직(현지 컨설팅 수수료) 곧 지식서비스 형 본사 일감이 증가해 일자리의 양과 질이 동시에 개선돼 국내 고용 상황도 호전된다. 단품 수출의 영업이익(또는 도급 수주 공사마진)만 창출하는 통상의 수익원이 다변화된다.

더욱이 국내 제조업은 투자를 늘려도 자동화를 심화시켜 고용 없는 성장을 초래하고 있다(허정 서강대 교수, 통계청 기업 활동 조사 2020년 기준). 국내 50인 이상 기업(1만 3,500여 개) 중 50%가 수출을 하고 고용 61%를 기여하는 반면 해외에 투자한 기업은 25%로 절반이지만 고용은 50%를 넘는다. 그만큼 단순히 한국 발 수출기업보다는 해외 투자 기업이 국내 경제에 중추적 역할을 하고 있다.

- **제조 대국(Made in Korea)에서 제조 강국(Made by Korea)으로**
첨단 고급 제품일수록 총부가가치 중 서비스업 비중이 더 높다. 예컨대 스마트폰은 하드웨어 부가가치가 약 45%인 반면 55%는 생산형 서비스 곧 OS 운영체제, 애플리케이션, 반도체 칩 설계, 디자인, 특허 등 생산형 서비스 곧 소프트웨어가 차지한다.

당연히 선진국일수록 GDP에서 '생산형 서비스업' 비중이 높다. 미국은 56%, G20은 40~50%에 달한다. 세계의 공장 중국은 18%로 선진국과는 차이가 크다. 한국도 중간재·범용재제품을 대량 생산하는 '제조 대국'에 머물지 않고 고부가가치 생산형 서비스 중심(본사 일감)의 선진형 '제조 강국'으로 한 단계 위로 옮겨가야 한다.

제조 대국은 곧 양산제조업으로 공장 운영 효율이 수익의 원천이고 생산 규모의 경제가 수익력을 좌우한다. 전통 중국의 저가 공세로 고전하고 있는 양산제조업을 국내에 붙잡아두려는 제조업 쇄국을 고집하려다 제조업 쇠락의 길로 가지 말고 제조업 생태계를 글로벌로 확장시켜 K-제조업의 '세계 패권 시대'를 열어야 한다.

청년 인재가 현장을 외면하고 있다. 현장 기술자에 대한 사회적 인식, 보상 체계 모두가 낮다. 기술 현장 대부분은 중소기업이 담당하고 보상 수준이 낮은 것은 그만큼 부가가치가 낮은 일감이라는 뜻이다. 반도체와 같이 고부가 제조라 할지라도 전략적으로 현지 생산 투자를 결정하는 경우도 있지만 해외로 이전하는 대부분의 제조 현장은 고비용을 감당할 수 없는 저부가 현장 일감 때문이다.

제조 현장을 국내에 유지해야만 과학 강국, 기술 강국이 된다는 주장은 도대체 어떤 근거인가?

삼성전자는 국내에 TV 제조 현장이 없고 애플은 스마트폰을 단 한 대도 미국에서 만들지 않으면서도 세계 1등을 십수 년간 유지하고 있지 않은가. 일본 조선업의 몰락도 제때 저부가가치화되는 현장 일감을 재배치할 기회를 놓치고 국내에서 버티기를 하다가 원가 경쟁력을 잃고 도태된 것이다.

우리 조선소도 구인난으로 외국인력을 투입해 건조 현장을 국내에 유지하려고 하지만 일본의 전철을 따라갈 가능성이 매우 높다. 석유화학 증설 유치, 리쇼어링 인센티브 확대, 산업계 탄소중립 목표 등 미래산업 (탈탄소, 친고용, 격차 해소 등) 비전에 대한 방향 키를 찾지 못해 정책 간 상충이 빈번하게 일어나고 있다.

증기선이 새로 나왔을 때 범선 업체들이 범선을 만드는 경쟁력을 더 키우느라 증기선의 미래 경쟁력을 놓쳐버린 것처럼 지금 한국도 기존 산업의 제조수출 경쟁력을 국내에서 유지하려다 미래를 위한 구조개혁 시기를 놓치고 있다.

미국은 제조 현장이 해외로 이전하면서 기술 현장이 사라져 혁신 속도가 떨어졌다고 주장하며 국내 제조의 해외 이전을 반대하는 인사들도 있다. 미국이 자국 내 제조 현장이 없어 중국에 기술 추격을 당한다는 논리는 편견에 불과하다. 미국이 리쇼어링을 추진하는 목적은 코로나로 공급망 불안을 겪으면서 내수용 전략제품에 대한 중국 의존도를 줄여 공급 안전망을 확보하고 중산층 제조업 일자리 복원도 하려는 데 있다.

글로벌 통상 환경변화는 통상 모델의 진화를 요구한다. 한국 무역의 구조적 전환기에 품목 다변화, 시장 다변화에 초점을 둔 수출 드라이브 정책은 여전히 기존 통상 모델의 연장선이고 구조적 문제를 해결할 수는 없다. 우리가 선진국에서 들여온 기술과 업종을 우리나라 경제개발에만 쓰지 말고 국제 사회로 눈을 돌리면 개발플랫폼사업(ODA 공헌사업, 글로벌 사업보국) 기회도 열려 있다. 왜 기술을 상품 제조·수출에만 활용하나? 현지 개발 아젠다 사업은 제조업을 엔지니어링 서비스사업(생산형 서비스)으로 진화시킨다. 관료나 오피니언 리더급 학자들의 한국 제조업에 대한 이해 부족과 고정관념이 한국 제조업의 진화를 막고 산업의 선진화를 가로막고 있다.

2. [민생해법 2.0] 민생위기와 통상연계형 내수정책

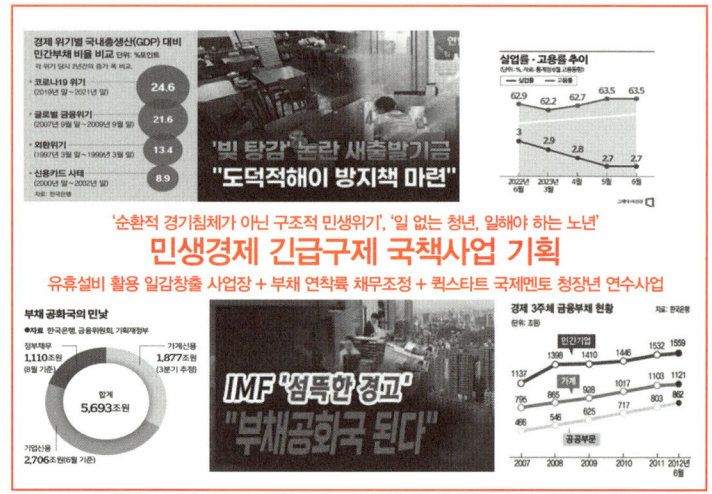

출처 : 저자 작성

혹독한 민생 겨울이 오고 있다. 고금리와 경기침체로 향후 2~3년간 민생위기(부채 폭탄)가 현실화할 것이다. 민생 문제의 핵심은 빚이다. 특히 정책금융 대출로 버티고 있는 중소기업, 소상공인, 자영업자들이 코로나 대출 상환이 시작되면서 파산과 폐업(2024년 1~2월 기업파산 40% 급증, 매일 중소기업 5곳씩 파산 중, 한국은행 조사 2,383곳 대상 10곳 중 4곳이 한계기업) 지금껏 '구조조정'을 못하고 미뤄오면서 저금리 기조하에 부채로 껴안고 있는 '과잉 생산력'을 더 이상 미뤄둘 수 없는 한계 상황이 오고 있다. 앞으로 수출이 늘어나도 민생위기는 해결되지 않는다.

① 수출 낙수효과가 줄어들면서(ODI > FDI) 내수 일감과 투자감소를 초래해 소비위축, ② 대기업의 글로벌 원가 경쟁과 유지비용이 납품기업을

압박(빨대효과)해 중소기업 생산성 저하(임금인상 제약, 양극화 확대), ③ 경제 기초체질 저하 특히 한미 간 경제 성장 격차로 인한 구조적 강달러가 고환율 수입 물가를 자극해 고물가를 부추기고 있다. 가뜩이나 중소기업·소상공인·자영업자 등 민생경제의 핵심 주체들이 부채 임계점에 도달해 민생이 악화할 수밖에 없는 환경이다.

IMF는 한국 중소기업 대출의 절반이 좀비 기업임을 지적하며 한국 경제 처방으로 '성장 잠재력 확대'와 '포용력 강화'를 위한 개혁을 제안한다. 내수 시장에 더 이상 성장 기회가 없으니, 가계든 중소기업이든 모두 빚으로 연명하고 있다는 뜻이다.

앞으로 정부 기업 가계 모두 부채에 짓눌려 경기 활성화 대책으로 통화정책, 재정정책 모두 쓸 수 없는 임계점이 도래한다. 무슨 대안이 남아 있나?

민생은 내수가 기본 토대다. 내수경기는 국내 일감에 달려 있고 내수경제의 몸통은 중소기업이다. 한국 경제가 경제위기로 가지 않고 소프트 랜딩에 성공하려면 자영업 대출, 가계 대출, 기업 부실로 인한 금융 시스템 위험을 사전에 제거할 수 있어야 한다. ① 금융 부실도 정리하고 ② 산업구조 개혁도 병행할 수 있어야 ③ 경제 전반의 역동성을 높일 수 있다.

경기적 요인이 아닌 구조적 민생위기

• 고금리·고물가로 인한 일시적, 순환적 경기침체가 아닌 구조적 침체

"내수 침체는 고금리 기조가 이어지기 때문이고, 고금리의 이면에는 고물가가 있다. 고물가가 해소되지 않는 이상 금리를 낮춰 내수를 회복하기는 쉽지 않다(KDI)."

옳은 진단일까? 고금리 고물가는 민생위기의 원인인 것처럼 보이지만 결과다.

① 수출 낙수효과가 감소하고 있는 가운데 ② 가계 부채 부담(GDP 80% 이상이면 소비 위축, 2024년 현재 100.5%)이 커 소비가 제약되고 ③ 저출산 고령화의 인구구조 변화로 소비가 줄어 내수가 부진할 수밖에 없다. 결국 내수를 키우려면 관광객 유입으로 국내 소비에만 의존하는 한계를 극복하거나, 국내 인력이 해외 일자리로 소득 기회를 확대하는 등 뭔가 글로벌 차원의 대책만이 살길이다.

첨단산업의 설비 투자가 해외로 향하면서 국내 투자는 줄고 저출산 고령화로 내수가 정체된 가운데 부채에 짓눌린 가계 소비마저 위축되고 있다.

상품 제조·수출형 성장 모델(수출주도형 경제체제)이 비교우위 임계점에 이르러 국가 단위 기회 총량(기업 일감총량, 국민 일자리 총량)이 줄어들고 경제 전반의 생산성이 하락하면서 서민층 일자리가 감소하고 일자리 질의 개악

(고용 지표 역설)이 일어나고 있다. 역대 최대로 벌어진 양적·질적 고용 지표 간 괴리가 민생고의 방증이다. 수년간 누적된 경제성적(생산성 향상 < 임금인상)이 반영된 경제 체력 저하가 고물가 고환율 고금리로 표출되고 있다. 결국 민생이 악화하는 근본은 시효를 다한 수출주도형 경제체제가 초래한 생산성 저하와 저성장 문제로 귀결된다.

반도체 등 일부 제품 수출과 투자가 늘어 GDP 성장률이 올라가도 민생 개선은 체감(소비자심리지수, CSI)하기 어렵다. 통상 경제 체질상 내수 소비를 진작시켜 성장을 견인한다는 것은 한계가 분명하다.

앞으로 수출은 늘어도 내수는 꺾이는 비대칭 구조가 심화된다. 생산성 증가가 뒷받침되지 않는 소비 증가는 필연적으로 고물가를 부른다. 일회성 민생 회복 지원금으로 민생은 회복되지 않는다는 뜻이다. 고금리와 고물가가 개선된다고 해도 민생은 크게 나아지지 않는다. 민생위기가 체감적 물가 때문이라고 아우성이지만, 실제는 물가보다 소득원이 줄어 여윳돈이 말라가는 게 문제고 금리보다 한도가 찬 부채 때문에 현금흐름이 막힌 게 문제다.

고금리 이자 부담 때문에 어려워진 게 아니라 생산성이 하락해 현금이 부족하니 더 빚을 내는 악순환이다. 미국은 우리보다 2%나 더 높은 금리를 뚫고도 고성장 중이지 않은가. 에너지, 식품 등 일시적 공급 제약 요인도 있지만 근원 물가는 어디까지나 지난 수년간 생산성 증가 이상으로 돈(빚)이 풀려 화폐가치가 하락한 결과다.

기존 민생정책의 한계, 돈을 쥐어주는 것만이 능사가 아니다

자영업자와 소상공인에 대한 대출 상환유예가 끝나면서 정부는 취약계층 부채탕감 등 민생안정 금융지원 프로그램을 추진한다. 새출발기금(캠코 주관)이라는 이름으로 30조 원을 조성해, 소상공인과 자영업자들에게 최대 90%까지 채무를 탕감해준다. 향후 3년간 최대 40만 명의 한계 소상공인과 자영업자가 채무조정 혜택을 받게 된다.

역대급 빚 탕감을 두고 모럴 해저드(Moral Hazard, 도덕적 해이)와 연명치료 논란이 일고 있다. 우리가 문제를 다루는 방법은 현상에 대한 처방이냐, 원인에 대한 처방이냐로 갈라진다. 금융지원은 취약계층을 임시로 관리할 뿐이지 취약계층에서 벗어날 수 있는 역량과 기회를 제공하는 해결과는 거리가 멀다. 예컨대 시화 기계 유통단지에는 일감난, 구인난으로 폐업한 영세한 중소기업의 중고 기계가 넘쳐나는데 구매자가 없어 고철로 팔려나가고 있다. 이들에게 금융지원을 해준다고 기존사업으로 다시 재기할 수 있을까?

향후 1, 2년 내에 베이비부머 723만여 명의 은퇴 시대가 완료된다. 이들이 4년 뒤 국민연금을 받기 시작하면 연간 지급액이 약 53조 원으로 불어난다.

고금리 시대 이들 취약계층, 은퇴자 쓰나미에 대처하고 부채 악순환의 고리를 끊으려면 어떻게 해야 하나? 규제 완화를 통해 언젠가 민간활력이 살아나면 기업이 취약계층을 위한 일자리를 제공할 수 있을까? 모럴 해저드를 방지하고 무의미한 연명 치료식 부채연장이 되지 않게 하려면 부실 대출에 대한 '채무조정'과 함께 취약계층(중소기업, 소상공인 등)이 '상환능력을 개선'할 수 있도록 일감과 일자리도 제공할 수 있어야 한다.

여야가 민생해법을 두고 논쟁하고 있다. 민생위기 비상시국에 정부의 재정 긴축(재정건전성 우선)도 야당의 일회성 지원금형식 재정 확대도 지속 가능한 해법은 못 된다. 돈을 쥐어주는 것만이 능사가 아니다. 급한 불 끄기식 단순 금융지원이나 기술적 대응(물가 보조, 금리인하, 환율 대응 등)만으로는 구조적 민생위기를 해결할 수 없다.

소상공인 정책자금, 저금리 대환대출 확대 등은 상환능력 제고 없이 부채만 계속 늘려가는 대표적인 미봉책이다. 저리 정책자금을 대준다 해도 상환능력이 생기는 건 아니다. 정부가 재정을 풀고 금융지원을 늘려 내수 경기를 살리려고 하면 할수록 가계 기업 정부 모두의 부채만 늘려 오히려 부실 위험을 키울 수 있다.

우파의 '성장을 통한 분배', 좌파의 '분배를 통한 성장' 모두 민생 살리기에 성과를 내지 못하고 있다. 성장기와 달리 낙수효과가 제한적이라 (소수 대기업 주도) 성장을 통한 분배가 어렵고 내수가 작아 분배를 통한 성장도 한계가 있다.

감세, 규제완화, SOC, 복지성 현금 재정 풀기 등과 같은 전통적인 민생 살리기 정책이 내수경기를 활성화(소비 진작+투자 촉진)하기는커녕 ① 자칫 물가를 부추기고 ② 재정 적자를 키우고 ③ 계층 간 내부 갈등만 키울 수 있다.

민생은 '일자리 늘리기와 소득 증가'로 성과(경제 발전)가 나타난다. 2,800만 개 일자리와 평균 4만 달러대(구매력 기준) 소득을 어떻게 더 높이냐의 게임이다. 민생경제를 결정짓는 3대 축은 ① 내수경제 낙수효과 축소 및 침체, ② 민생 몸통인 중소기업의 하청 일감부족과 자영업자 과밀구조, 그리고 ③ 민생심리다.

표심은 당장 문제관리 정책에서 나오고 근본적인 처방은 매일 생업에 바쁜 국민에게는 관심도가 떨어진다. 민생이라는 이름으로 구조적인 문제를 해결할 생각은 않고 문제의 현상 관리에만 매달리는 배경이다. 표심을 얻기 쉬운 현상 관리만 하려 들지 당장 표가 안 나는 원인 구조(환율 영향 과다경제·에너지 과소비 산업의 수입 물가, 일자리 생산성, 부채 상환력)를 바꿀 정책은 없다. 민생경제는 일부 첨단 제조산업을 육성한다고 해결되지 않고 경제 전반의 생산성을 올리는 것이 근간이다. 재정도 임시 관리 비용이 아닌 구조조정 출구 사업 투자용이라면 더 확대해야 한다.

[민생정책 2.0] 통상연계형 내수 정책

① 세계에서 가장 빈곤율(OECD 1위)이 높은 시니어층, ② 세계 최고의 사

교육비를 들여 키워낸 세계 최고 인재이나, 놀고 있는 청년 20%(OECD 최하위 3위), ③ 줄폐업에 몰린 세계 최고 과밀 자영업·소상공인(미국의 4배, 일본의 2배), ④ 고사 위기에 처한 하청 중소기업(10곳 중 4곳이 한계기업, 대기업 생산성의 50% 미만)이 서민경제의 핵심이자 민생위기의 주체다.

부채에 짓눌린 경제 구조에서 민생용 복지비용을 미래 투자로 돈의 흐름을 바꿔주려면 어떻게 해야 하나? 고금리를 견디지 못한 중소기업과 자영업 도산도 줄을 잇고 있다. 자생력이 부재한 중소기업 생태계를 감안할 시 자연도태식 시장 자율적 구조조정은 네거티브섬 게임으로 흐를 가능성이 높다. 포지티브섬 게임(동반성장 2.0)의 구조개혁으로 기획해야 한다. 청장년 간, 대·중소기업 간, 수도권·비수도권 간 포지티브섬 게임으로 바꿔줄 수 있는 해법은 무엇인가? 어느 지도자가 언제쯤 나타나 제로섬게임을 넘어 네거티브섬 게임으로 치닫고 있는 우리 사회를 포지티브섬 게임으로 다시 돌려놓을 수 있을까?

근본적 민생해법은 내수 일자리 확대와 일자리 질 업그레이드다. 저물가를 실현하면서 고성장을 구현할 수 있는 기본 토대는 생산성 향상밖에는 없다. 연명형 정책자금·일회성 지원금에 그칠 것이 아니라 자립할 수 있게 기회의 물꼬를 터줘야 한다. 돈만 뿌리지 말고 미래 상환능력을 갖출 수 있도록 일감과 일자리를 제공하는 투자로 전환해야 한다. 곧 상환능력을 제고해주는 곧 생산적 재정 투자(투자형 재정 확대)로 설계한다. 국민 일자리의 질을 업그레이드하는 산업 구조 개혁(경제체제 전환, 유휴설비 활용, 자원의 적정 배분 출구 및 사업 전환 유도)과 연계시킨다. 차제에 과밀 과당경쟁에 내몰린 소상공인 자영업자 구조조정도 병행해야 한다.

민생 기반 성장 원칙은 ① GDP 양적 규모 성장에서 격차 해소, 일자리 창출 등 사회 문제 해결형 성장(질적 성장)으로 전환한다. 소수만이 아닌 다수가 성장에 참여하도록 국민의 기존 역량을 활용하는 운용 혁신이다. ② 내수 시장 수축기에 국내 제로섬게임(과당경쟁)을 해외 포지티브섬 게임(동반성장)으로 전환한다. ③ 경제정책을 운영(잘 관리) 중심에서 운용(잘 활용)으로 전환한다.

민생경제의 근본 대책은 기업과 국민이 일감과 일자리를 늘리도록 지원하되 수출과 연계되도록 해야 한다. 통상, 산업, 성장전략 등 경제정책을 모두 민생과 연계시킨다. 개방형 한국 경제는 수출 위축이 곧 내수 침체로 이어진다. 수출 전략과 유리된 민생경제는 없다는 뜻이다.

미국이 '중산층을 위한 대외정책'을 표방하듯이 통상 국가인 우리나라도 대기업의 해외 투자가 국내 민생경제(서민 일자리, 서민 부채 상환능력 제고, 자영업자 퇴로, 수입 물가 등)와 직접 연계(낙수효과, 고용, 중소기업참가 등)되도록 통상 모델을 재설계하는 것이 민생대책의 기본 토대다.

민생 경제주체의 몸통인 중소기업과 자영업자 과밀을 먼저 해소(중소기업 동반 진출)한다. 민생 삶의 질(국민 일감 고부가 업그레이드)은 경제 전반 생산성이 결정한다. 다수 중소기업과 자영업자가 저생산성 경제구조의 몸통이다. 내수의 기회 총량이 줄어들면서 과당경쟁이 일어나고 있다. 특히 자영업자는 인구 대비 식당은 일본의 2배, 편의점은 3배, 공급과잉으로 인한 구조적 과당경쟁이 경제 전반의 생산성을 떨어뜨리고 있다. 해법은 기업이 고용을 확대해 신규 진출을 막고 과밀구조를 해소하는 길밖에 없다.

민생 주도 성장은 소수 수출 대기업 중심의 양적 성장에서 다수 경제주체가 참여하는, 다수 국민과 다수 기업의 잠재 역량을 활용해 성장하는 운용 혁신(질적 성장)이다. 자생력 부재 중소기업+퇴출 자영업자+지방경기 부활의 균형발전 등 3개 과제를 묶어 일감과 일자리 창출형 성장 모델을 기획한다.

'경제는 심리다. 곧 민심이다'라고 했는데 민생경제 심리의 저변은 '지금은 어렵지만 내일은 더 나아질 것이다'라는 희망이 기본 토대다. 대통령의 지지도가 하락하면 국정 스타일(오만, 독선적 등)에 대한 반감이라는 말들이 나오고 있는데, 이는 자리 역할을 하지 못하는 대통령에 대한 실망감을 표출하는 구실에 불과하다.

국민은 무엇인지는 모르지만, 어려워도 희망을 가질 수 있도록 전환기에 있는 국가의 미래를 보여달라는 표현이다. 수많은 정책을 하나로 꿰는 공동체 미래 희망의 완성된 그림을 보여달라는 요구다.

생업에 내몰린 소상공인, 좌절하는 청년층, 생계를 걱정하는 노년층을 생활 의욕을 회복한 서민층, 희망이 생긴 청년층, 보람을 찾은 노년층으로 바꿔낼 때 민생심리는 회복된다. 민생심리를 좌우하는 것은 공동체의 희망 비전이다.

개혁 비전이 분명해야 개혁에 따른 고통을 분담할 수 있고 희망이 생기면 그 고통도 반감된다. 수입 다변화로 물가안정('K-경제공동체 관련 내용 참고)을 기한다. 민생의 키인 물가안정도 국내에서 개별 품목 가격상승을 관리하기보다는 환율을 안정시키고 수입처를 다변화해 수입 물가 상승세를 완화하는 것이 소규모 개방경제의 내수 물가 관리 기본 토대다.

소득 1분위(하위 20%) 가구의 52.7%인 적자 저소득 가구, 생계가 어려운 최저임금 300만 명, 소득 70% 금리 부담 400만 명, 취업포기자 232만 명(청년층 100만 명), 생업에 쫓기는 소상공인 578만 명(특히 고용원 없는 생계형 자영업자 437만 명, 플랫폼 노동자 포함, 자영업자 비중이 20% 초반으로 내려오면서 도태된 자영업자 중 취업 기회를 찾는 인력) 등 서민층을 위해 보다 나은 일자리를 창출하는 것이 민생경제의 궁극적 목표다(부록 '민생위기 극복 긴급 구제사업' 참고).

3. 국제 허브 국가의 국토환경 재정비

서울은 진정한 수도도 국제 도시도 아닌 기형적 과밀도시다

• 집적효과가 임계점을 넘어 초과밀의 역기능이 순기능을 압도

오늘날 BTS와 청년 유튜버들이 세계를 향해 발산하는 한류 서울은 매력적인 국제 도시로 비춰고 있다. 서울의 진짜 모습은 무엇인가? 서울은 진정한 국제 도시도 아니고 지방 도시를 이끄는 수도의 역할도 하지 못하는 국내 특별시에 머물러 있다.

국가의 2차 도약은 곧 수도 서울의 미래 비전에 달려 있다. 서울은 국제적인 인지도를 가졌지만, 진정한 국제 도시는 아니다. 일본 모리 기념재단의 도시 경쟁력 평가에서 2년 연속 서울이 7위를 차지했다고는 하나 FDI나 인바운드 관광객 등 국제 사회 돈과 사람이 모여드는 국제 도시 성적으로 보면 OECD 꼴찌 수준(만성적 관광수지적자, OECD FDI 비중 최하위)이다. 관광수지가 17년째 적자인 것만 봐도 아직도 서울은 국제 사회로부터 경제 흐름으로 번영하는 도시가 아니라 지방 산업이 창출한 부가 모여 유지되는 국내 도시에 불과하다.

인재와 자본이 모여들면 새로운 아이디어가 분출하고 이는 새로운 산업 창출로 이어진다. 도시의 규모와 인구 밀도가 산업 경쟁력을 결정짓

는 것이다. 이 좁은 국토에서 국가산업 경쟁력을 키우고 유지하기 위해서는 서울로의 집중이 불가피한 선택이자 당연한 현상이다. 서울로 집중해 규모의 경제가 작동한 덕분에 압축성장이 가능했다. 이제 서울의 '규모의 경제효과가 임계점'을 넘어 포화 상태에 이르러 높은 주거비, 인건비, 물가 등이 도시 경쟁력을 떨어뜨리고 있다. 글로벌 기업본부를 유치해 글로벌 비즈니스 허브가 되려면 과밀부터 해소해야 하는 이유다.

서울은 인구 밀도가 OECD 국가 대도시들의 2배에서 10배에 이르는 초과밀 상태로 인구 분산이 시급하다. 신림동 반지하 침수 가족 참사, 이태원 압사 참사 등은 모두 서울의 초과밀 도시환경이 근본 원인이다. 초과밀도시 서울의 서민층은 이미 가장 비싼 집에서 가장 비좁은 삶(1인당 7.96평)을 살고 있다. 섬도 아닌데 홍콩식 밀집주택을 감수하면서 말이다.

서울의 인구 밀도(평방 km당 1만 5,699명)는 단연 세계 최고다. 도쿄 3배, 파리 4배, 뉴욕 8배, 도시국가인 홍콩, 싱가포르보다 2~3배나 밀집도가 높다. 인구 밀도 덕분에 집적효과를 누렸지만 임계점을 넘은 초과밀은 도시 운영 제반에서 순기능을 압도하는 역기능(고비용, 저효율 구조의 성장한계)을 초래하고 있다.

과밀로 인한 혼잡비용이 집적효과를 압도함으로써 과밀의 부정적 파급효과가 악순환을 일으키고 있다. 초과밀을 해소하지 않고서는 과밀로 인한 사고위험과 환경오염에서 근본적으로 벗어날 수 없다. 일부에서 파리 등 서구 도시를 롤모델로 15분 생활권의 직주근접 도시설계를 주장하지만, 압축성장으로 단기간에 급팽창한 한국 도시와 서구 도시의 형성 과정이 다르므로 도시 문제를 해결하는 해법도 달라야 한다.

서울은 경제 발전과 더불어 무질서하게 팽창한 기형적 도시다. 도시는 핵심 도심을 축으로 시가지가 환산형-방사선형 구조로 확장되어야 하는데 서울은 대학, 학원, 상업, 주거지역이 혼재해 교통난과 주거난을 증폭시키고 있다.

주거비용 상승으로 서울로 몰려드는 청년들의 출산율까지 세계 최하로 만들고 있다. 청년실업률이 치솟는 이유 중 하나도 취업자가 원하는 일자리와 기업이 뽑으려는 인력 간 수급 불일치 곧 산업 미스매치 때문이다. 서울이 청년 세대에게 맞는 일자리를 제공하지 못하고 있다. 청년 인재의 수도권 집중 현상도 산업이 R&D 중심으로 고도화되면서 격에 맞는 일자리를 찾아 수도권으로 몰려오는 것이다.

도시 경쟁력 시대에 국가 수도로서의 도시정책이 아닌 부동산 정책이 서울을 뒤덮은 결과다. 집값과 물가수준이 감당할 수 없는 수준까지 올라 빅테크 기업들이 실리콘 밸리를 떠나는 것이 이를 방증한다. 미래를 먼저 만들면 미래가 현재 문제를 해결해준다고 했다.

• **국제 도시 경쟁력은 곧 미래산업 클러스터 규모의 경쟁력**

도시발전은 인구 규모보다 그 도시의 산업과 기업이 얼마나 넓은 글로벌 경제영토와 교역을 하느냐에 달려 있다. 즉 지역 도시에서 국제 도시로의 진화다. 국제 도시 경쟁력은 곧 미래산업 클러스터 규모의 경쟁력이다. 산업 간 경계를 허무는 업종과 기술의 융합이 대세가 되는 융합 시대에 클러스터 규모의 확장이 곧 혁신 동력 확장으로 이어진다.

산업 경쟁력은 산업 클러스터의 글로벌 경쟁력이고, 이는 클러스터의 규모에 비례한다. 경제성장기 지자체별 산업 배치 및 경쟁 구도가 임계점에 도달해 지역별 산업 분산이 글로벌 경쟁력을 떨어뜨리고 있다. 서울의 미래산업 비전을 먼저 그리고 그에 걸맞은 도시환경을 설계하는 것이 미래형 계획도시다.

부동산 해법도 그 안에 있다. 국제 도시가 되려면 도시 내 산업과 기업이 글로벌 시장을 대상으로 제품과 서비스를 유통할 수 있어야 하고 이는 글로벌 경쟁력을 갖추어야 가능하다. 산업이 글로벌 경쟁력을 갖추려면 산업별 클러스터가 규모와 네트워크 효과 면에서 글로벌과 경쟁할 수 있는 수준으로 조성되어야 한다. 예를 들면 우리나라 바이오산업은 대전, 서산, 오송, 제천, 충주 등 전국에 15여 개 지자체 산단으로 분산되어 있는데 미국 보스턴의 바이오 클러스터에 비교하면 그 규모가 턱없이 작다. 한정된 자본과 자원을 지자체별로 분산 배치해서는 글로벌 차원의 경쟁력을 갖출 수 없다. 서·경·인에 분산된 수도권의 산업들도 마찬가지다. 대부분 특정 가치사슬 분야에만 집중되어 규모와 네트워크 효과에서 경쟁력이 떨어진다.

클러스터의 집적 규모에 비례해 더 많은 관련 스타트업이나 글로벌 기술 보유 기업들을 유치(FDI)할 수 있다. 신산업은 축적된 산업 기반이 없기 때문에 클러스터를 조성하려면 앵커 역할을 해주는 대기업의 존재가 필수다. 대기업이 산업 네트워크를 형성하는 구심점 역할을 해주기 때문이다. 대기업은 지역 대학과 산학 협력으로 관련 인재 육성 및 R&D 기능을 선제적으로 구축할 수도 있다. 글로벌 경쟁력을 갖춘 미래산업 클러스터가 조성된 거점도시를 중심으로 지방 경제가 자생력을 갖고 지속해서 성장할 수 있다.

• 부동산 문제 근본, 서울 도심 초과밀을 초래하는 경제 사회적 구조

서울 도심으로 몰리는 경제사회 구조적 과밀화 원인(서울 Asset Parking, 교통난, 학교 등)이 해소되지 않은 상황에서 공급 확대(과밀화), 수요억제(집값 상승) 모두 집값 상승과 도시 경쟁력(삶의 질) 악화라는 악순환만 초래할 뿐이다.

서울 집값이 치솟는 근본 이유는 수요 대비 주택(토지)의 희소성이다. 대출 규제 등 수요억제, 그린벨트 해제 등 공급 확대 모두 근본적 대책이 될 수는 없다. 서울로 집중되는 주택 수요 자체를 분산시켜야 한다. 혁신도시, 공공기관 이전 등의 정책이 실질적인 인구 분산 성과를 내지 못한 것을 감안하면 수도권 내 광역 재설계가 가장 현실적인 해법이다. 서울 거주 수요 분산은 ① 도심 학군 수요, ② 도심 내 산단 공장 일자리, ③ 은퇴 시니어 등을 1차 대상으로 할 수 있다.

서울 도심 아파트를 요구하는 사회적 구조를 근본적으로 해소하기 위해서는 산발적 주택 공급이 아니라 '도시 단위'로 접근해야 도심 주거환경도 개선하고 동시에 미래형 인프라스트럭처를 갖출 수 있는 공간도 확보할 수 있다. 미래 라이프 스타일이 반영된 도시계획 차원에서 주택 공급에 나서야 한다. 도시 단위 글로벌 경쟁 시대에 국토 전체의 미래 경쟁력을 구축하고 특히 서울이 국가 경제를 견인하고 지방 경제의 성장 기제가 되는 수도로서의 도시 경쟁력을 갖추게 하면서 동시에 부동산 문제를 근본적으로 해결해야 한다.

선거 때마다 서울 아파트 공급 확대 공약이 난무한다. 도심 택지확보가 어렵고 이미 초과밀 도시에 아파트를 더 짓는 것도 헌법정신('쾌적한 주거환경' 제공)에 맞지도 않다. 서울 도심의 추가 공급 확대는 장기적으로 도심 인구 유입을 가중시켜 주택난의 악순환을 초래한다. 증가하는 아파트 수요에 단세포적 공급 확대로 대응하기보다 인구가 몰리는 사회적 구조를 해소해 인구 분산을 유도하는 것이 근본 대책이다.

특히 서울 도심의 과밀 환경과 교통 혼잡을 해소하는 길은 서울 거주 은퇴 세대와 학생 인구를 수도권 외곽과 지방으로 이전시키는 것이 키다. 차제에 도시 재설계와 연계해 서울 도심과 가까운 1기 신도시를 중심으로 주거지대를 지정하고 주택 대량 공급에 나선다.

서울의 부동산 가격을 안정시키기 위해서는 징벌적 조세정책으로 주택 수요를 억제하기보다 세 가지 근본적인 원인에 대한 해결책이 선행되어야 한다. 초과밀화되고 있는 서울 도심 인구를 어떻게 분산시킬 것인가?

지방인구 유입을 막기 위해서는 어떻게 지방 경제를 활성화해 일자리를 만들 것이며 이를 위해 국가 대표 도시인 서울은 어떤 역할로 지방을 이끌 수 있는가? 기형적으로 팽창된 서울이 미래의 진정한 국제 도시로 재탄생하려면 그에 걸맞은 도시 경쟁력을 갖추려면 어떻게 재설계해야 하나?

국내 최고의 도심 요지에 임대주택 건설 여부로 서울시와 강남구가 대립하고 있다. 강남구는 '국제 교류 복합지구' MICE 단지로 조성해야 한다고 하고 서울시는 임대주택 단지로 추진 중이다. 대한민국의 수도인 서울을 온통 아파트촌으로 만들 기세다. 당 대표를 지낸 모 정치인은 서울을 집값 문제 및 재산 가치로만 평가하는 현실에 빗대어 '천박한 도시'라고 발언해 논쟁을 일으킨 바도 있다.

한국에서 제일 비싼 도심의 땅을 처분하거나 용도를 바꾸고 그 재원으로 도심을 벗어나면 몇 배나 많은 집을 보다 쾌적하고 여유로운 공간에 지을 수 있고 도심과 연결하는 도로 인프라를 깔면 보다 실질적인 서민 주거난 해소에도 도움이 될 수 있지 않은가.

서·경·인 통합 수도 광역화 및 전국 5대 글로벌 메가시티 체제

• 글로벌 산업 수도로서 국제 도시 경쟁력 및 국제 허브 환경 조성

한때 수도권의 각종 문제와 갈등 해결, 북경 상해 동경 등과 경쟁하기 위해서는 광역화가 필수라며 서울, 경기, 인천을 통합하는 대수도론(論), 광역 서울도 론(論)이 대안으로 나온 바 있다. 대구, 경북 통합, 동남권 메가 시티화 등 광역 통합만이 능사가 아니다. 사이즈만 키운다고 도시 문제가 해결되고 경쟁력이 생겨나지 않는다.

우리보다 앞서 2004년부터 지역 경쟁력 제고와 규모의 경제를 확보하기 위해 광역개편(지역주권형 도주제)을 추진했던 일본은 여전히 경제 침체의 늪에서 벗어나지 못하고 있다. 일본은 우리나라보다 훨씬 내수 중심 경제임에도 그렇다. 2010년 통합한 창원시가 통합 전후 경제 사정이 달라졌는가? 개방경제의 문제를 내수경제로 풀려고 해서는 효과가 없다.

수도가 글로벌 산업 수도로서 5대 지식기반 산업의 국제 허브 도시가 되어야 지방도 산업 수도로 변신할 수 있다. 마중물 역할을 서울이 해야 한다. 수도권 대 지방 대립 구도의 우물 안 경쟁에 빠져 있을 게 아니라 전체 글로벌 경쟁력 차원에서 봐야 한다. 수도권을 어떻게 활용할 것인가? 지방이 침체한 것은 서울에 밀려서가 아니라 후발국에 지방 산업 경쟁력을 잃었기 때문이다. 지자체 산업도시들이 모두 국제 도시를 표방하고 관광객 1,000만 명 유치 목표를 외치는 배경도 상품 제조수출형 지역 산업과 지역 도시로서의 성장한계를 인식하고 있기 때문이다.

지자체가 광역시 중심의 국제 도시로 진화하는 길이 여기에 있다. 국가원수만이 아니라 자치분권의 광역 지자체장에게도 본격적인 국제외교 시대가 열리고 있다. 한국 지자체장들이 수도권 집중을 탓하고 있는 사이에 중국의 지방 도시 지도자들은 한국 기업을 유치하려고 발 벗고 뛰고 있다. 리더의 글로벌 시각과 우물 안 시각의 차이다.

서울이 세계 7대 무역 강국의 수도 역할을 하려면 먼저 국제 도시로 거듭나야 한다. 글로벌 자본, 인재, 기술이 유입되는 국제 허브 도시로의 도약이다. 국제 도시가 되려면 국제적인 역할이 있어야 하고 국제 역할은 국제 사회와의 연결성으로 구현된다.

런던, 뉴욕, 파리처럼 한 국가의 산업 경쟁력은 대표 도시의 국제 역할로 드러난다. 뉴욕은 글로벌 경제 수도다. 노르웨이 오슬로는 세계의 '그린 수도(Green Capital)'이다. 차 없는 도서관, 물에 뜬 호텔 등 탄소배출 제로 도시를 선도하는 유럽의 미래도시 테스트베드다.

수도 서울이 국제 사회 한국의 지경학적 경계위치를 활용해 선·후발국을 잇는 브릿징 허브 도시로 포지셔닝하면 지자체의 산업도시는 각각 지역특화 산업별 산업 수도로 거듭나 서로 윈윈 체제가 된다.

미래는 국가 단위를 넘어 도시 간 경쟁의 시대다. 글로벌 산업 수도 역할을 하려면 국제 허브로 도시 경쟁력을 먼저 키워야 한다. 국제 도시 경쟁력은 곧 산업 경쟁력으로 나타나고 그 기반은 미래산업별 클러스터를 메가 구획화하는 데 달려 있다.

서울-경기 간 과밀 전철로 출퇴근하는 인구만 하루 125만 명이나 된다. 초과밀이 부동산 가격상승, 교통혼잡, 각종 안전사고와 환경오염의 온상이 되고 있다.

　35층 규제를 푼 고밀도화로 과밀화를 해결할 수는 없다. '고밀도화로는 도심 녹지공간을 더 많이 확보하기 위함이고 과밀화 해소는 광역화가 필수'다. 서울 시민만이 아니라 국제 사회 한류 시민과 글로벌 기업을 담을 수 있는 그릇으로 도시를 확장시킨다. 북경, 상해 모두 2,000만 명이 넘는 도시 규모를 자랑한다. 그레이트 런던, 동경도, 그랑파리 모두 광역화된 국제 도시다.

　새로 특례시로 지정된 경기 수원·고양·용인·경남 창원 등 인구 100만 명급 도시가 도정에서 빠져나와 행정·재정자치권을 갖게 되면 도는 세수가 빠져 껍데기만 남는다. 정보통신과 교통 인프라의 발달로 경제권이 일일생활권으로 통합된 오늘날 조선 8도 도정을 없애고 시정 중심으로 가는 것은 자연스러운 진보다. 인천, 성남, 수원 등도 서울을 중심으로 수도권으로 브랜딩할 수 있다. 국제 사회에서 서울시 인천, 서울시 성남, 서울시 수원으로 명찰을 달고 싱가포르, 홍콩, 상해 등의 국제 도시와 경쟁하는 격이다. 모두 대한민국 '수도 서울'의 위성도시들이다. 미래는 국가 단위를 넘어 도시 간 경쟁의 시대다. 경기도에 위치한 1기 2기 3기 신도시 모두는 경기도가 아니라 서울 과밀 해소를 위한 서울의 확장 과정이다. 국제 도시로서 국제 공항과 항구가 있는 인천을 포함해 경인권 일대를 어떻게 서울과 더 긴밀히 연결시키느냐가 관건이다.

• 선(先) 국가 경쟁력, 글로벌 산업 수도 플랫폼 역할

서울은 국가 특별시로 성장했으나 지방 도시를 이끄는 '국가 수도'의 역할은 하지 못하고 있다. 재벌기업이 수많은 중소 납품업체의 희생에 힘입어 글로벌 기업으로 성장했듯이 서울은 범국가적 경제개발 성과가 집중되면서 특별시로 성장했다.

오늘날 서울은 지방인구와 부를 빨아들이는 블랙홀로 전락했다. 수도권 일극 체제에 맞선 지역 균형발전 요구가 거세다. 수도이전 요구가 나오는 배경이다. 전국 어디든 2시간이면 도달할 수 있는 좁은 국토에서 수도권으로 인구와 정보가 집중할 수밖에 없는 구조다.

중국 광동성 하나보다 작은 나라다. 서울이 한국 경제상승의 기제가 되지 못하니 일극 체제라 비난받는다. 수도권이 국내 집적효과로 일극 체제를 이루었다면 이제 수도권의 글로벌 경쟁력을 키워 국가 전체가 글로벌 집적효과를 얻도록 해야 지방 경제(비수도권)의 발전 잠재력을 끌어낼 수 있는 기회가 생겨난다.

우리 지방 도시 모두가 국제 도시를 지향하는 것도 전 세계로 경제활동 공간을 확장하겠다는 의도가 담겨 있다. 지방 산업이 살아나지 않으면 수도권으로의 쏠림현상을 막을 수 없고 서울 집값도 안정화할 수 없다. 국가 경제가 침체하는데 지방 경제만 따로 성장할 수 있는 길이 있나. 지방이 살려면 국가가 먼저 한 단계 더 발전할 방향을 찾아야 한다. 수도권 규제-지방 발전의 구도가 아니라 '수도권 경제와 지방 경제의 연계성을 높이는 쪽으로' 정책을 바꿔야 한다.

수도권 규제개혁을 통한 수도권 성장이 비수도권 성장을 끌어내는 기제가 되어야 한다. 수도권은 인구 50%, GDP 52.5%를 차지하는 국가 경제의 몸통이기 때문이다. 수도는 국가 경제를 견인하고 국가 전체의 국제 도시화를 이끄는 기관차 역할이 주어져 있다. 글로벌 산업 수도 역할의 '메가 국제 도시화'를 추진한다. 한국의 수도를 넘어 세계 수도로서의 국제 허브 도시다.

서울은 지방을 이끌 수도로서 균형발전을 위한 견인차 역할을 담당해야 하고 이는 글로벌 산업 수도 플랫폼으로 구현된다. 수도가 지방 경제활동의 공간을 확장시키는 교두보가 되는 것이다. 이를 위해 서울은 과밀로 인한 도시 문제를 해결하기 위한 수도권 통합 광역 재설계의 메가 시티화, 지방은 거점도시를 중심으로 지역 인구를 집중시킬 메가 시티화, 인구가 줄어드는 국가 전체는 글로벌 인구를 끌어들일 국제 허브화(글로벌 산업 수도화)가 필요한 시점이다.

- **[부동산 해법 2.0] 수도권의 '생활권과 행정구역 불일치'로 인한 비효율 해소**

2021년 10만여 명이 주택 문제로 탈서울 했다. 서울-수도권 이주 사유는 '더 넓은 집을 찾아 탈서울하고 교통편을 위해 인서울한다.' 곧 외곽지역 주택과 서울과의 30분 교통 연결이 서·경·인 광역화의 키다. 서·경·인은 실질적인 서울 생활권이다. 경기, 인천 이주자의 50%는 여전히 서울에서 생업 활동을 하고 있다. 대표적인 전출지는 하남, 화성, 김포시 등으로 대규모 도시개발 지역이다. 전출의 주요 원인은 수도권 주택 재개발로 인한 신규주택 공급이다. 특히 코로나19 팬데믹 이후 재택근무와 원격 근무가 뉴노멀로 정착되고 있으나 청년들의 주거환경이 열악하다 보니 주4일제 등도 큰 호응을 받지 못하고 있다.

- **부동산 해법, 서울 도심 초과밀 해소**

초광역(메가) 구획화로 서울 도심 거주 수요 자체를 분산시킨다. 서울의 과밀인구를 분산시키는 1차 목표는 베이비부머 은퇴 세대와 학생 인구다. 학생은 대학의 2선 재배치로 가능하고 은퇴 세대는 2선에 실버타운 신도시를 건설(주택 공급 대안)해 저렴하게 분양하거나 임대하고 서울 집을 팔고 옮겨갈 경우 양도소득세, 취득세, 상속세, 증여세 등을 감면해주는 등 다양한 유인책을 강구할 수 있다.

고령화 시대에 미국만 해도 애리조나 주에 인구 3만여 명의 선시티를 비롯해 수백 개의 실버타운 도시가 운영되고 있다.

서울에는 267만 명(2021년)의 65세 이상 시니어 인구가 있다. 이들이 경로우대를 받고 지하철 혼잡을 일으킨다. 이들 상당수는 지방 출신이고 전원생활을 희망한다. 이들을 1차 대상으로 인구 분산을 추진한다. 학교는 주거지역과 붙여서 환경 좋은 곳으로 옮겨가고 경기도민도 서울 시민으로 살도록 하고 서울 도심의 업무단지와 상관없는 은퇴 인력은 주거지역으로 나오도록 유도해야 한다.

- 광역 수도 방사선 재구획(출퇴근과 등하교 교통의 이원화)

  1선(線) 비즈니스 거점(현재 서울 25구) ↔ 2선 주거·학교(1기 2기 3기 신도시) ↔ 3선 산업지구(수도권 외곽지역)

서·경·인(서울, 경기, 인천)은 동일 경제 생활권이다. 교통문제 주거문제 교육문제 일자리 문제 환경문제 모두 밀접하게 서로 연결되어 발생하고 있는데 성장정책, 일자리정책, 교통정책을 따로 추진하면 근본적인 해결이 될 수 있나?

수도권의 경제성장과 일자리 창출을 효과적으로 추진하려면 서울, 인천, 경기를 통합해 광역 정책 추진 체제를 구축해야 한다. 신성장산업 육성, 일자리 거점 지구 개발, 인공지능, 로봇 등 선도 기술 비즈니스화 같은 성장전략과 일자리 창출 전략은 중앙정부와 서울 인천 경기도가 각개전투하듯이 따로따로 할 수는 없다. 중앙정부 관련 부처와 광역 시도가 '협업, 전략, 예산' 형태로 편성하고 전략사업과 사업지구에 공동 투자하는 방식으로 추진해야 한다.

서울의 재설계는 곧 미래 한국을 설계하는 것과 같다. 새로운 도시를 디자인하면 새로운 성장 기회가 열린다. 새로운 도시 시스템(도시 문제 해결)은 새로운 라이프스타일을 낳는다. 서울은 한류 라이프스타일 플랫폼이다.

서울이 MZ세대가 자율주행, 스타트업, 연구개발과 같은 4차 산업혁명의 '미래산업에 부합되는 고급 일자리'를 만드는 환경으로 빨리 바꿔줘야 하고 이를 위해 서울이 국제 허브로 변신하고 글로벌 기업을 유치할 공간과 환경이 조성되어야 한다.

수도권의 경기·인천·서울을 묶어 광역화시킨다. 경기 북부를 제외한 서울과 인접한 11개 도시들을 묶어 수도권 차원의 최적화를 목표로 종합개발계획(도쿄도의 환상형 도시계획 사례)이 나와 수도권 공간구조를 재편(광역교통 인프라 등)해야 한다. 물리적 통합에 그치는 것이 아니라 수도권 전체를 방사선형 계획도시로 재구획하는 화학적 통합이다.

서울 도심 25구는 비즈니스 지대, 2선 신도시 지역은 주거지대와 학교, 3선 경기도 외곽지역은 산단 지대로 구획한다.

이미 GTX ABC 노선, 수도 2차 순환도로, 신도시 3기 등 서울, 경기, 인천을 광역도시로 묶는 물리적 인프라 투자는 방사선형으로 추진되고 있다. 도심 내 낙후된 주거지역은 고층 아파트로만 재개발하지 말고 글로벌 기업들이 입주하는 첨단산업과 문화 예술이 어우러진 R&D 기지, 문화공간, 공원을 품은 국제 업무지구로 조성한다. 주거지역은 학교와 비즈니스 지역의 중간 지대(신도시 1, 2기)에 위치해 비좁은 서울보다 더욱 여유 있는 주거환경을 제공할 수 있다. 단 수도권 어디에 살더라도 도심으로 1시간 내 출퇴근이 가능하도록 교통인프라를 방사선으로 연결한다.

경기도에서 서울로 대중교통으로 매일 통근·통학은 평균 1시간 27분

(편도)이 소요된다. 가장 큰 교통 흐름인 학생의 등하교, 직장인의 출퇴근이 분산된 방사선형 도시로 설계한다. 서울 지하철에 대학 이름이 들어간 역이 20개가 넘는다. 세계에 이런 도시가 없다. 등하교와 출퇴근을 분리해야하는 이유다. 신도시 교통지옥 사태를 푸는 길도 대학을 이전해 출퇴근과 등하교 교통을 이원화시키는 것이다. 도심 내 위치한 대학(44곳, 100만 명 학생)을 제2 캠퍼스로 통합하면 도심 상업지역(비즈니스 지대)으로 향하는 출퇴근과 등하교 교통이 이원화된다. 도심 대학은 석박사 과정만 남기고 학부 과정은 제2 캠퍼스가 위치한 2선으로 이동한다. 서서울 소재 공장이 1만 1,277개나 되는데 도심 산단은 수도권 최외곽 지대인 3선으로, 낙후된 경기 북부 지역으로 재배치해 경제 활력을 제공한다. 도심 대학과 산단 부지에는 글로벌연구소·글로벌대학·테마 관광호텔·아레나 등을 유치해 R&D, 비즈니스, 문화시설이 융합된 복합단지로 바꾼다.

사실 부동산 공급대책으로 내놓는 수도권 공공택지 및 GTX 등 신도시 조성계획을 보면 수도광역화가 이미 실질적으로 일어나고 있다. 이를 어떻게 사전적으로 미래 계획도시 청사진 계획하에 추진하느냐의 문제일 뿐이다.

• [서울 비전2.0] 미래 서울 비전

서울은 한류로 세계를 품은 미래형 국제 명품도시로 재탄생한다. 명품도시는 그린환경과 고품격 지식산업이 결합된 도시다. 수도 서울의 미래 산업은 저출산·고령화의 지식사회에 걸맞게 고부가 지식집약산업이면서도 일자리 창출 효과가 큰 서비스산업이어야 한다.

거대경제권의 산업 종속화를 피할 수 있도록 특히 중국산업과 차별화해야 한다. 지구적 과제인 기후변화에 대응해 친환경 산업이어야 한다. 세계의 인재와 자본을 끌어들이는 도시 경쟁력의 기본 요소는 관광매력이다. 국제 허브 도시는 예외 없이 MICE 테마관광이 기본 경제 플랫폼이다.

글로벌 산업 수도로 진화한 서울은 한류 매력에 기반한 관광 입국 토대 위에 서울만의 지식서비스산업을 꽃피운다. 수도가 지방을 위해, 본사가 사업장을 위해, 코치가 선수를 위해 하는 일은 교육 기능, R&D 기능, 체험 견학 장 기능으로 집약된다. 수도 서울은 상대국에 필요한 적정기술을 개발하는 글로벌 연구소로, 개발 금융의 허브로, 산업화에 필요한 인재개발과 함께 사회개발에 필요한 생활문화서비스 콘텐츠를 개발하고 교육시키는, 세계인을 위한 교육장으로서의 국제 교육도시, 인재 육성 허브로, 세계인이 미래의 디지털 라이프 스타일을 경험하고 견학할 목적으로 방문하는 MICE 테마 관광 대국으로 브랜딩된다.

미래 서울은 MZ세대가 만들어가는 한류 기반 디지털 문화콘텐츠 산업의 메카다. 세계 최대 단일 시장인 중국 진출 교두보로, 글로벌 기업의 동북아·아태본부 및 비즈니스 허브 역할을 수행하는 첨단산업 국제지구다.

수도 서울의 글로벌 산업 수도화는 화석연료 의존도가 높은 제조업 중심의 기존 경제·산업 구조를 지식서비스산업 중심으로 탈바꿈시키는 경제 체질 전환 플랫폼이기도 하다. 제조산업 대신 엔지니어링 컨설팅산업, 교육문화 한류 콘텐츠산업, 개발 금융산업 등 고부가가치 지식서비스산업으로 경제체질이 업그레이드된다. 허브 역할을 하는 홍콩·싱가포르·두바이와 같이 서비스산업이 미래 성장동력으로 떠오른다.

[균형발전 2.0] 지역 균형발전 플랫폼으로서 글로벌 산업 수도

『지방 경제는 경제 성장기에 산업도시 중심으로 지역별 집적에 따른 균형발전을 이루다가 경제가 수축되면서 수도권 집적으로 옮겨가고 있다. 기계적 인위적 국내 균형을 이루려는 시도가 국가 전체의 글로벌 경쟁력 비효율을 초래하는 우를 범하고 있다. 지방 쇠락을 막는 길은 수도권 비수도권 간 제로섬게임에서 벗어나 1차적으로 지역 단위로 광역화(전국 5대 메가시티 체제) 집적(산업의 메가 클러스터화)을 일으키고 2차적으로 지방 산업 특성을 레버리지로 활용해 '특화산업'의 글로벌 수도(국제 허브) 화로 글로벌 집적을 일으키는 국제 도시화로 승부하는 것이다. 균형발전은 수도권 국내 집중 완화가 아니라 지방에 글로벌 집적을 유도하는 방향으로 가야한다.』

노무현 정부 이래 국가균형발전을 내걸고 혁신도시 건설, 국가혁신 클러스터 조성, 벤처 활성화, 공공기관 이전 등 매년 천문학적인 재정을 지방에 투입했지만, 수도권 과밀화, 집중화는 해소되기는커녕 수도권 인구가 50%를 넘어서고 있다. 혁신도시가 활성화되지 않는 이유를 정주 여건 인프라 탓으로 돌릴 것인가.

창원 기계 산단의 수출이 2008년을 고비로 하락하고 있다. 조선, 자동차, 석유화학의 울산 공단 수출도 2011년을 정점으로 추락하고, 구미 전자 산단은 2015년을 정점으로 축소되고 있다. 지방은 이미 제로성장에 육박하고 있다. 울산, 경남, 경북은 평균 0%대, 부산, 전북 등은 1%대 성장이다. 중국 제조업의 급부상과 글로벌 경제질서 변화에 제때 대응하지 못한 지방 제조업의 몰락이 인구 유출과 상권 붕괴로 이어지고 있다. 모든 지자체가 혁신도시, 국제도시, 관광도시를 재도약 비전으로 외치고 중복된 첨단산업 유치 경쟁(혁신도시, 창업생태계 경쟁)을 벌이고 제조업 추락을 보완할 목적으로 관광객 유치를 내세우며 볼거리, 먹거리, 놀거리 확충을 위한 시설 경쟁을 하고 있다.

균형발전은 부인할 수 없는 가치지만 어떻게 이를 이루냐는 시각에 따라 다르다. 공공기관을 지방으로 분산해 지역발전을 도모하려는 외생적 발전 전략은 이 작은 나라에서 국가 전체 도시 경쟁력(분산으로 인한 집적효과 감소)을 떨어뜨리는 하향 평준화를 초래할 수 있다. 지방 스스로 각자 자기 역할을 찾는 내생적 발전 전략(자체적으로 일자리를 만들 수 있는)으로 가야 한다. 수도권과의 경쟁 구도에서 벗어나 지방의 산업도시 특색을 살려야 한다. 진정한 자치분권도 중앙정부로부터의 권한 독립을 넘어 자립적으로 경제 성장을 할 수 있는 역량을 발휘할 때 실현된다. 지방 자체의 경제를 살릴 수 있는 내재적 성장동력을 먼저 찾아야 한다.

• **지방침체 근본 원인, 수도권과 비수도권의 산업 분화가 수도권 쏠림 초래**

포항의 향토 대기업 포스코가 지주회사 본사를 서울로 옮긴다고 하자 지역투자가 줄고 인재가 유출된다고 지자체의 반발이 격하다. 기업은 본사는 서울에, 사업장은 지방에 두는 것이 기본 구도다. 지방 경제는 제조업이 기반이고 서울은 고부가 지식서비스업이 주류다. 국내 상장사 72.3%가 본사를 수도권에 두고 있고 상위 1% 근로 고소득자 74.5%가 수도권에 몰려 있다. 2015~2020년 5년간 지식서비스 3대 업종(SW, 정보서비스, 영상방송 콘텐츠 창작, 연구개발 및 전문서비스업)의 취업자 수 순증 80%가 수도권 몫(산업연구원)이다.

비수도권 위기는 산업 구조의 변화와 긴밀하게 연관되어 있다. 산업 구조적으로 수도권 중심의 탈 제조업화와 비수도권 제조 분야의 불황이 수도권과 비수도권 일자리 격차를 심화시키고 있다. 지방에 위치한 제조 사업장이 경쟁우위를 잃고 해외로 옮겨가면서 국내는 HQ 기능(연구사무직) 중심의 지식서비스 기반으로 재편되고 지방에 본거지를 둔 기업들도 지식기반 업무를 수행할 고급인재를 확보하기 위해 수도권으로 이전하고 있다.

지방의 고학력 청년 인재는 제조 생산 현장 일자리보다는 지식 기반의 연구사무직을 선호하므로 지방을 떠나 수도권으로 향한다. 지식사회 고학력 청년에게 제조업(현장 생산직) 일자리는 더 이상 양질의 일자리가 아니다. 지방의 청년 인재 유출 배경이다. 지방 산업 자체가 지식기반 일자리로 옮겨가지 못하면 고학력 청년은 수도권으로 떠날 수밖에 없다. 대학 위기 또한 산업 구조 변화로 인한 사회적 인구 이동 현상이다. 그런데 비수도권은 지역 내 산업을 고도화시킬 정책 레버리지는 고민하지 않고 수도권 탓만 하고 있다.

청년들이 수도권으로 옮겨가지 않게 하려면 지방의 사업장이 제조 업무에서 지식기반 곧 연구사무직 일자리를 늘려야 한다. 어떻게 제조 중심 지방 산단을 지식 기반(HQ 연구사무직) 산단으로 바꿔주느냐가 키다. 전통 제조업을 버리고 고부가 첨단 신산업을 유치한다고 해결되지도 않는다.

현재 지자체 간 중복으로 유치 경쟁이 치열하게 일어나고 있다. 신산업이 성장해 일자리를 창출하는 것과 전통산업이 축소되면서 줄어드는 일자리 간 속도 딜레마에 봉착하기 때문이다. 신산업을 키워 전통산업을 대체하는 데는 장시간이 소요되고 전통산업에서 캐시카우 역할을 해줄 여력이 있어야만 지속 가능하다.

이 모두가 뒷받침되어도 글로벌 경쟁력을 갖춘다는 보장은 없다. 따라서 이미 글로벌 경쟁우위를 갖춘 기존 산업을 한 단계 위 지식서비스업으로 진화시키는 것이 우선이고 그 토대 위에 신산업을 육성해나가는 것이 산업 구조개혁을 이루는 선순환 사이클이다.

어떻게 지방도 수도권과 같이 고임금 일자리가 생겨나게 할 수 있나?

수도권에 본사를 둔 기업은 상장사 대기업이 대부분이고 중소기업은 사업장이 전부다. 지방 중소기업이 수도권과 같이 고임금을 받으려면 고부가 본사 역할로 옮겨가야 한다. HQ의 백오피스 일자리(연구사무직)는 제조 일감 확대와 비례해서 증가한다. 즉 제조 일감을 늘려야 이를 지원하는 HQ 업무가 늘어나는데 지방은 제조기지의 경쟁력을 잃고 공장 가동률이 떨어지고 있으니 다시 공장 일감을 늘릴 수 있는 시장을 찾아야 한다.

지방의 중소기업 사업장이 본사 역할로 바뀌려면 개도국에 사업 현장을 만들어 현장 일감이 생겨나야 한다. 개도국에 현장 일감이 생겨나면 지방 중소기업은 HQ 업무로 옮겨가고 지방의 산업도시는 수도권과 같은 지식서비스 집적효과를 누릴 수 있다. 이런 측면에서 현재 지자체가 추진 중인 스마트 산단(산단 대개조 프로젝트)은 현장 일감창출과는 거리가 있다. 지방 제조 산단의 근무 환경을 개선해주고 생산공정에 디지털을 입힌다고 지식 기반으로 바뀌는 게 아니다. 디지털전환 및 디지털 혁신의 성과도 결국 고부가 지식서비스 일감 창출(연구사무직 일자리)로 나타난다.

우리 국민이 국제 사회 곳곳에 현장 일감을 창출하는 현지 사업장을 조성하면 우리나라는 현장을 지원하는 본사 역할의 글로벌 산업 수도가 되고 우리 국민의 압축적 발전 경험과 기술 노하우는 모두 현장 일감을 지원하는 본사의 부가가치 지식서비스 일감으로 바뀐다.

- **분산균형의 제로섬 게임에서 융합시너지의 포지티브섬 게임으로**

이 작은 나라가 지방분권으로 나뉘어 자치를 한다고 각자 중복 살림

살이를 차렸으니 시대상을 반영한 효율적 행정을 기대하기는 어렵다. 서로 힘을 합쳐야 할 융합 시대에 선 국가 최적화 후 지역 최적화인데 지역 간 이해관계에 따라 이전투구가 벌어지고 있다. 수도를 옮긴다고 인구 분산, 양극화 해소, 균형발전이 이루어진다고 할 수 없다. 세계은행은 세종시를 실패 사례로 들었다. 진정한 국토 균형발전은 수도 이전이 아니라 지방 자체의 경제 부활 해법에 있다.

 지역 균형발전의 본질은 균형이 아니라 지방 경제 부활이다. 지방 경제를 어떻게 살릴 것이냐지 수도권과의 상대적 균형을 이루는 것이 아니다. 균형이라는 말 자체가 본질을 가리고 있다. 균형발전을 수도권과의 불평등·불균형 해소 관점에서 볼 것이냐, 지방 성장 기회 개발 관점에서 볼 것이냐이다.

 수도권 과밀문제(수도 확장)와 지방 균형발전(고유 역할)은 따로 접근해야 한다. 지자체의 경기침체 근본은 수도권에 부를 빼앗겨서가 아니라 지역 내 기간산업이 쇠퇴하면서 일어난 일이다. 핵심은 지방 스스로 '발전의 기회'를 찾는 길이다. 지방은 수도권과 경쟁할 것이 아니라 서로 다른 상호보완적 역할을 찾아야 한다. 그리고 그 역할은 국내 시장에서가 아니라 글로벌 시장에서다.

 지방이 살아야 나라가 산다(역대 정부 문제의식)? 나라가 되살아나야 지방도 산다! 국가 전체를 고르게 발전시키자는 '국가균형발전'이 하향 평준화를 의도하는 것이 아니라면 나라 전체가 성장이 정체되고 있는데 지방만 따로 잘 살 수 있는 길이 있을 수 있나. 지역침체(소멸 위기)는 수도권 중심의 정책이 초래한 것도 아니고 자치와 분권이 부족해서도 아니다. 국가 경제가 수축기에 들면서 생존을 위해 국가 차원의 본능적 집적 결과(수도권 과대·과밀)이다. 부·울·경(840만 명) 경쟁력은 대한민국의 국가 경쟁력 안에서 결정 난다. 국가 전체의 산업 기조가 경쟁력을 잃어가고 있는데 부·울·경만 살길을 찾을 수는 없다. 지방 경제가 살아나려면 국가가 성장할 길을 먼저 찾아야 한다는 뜻이다. 지방 산업을 살리기 위한 '전향적인 국가 차원의 산업정책'이 먼저 나와야 한다.

지방이 수도권과 경쟁하면서 첨단산업을 유치하는 것도 한계가 있다. 더욱이 동종 산업을 균형발전이라는 명분으로 지자체에 분산 배치하는 것은 클러스터 경쟁력을 떨어뜨리는 일이다. 그렇다고 지금 와서 이미 지방을 떠난 공장을 다시 불러들여(리쇼어링) 청년층이 기피하는 제조업 비중을 늘릴 수도 없지 않은가. 단순히 수도권의 인구를 분산시켜 지방의 인구를 늘린다고 지방 경제가 활성화되지는 않는다. 일부 집적 효과가 있다 하더라도 결국 국내 지자체 간 제로섬 게임으로 그 효과는 제한적일 수밖에 없다.

지방 경제 부흥 해법은 곧 산업도시의 진화다. 도, 시는 원래 하나였으나 산업화 과정에서 선택과 집중으로 산업도시가 지역경제의 중심으로 등장하면서 시정과 도정으로 나뉘게 되었다. 이제는 도내의 위성도시들이 광역시 중심으로 융합하되 각자의 역할을 분담함으로써 동반성장하는 것이 지역경제의 미래다. 산업도시의 2차 도약은 지방이 가진 지역특화 내부 자산을 어떻게 글로벌하게 운용할 것인지에 달려 있다. 지역의 주력산업은 모두 내수 시장이 아닌 글로벌 시장에서 성장했다. 2차 도약의 길도 글로벌 시장에 있는 것이다.

도시 경쟁력은 그 도시가 얼마나 양질의 일자리를 많이 제공하느냐에 달려 있고, 일자리의 질과 양은 그 도시가 제공하는 일자리와 일감이 얼마나 큰 시장을 커버하느냐에 비례해 확장되기 때문이다.

지방 도시의 경제활동이 국내를 넘어 글로벌 시장을 기반으로 이루어질 때 국제 도시다. 그 도시가 창출하는 제품과 서비스의 수요가 국제적으로 확장될 때 진정한 국제 도시가 되는 것이다.

경제영토를 확장하려면 글로벌 경쟁력을 키워야 하고 글로벌 경쟁력은 산업의 클러스터 규모에 비례한다. 규모를 키우기 위해서는 지역 내 산업통합 곧 '산업 클러스터의 메가화'가 필요하고 이는 지역통합의 메가시티화를 요구한다. 광역화가 내수 소비 시장 규모를 키우는 데 방점을 두기보다 어떤 국제 역할을 하기 위해 시너지를 낼 것이냐에 두어야 하는 이유다.

조선산업을 예로 들면 거제의 대우조선해양, 거제의 삼성중공업, 울울산 현대중공업 등 국내 조선 빅3를 중심으로 중소 중견 조선사의 역량을 모아 친환경 수소 선박 스마트 선박 무인 자율 운항 선박 등 미래 선박 기술을 선도하는 조선특화도시로 도약할 수 있다. 부유식 해상풍력 해양

레저 같은 전방 산업과 기계 화학 등 후방산업을 연계시키고 집적해 조선산업을 고도화 다각화한다. 선이를 위해서는 국내 조선소만 고집할 것이 아니라 멀티야드 전략으로 세계 여러 곳에 K-조선 생태계를 조성해 건조 일감을 늘리는 것이 기본 바탕이 된다. 광역화가 어떤 국제 역할을 하기 위해 시너지를 내기 위한 것이라기보다 내수 소비 시장 규모를 키우는 데 방점이 가면 성공하기 어렵다.

- **지역별 '특화산업'의 글로벌 수도(허브)로서 지역경제 활성화**

지자체는 산업도시를 중심으로 경제 발전을 해왔다. 전통산업 발전이 정점을 지난 지금 지자체의 경제부활의 동력을 어디에서 찾을 것인가? 포항 울산 부산 창원 거제를 잇는 동남권 제조업 벨트는 조선, 자동차, 기계, 석유화학, 가전, 플랜트 분야 세계 일등 기업의 축적된 자산이 몰려있는 산업도시들이다. 이들이 '동남권 러스트벨트'가 될 것이냐 부활할 것이냐의 기로에 서 있다. 이들 주력산업 생태계를 해외로 진출시키면 산업도시인 지방경제도 현재 수도권이 누리는 플랫폼 효과처럼 개도국을 위한 산업 수도로서의 플랫폼 효과를 누릴 수 있다. 거제는 조선산업 수도, 울산은 석유화학산업 수도, 포항은 철강산업 수도가 되는 것이다.

예컨대 부·울·경 메가시티는 부·울·경 산업을 융합해 세계 1위 조선 도시, 글로벌 조선산업 수도(조선산업 발전 플랫폼 역할)로 진화한다. 전통적인 산업도시가 산업 수도로 진화한다는 것은 문화도시 관광도시 국제 허브도시 친환경 생태도시로 도약하는 일이다. 한국 내의 에너지 수도, 해양 수도가 아니라 글로벌 산업 수도를 지향점으로 한다. 수도권 일극 주의에 대응·견제하는 광역 연합이 아니라 지역산업, 사회 인프라, 문화관광자원을 융합해 글로벌 차원의 시너지 경쟁력을 키우는 것이 본질이다. 서·경·인 통합도 수도권 일극 주의를 심화시키는 것이 아니라 대표 도시가 국가 전체의 경쟁력을 올려주는 기제로 수도 역할을 하기 위한 것이다.

전통제조산업은 경쟁력을 잃고 있지만, 우리가 30~40년간 키워온 제조업 인프라와 산업도시 인프라는 신흥국 모두가 필요로 하는 지식서비스다. 지방 경제를 살리기 위해 지자체마다 신산업 유치와 신규 특구 조성에 나서고 있지만 역부족이다. 한국식 러스트벨트화가 우려되는 울산 포항 등 산업도시들의 지속 가능한 발전 대안은 산업도시(국내 집적효과)가 국제 도시(글로벌 집적효과)로 도약하는 것이다.

주력산업의 생태계를 세계 권역별(Spoke)로 확장시켜 해당 산업의 국제 허브 역할을 수행하는 글로벌 산업 수도 모델이다. 국내 중심의 조선산업, 석유화학산업, 철강산업, 자동차산업 생태계를 글로벌 허브 & 권역별 스포크 생태계(K-국제 산단)로 전환한다. 밖으로 현장 일감 규모의 경제를 키우고 안으로 본사 허브 일감(R&D, 상품기획 등 현장 지원성 본사 기능)을 늘려 양산 중심 제조업(생산직 중심, 일자리 유형 단순, 청년 기피)을 지식기반 제조업(본사 기능 중심, 일자리 유형 다양, 청년 선호)으로 업그레이드한다. 제조업을 버리는 것이 아니라 제조업을 지식서비스산업화하는 것이다.

글로벌 산업 수도는 단순 생산직 일자리를 대신해 핵심부품 및 설비 R&D, 해외 인재 교육(글로벌 대학 비전), 산업관광, 산업도시 인프라 수출(해외클러스터 주변 지역의 한국형 신도시 조성 기회), 파트너십 국가의 제조 지식 R&D 센터 FDI 유치(기술 흡수), 제조업 기반 스타트업 생태계 등 세계 사업 현장을 지원하는 지식서비스 기반 일자리 환경이 조성된다.

예컨대 K-조선산업 생태계가 조성된 거제를 중심으로 조선업 엔지니어를 지망하는 세계의 청년 인재들이 세계 조선 1위 한국 대학에서 조선공학을 배우기 위해 몰려온다. 설비 이전에 따라 단기적으로 제조업 직접 고용이 줄어들 수 있겠지만 장기적으로 일자리 유형이 다양화(친 고령, 여성 친화적 등), 질적으로 업그레이드(노동 생산성 제고)되고 국내외 고용 총합(국제 멘토 일자리 등)은 확대된다.

부·울·경으로 대표되는 한국의 산업도시가 선진국들이 이미 겪은 러스트벨트 전철을 밟지 않으려면 전통제조산업이 더 망가지기 전에 글로벌로 돌파구를 열어야 한다. 글로벌 경쟁력을 확보하기 위해서는 먼저 역내 산업 클러스터의 메가화(집적효과=융합 효과)가 메가시티 화의 본령이다. 지방이 수십 년간 축적한 '주력전통산업 클러스터 인프라'를 융합해 활용하는 방안이 글로벌 산업 수도다. 지역 전통산업을 해외로 진출시켜 지방도시도 수도권의 집적효과를 글로벌하게 얻는다. 산업 수도가 되면 산업도시의 성장엔진인 산업과 그 산업을 백업하는 도시 운영 시스템 노하우 전체를 지식서비스로 수출할 수 있다. 산업도시를 구성하는 주거·교통·환경·안전·의료·행정·교육·전력·상하수도 등 도시 인프라 일체다. 고도화된 산업 국가를 지향하는 이란 이라크 등 산유국들은 울산을 벤치마킹 1호로 여긴다. 석유 한 방울 나지 않는 나라가 석유화학제품 수출 1위 국이 된 노하우를 모두 배우고 싶은 것이다.

스웨덴 말뫼 조선대학과 공동학과를 내고 우리 조선업이 진출한 개도국 기업 유학생을 불러들여 교육시켜준다. 대기업 연구소는 모두 국내 지방 대학과 연계해 한국 원자력 대학, 한국 반도체 대학, 한국 조선 대학, 한국 철강 대학, 한국 석유화학 대학으로 변신한다. 선진국 최고 대학과 공동과정을 개설한다. 전통산업 기반을 활용해 세계의 '미래 조선 기술'을 선도하는 글로벌 조선산업 수도로 거듭난다.

우리는 과거 아시아 금융허브, 물류허브와 같은 국제 도시를 추진했지만, 별 성과를 내지 못했다. 국제 사회와의 연결성을 극대화하기 위한 레버리지는 무엇이 있는지, 국제 도시로서 타 국가가 할 수 없는 우리만의 역할은 무엇이어야 하는지 등 국제 사회를 끌어들일 수 있는 환경을 먼저 구축해야 하지 않겠는가. 지자체가 세계 2~3개국과 자매결연을 하고 산업도시의 주력 제조업을 수출하면 K-제조업 벨트를 조성하게 되고 제조업을 매개로 이들 국가와 연결성이 확보되고 산업도시 인프라 전체를 수출할 수 있는 교두보가 생겨난다. 일례로 LH가 미얀마에 산업단지를 조성하면서 산업도시 인프라 사업을 함께 펼칠 수 있다. 산업도시를 수출하면 상대국 도시의 지속적인 발전을 선도하는 '산업 수도역할'도 주어진다. 현지에 진출한 제조산업을 지원하는 제조 지식서비스 즉 R&D 역할,

산업도시 엑스포를 유치하는 MICE 도시 역할 등을 하게 된다. 이는 제조 기반 산업도시가 지식기반 산업 수도로 2차 도약을 하는 것이다.

국제 도시가 되려면 반드시 국제적인 역할을 먼저 찾아야 한다. 한국의 산업도시는 신흥국을 위한 산업 수도역할을 하는 데 최적 도시다. 신흥국의 도시는 산업화를 추진하면서 일자리를 제공하는 산업단지를 중심으로 인구 유입이 빠르게 증가한다. 급격하게 증가하는 인구를 수용하려면 교통 병원 학교 등 도시 인프라 수요가 급증한다.

인구급증에 따른 도시 문제와 편의를 가장 잘 해결할 수 있는 도시 인프라와 노하우를 갖춘 도시가 압축성장으로 형성된 한국의 산업도시들이다. 산업도시의 모든 도시 인프라와 서비스를 신흥국에 제공하는 곳이 산업 수도다.

특히 개도국은 코로나로 환경 위생 분야에서 폐기물, 하수처리, 플라스틱 쓰레기, 위험물, 대기오염 문제 등 환경산업이 급격히 팽창하고 있다. 한국의 산업도시에 새로운 성장 기회다. 우리 제조기업이 5,000여 개 진출해 있는 베트남이 서비스 수출 1위 국이 된 배경이다.

산업도시는 제조 중심으로 형성된 도시다. 지자체의 주력산업이 신흥국으로 진출하게 되면 우리 제조기업들은 현지 생산을 지원하는 제조 지식서비스 기업으로 변신하고 지금의 제조 중심 산단은 연구개발 중심의 산단으로 변모한다. 곧 산업도시는 신흥국을 위한 R&D 및 본사 기능, 각종 고부가 서비스의 허브가 되는 것이다.

지방 경제 부활은 새로운 혁신도시 건설이 아니라 기존 산업도시를 국제 도시로 진화시키는 데 있다. 모든 지자체가 국제 도시를 표방하는 것도 지방 경제 부활이 국제 도시화에 달려 있기 때문이다.

지역적 한계를 극복하고 국제 인력과 기업을 유치할 수 있도록 국제 도시로 변신해야 한다. 지자체의 최대 자산인 지역별 산업도시 특성을 살리면 국제 도시로 발돋움할 수 있다. 국내 산업과 인구에만 의존하지 않고 세계로부터 사람을 끌어들이는 국제 도시다. 국제 도시로서의 인지도를 올리려면 대표 도시 중심으로 광역화시켜 도시 규모를 키우고 인구수를 늘릴 필요가 있다. 규모의 경제를 갖춰야 살아남을 수 있다.

국제 사회 관점에서 보면 한국의 지방 도시는 여타 국제 도시의 규모와 인지도에 비하면 존재감이 없다. 일례로 경남권의 부산, 경북권의 대구, 전라권의 광주가 1차적으로 대표 도시로 성장했다면 김해, 구미, 군산 등과 같은 주변 중소도시는 대표 도시와 경쟁할 것이 아니라 대표 도시의 인프라를 활용해 부산시의 김해, 대구시의 구미, 광주시의 군산으로 2차 도약을 할 수 있다. 대표 도시를 중심으로 광역도시권을 형성해 규모의 열세를 극복하고 국제 사회에 인지도를 높이는 것이다. 대구, 부산, 광주를 핵으로 경북 전체, 경남 전체가 동반 성장할 수 있다.

국제 도시가 되려면 먼저 국제 사회와의 연결성을 높여야 한다. 국제 도시를 표방하고 국제 학교, 공항 등 국제 도시의 외형 인프라를 조성한다고 해도 외국 기업과 인재가 들어오지 않으면 허상에 불과하다.

더욱이 한국은 이미 생산기지로서의 매력을 상실해 제조기업을 유치하기에도 한계가 있다. 인재와 자본을 끌어들일 새로운 콘텐츠가 필요하다. 지자체는 산업도시별로 차별화된 산업 특성을 살리면 국제 사회와 연결성을 높이는 레버리지로 활용할 수 있다. 특정 산업을 육성하고자 희망하는 국가들과 산업 파트너십을 구축하는 것이다.

지자체가 보유한 업종의 산업 클러스터를 신흥국 2~3개국에 조성해 산단 내 기업들을 동반 진출시킨다. 일례로 울산은 제2의 울산 석유화학단지를 사우디아라비아와 이란에, 대구는 제2의 대구달성 섬유단지를 에티오피아에, 거제도는 제2의 거제 조선단지를 인도와 인도네시아에 조성할 수 있다. 제조기업들이 신흥국의 특정 지역에 클러스터를 형성하면 베트남 하노이같이 주변 일대의 도시화가 일어난다. 산업도시 인프라 전체를 수출할 수 있는 교두보가 마련되는 것이다. 이는 신흥국의 미래 스마트시티를 선점할 수 있는 기회이기도 하다.

한국 정부가 추진하는 한국형 스마트시티 수출 지원 사업에 개도국 23개국이 참가를 원하고 있다. 라오스는 스마트 도시개발 로드맵, 인도네시아, 미얀마, 필리핀은 신도시 개발, 인도는 역세권 개발, 페루는 공항 이전 부지개발, 터키, 러시아는 산업단지 개발 등을 요청하고 있다.

한국의 지방 도시는 최단기간에 세계적인 로컬산업을 육성시킨 노하우를 갖고 있는 산업도시다. 자국 산업을 육성하고자 하는 신흥개도국에는 적정기술의 보고(寶庫)다. 산업별 로컬산업 생태계, 엔지니어 육성, 환경, 안전 등 산업인프라, 물류, 교통 등 산업도시 인프라 전체가 벤치마킹

대상이자 살아있는 교본이다.

우리나라 산업도시의 미래도 한국형 스마트시티다. 스마트시티 산업은 곧 한국형 도시 인프라 서비스산업이다. 수많은 국가가 스마트시티 사업에 뛰어들고 있다. 아직 경쟁우위가 불분명한 미래 스마트시티 모델을 수출하려고 하기보다 기존 산업도시의 경험 노하우를 서비스로 수출할 수 있어야 미래 스마트시티 선점도 가능하다.

개도국의 도시 문제와 선진국의 도시 문제는 간극이 크다. 5G 기반의 스마트시티 솔루션이 선진국의 도시 문제를 해결하는 데 포커스를 두고 있다면 상수도 오염, 도시빈민 주거 문제 등 개도국의 도시 문제해결에는 소위 적정기술(중간단계의 기술)이 요구된다. 각 지자체의 산업도시가 키워온 산업, 도시 인프라 등을 B2G 비즈니스 모델로 체계화시켜 이를 신흥국에 필요한 상품서비스 아이템으로 표준화시킨다.

특히 지자체 내 IT 제조기업들이 모두 도시 문제해결을 위한 지능형 교통 시스템(ITS), 안전(방범, 방제), 에너지(스마트그리드, 스마트 조명) 등 IT 기기를 활용한 스마트시티의 요소기술 서비스기업으로 진화할 수 있다. 이들이 분야별로 컨소시엄을 구성해 신흥국의 스마트시티 서비스사업에 진출하는 것이다. 산단 수출은 산업과 기술 인력이 패키지로 진출하는 것이므로 은퇴한 장년층의 일자리 프로젝트이기도 하다. 대·중소기업-민관-협동조합 간 협업으로 '광주형 일자리'를 국내가 아닌 신흥국에 만드는 것과 같다. 현대자동차가 울산시와 협업해 '울산형 일자리'로 자동차산업 육성을 최우선으로 요청하는 인도네시아에 제2의 울산 자동차산업단지를 조성하고 울산의 자동차부품 중소기업들과 은퇴한 기술 인력들을 함께 진출시킬 수 있다. 전통 자동차산업에 발이 묶인 가운데 가동률 하락으로 한계 상황에 내몰린 중소부품업체들도 당장 먹고살 수 있는 일감을 찾아야 전기차 시대를 대비할 여력도 생겨난다. 이는 지자체와 역내 기업들이 민관협업으로 지역에 특화된 신경제 모델을 구축하는 일이기도 하다.

- **(사례) "부·울·경 러스트벨트 위기를 미국 러스트벨트 부활 기회로 풀다."**

트럼프 발 관세전쟁으로 한국 제조업의 대미 투자가 봇물처럼 터지고 있다. 미국은 환경규제가 까다롭고 인건비 대비 생산성도 매우 낮다. 자칫 미국 공장이 돈 먹는 하마로 전락할 수 있다.

한편 국내는 동남권 제조 벨트가 '러스트벨트'가 되고 있고 그 중심에 부·울·경이 있다. 부·울·경은 이미 생산기지로서의 매력을 상실해 제조기업을 유치하기에는 한계에 달해 있다.

부·울·경은 침체된 경제를 되살리기 위해 메가시티 건설을 추진하고 있다. 가덕도에 공항을 짓는다고 메가시티가 되고 부산 경제가 살아나지 않는다. 동북아 물류허브, 금융허브를 십수 년간 외쳤지만, 성과가 없는 이유는 무엇일까? 부산에 가덕도 공항이 없어 국제 사회 자본과 인재가 모여들지 않는가? 무엇을 매개로 국제 사회와의 연결성을 확보할 것인지를 설정하고, 국제 사회가 찾아올 수밖에 없는 환경을 먼저 구축할 때 그 결과로 자연스럽게 얻어지는 위상이 국제 허브 도시다. 부·울·경을 국제 사회와 연결시키고 인재와 자본을 끌어들일 콘텐츠 개발이 최우선이다.

부·울·경은 기간산업이 세계적인 경쟁력을 갖춘 한국 제조업의 메카다. 부·울·경의 상품 수출은 위축되고 있지만 철강산업, 자동차산업, 기계 산업, 석유화학산업 등은 세계 최고 효율 등급의 제조 기술과 생산성 노하우를 보유하고 있다. 김경수 전 경남도지사는 "부·울·경의 장점을 제쳐두고 신산업에서 돌파구를 찾으려 하다보니 두 마리 토끼를 다 놓칠 것 같았다"고 했다. 늦은 감이 있지만 옳은 각성이다. 동남권 경제를 부흥시키는 길은 제조 벨트의 40여 년간 축적된 산업자산, 최절정에 도달해 있는 산업역량을 어떻게 활용할 것이냐에 달려 있다. 이는 제품이 아닌 제조산업의 노하우를 지식서비스로 수출하는 통상 모델로 구현할 수 있다. K-제조업 수출은 필연적으로 산업도시 인프라 수출을 동반한다. 부·울·경의 기존 산업이 시장기회를 찾을 때 산업도시 자산을 살릴 수 있고, 미래산업에 투자할 여력도 생겨난다.

예를 들어 조선산업을 주력으로 하는 거제도는 조선산업을 육성하면서 축적해온 조선산업 기자재 생태계, 기술자 육성, 산업안전, 환경관리 등 거제 산업도시를 구성하는 하드웨어 소프트웨어 인프라 전체를 수출할 수 있다.

역설적으로 중국 물량 공세에 밀려 쇠락하고 있는 부·울·경 전통산업 재건 전략은 미국의 러스트벨트 전통산업 재생 사업 파트너십에 기회가 있다. 미국 정부는 러스트벨트 도시들의 낡은 인프라를 완전히 개조하겠다는 빅딜을 선언했다. 피츠버그는 러스트벨트에서 첨단기술 산업 육성을 통한 브레인 벨트로 변모하고 있다. 대기업의 대미 투자를 활용해 부·울·경 주력산업 생태계를 미국 내에 조성하고 진출지역을 미국 내 한국 거점도시로 개발하면 국제 도시 부산과 세계 경제 수도 미국을 잇는 소프트 인프라가 형성된다. 이와같이 부·울·경이 세계 1등 산업의 축적된 자산을 2~3개국에 진출시키면 글로벌 집적효과를 얻어낼 수 있다. 메가시티 화 된 부산의 2차 도약은 국제 사회의 자본과 인재가 모여 번영하는 진정한 국제 도시로의 진화다. 제조산업을 국내에 지키려들 것이 아니라 제조기업이 고사되기 전에 국제 사회와의 연결성을 극대화하는 레버리지로 활용해 한 단계 위 고부가 지식서비스산업으로 옮겨가야 저출산, 고령화에도 대응할 수 있다. 지자체가 경쟁적으로 추진하고 있는 신산업 육성도 전통산업이 받쳐줄 때 지속 가능하다.

부록

민생위기 극복 긴급 구제사업
-기업 일감·국민 일자리 창출 국책사업

『민간의 일자리 창출 동력이 현저히 떨어지고 있는 산업 수축기에 개별 산업과 개별 기업만으로는 하지 못하는 국가차원의 융합(산업 간, 기업 간)으로만 개발 가능한 신시장 기회에 주목하고 국가 단위 기업가 정신을 발휘해 정부가 주도적으로 기업 일감과 국민 일자리 창출을 넛지하는 '국가 주도 경제 성장'이 요구된다.』

일감창출 국제 사업장 조성

국내 30여 개 국가산단 잉여 설비·유휴인력 활용 현지 맞춤형 산단 30여 개 조성

중소기업(50% 한계기업) 자영업(요식업 폐업률 급증 21.52% 2023년 역대 최고) 등 취약 경제주체들이 빚을 내 빚을 갚는 역마진 경영의 한계에 이르고 있다. 지금 시급한 건 급한 불 끄기식 단순 금융 지원이 아니라 (유휴설비 활용) 일감 확보, 자원의 적정 배분 출구(사업 전환 유도) 등 중장기적 체질 강화(펀더멘털, 기초체력)이다. 과포화 상태인 자영업 구조 개편을 하려면 폐업 지원 채무조정 및 일자리를 제공하는 범정부적 차원의 재교육 및 구직 프로그램이 마련돼야 한다. 노동 교육 연금 등 개혁도 중요하지만 당장 고금리 영향을 받는 취약계층 보호(줄도산·줄폐업, 베이비부머 은퇴 쓰나미 등)를 위해 일감을 직접 창출하는 구제 사업이 시급하다. 중소기업 줄도산으로 산단 공동화(업종과 기술 포트폴리오 유실)가 일어나기 전에 복지 성 일자리(세금으로 만드는 연간 100만 개 노인 일자리)가 아니라 부가가치 일감과 일자리를 제공하는 자립·재생형 구제 사업이 요구된다. 더 늦기 전에 구조개혁 출구로 글로벌 뉴딜 국책사업을 기획한다.

전통제조산업은 원가 경쟁력을 잃고 있지만(일자리 유실) 30~40여 년간 조성된 국내 산업 생태계(전국에 산재한 국가산단)는 세계 최고의 업종 다양성과 기술 포트폴리오를 갖춘 클러스터다. 중소기업(중견 건설업체 포함), 자영업자, 청년, 노인 등 취약 경제 주체들이 국내 산단을 중심으로 경제활동을 영위하고 있다. 단품 수출을 넘어 다양한 업종과 기술 포트폴리오를 융합해 맞춤형(개발 아젠다 해결) 산단을 조성하면 부가가치 일감과 일자리를 창출할 수 있다. 단순 양산제조는 경쟁력을 잃은 국내에서 광주형 일자리 사업(세금 보조금 지원에 의존해 설계된 위탁 생산)을 고집하지 말고 상생형 일자리 취지를 살려 글로벌로 확장하면 양국 모두에 얻어지는 위상이 국제 허브 도시다. 개성공단이 열리면서 밸류체인에 참여한 중소기업 수와 일자리 창출 효과를 참고한다.

민생경제의 몸통이자 우리 경제의 밑 빠진 독이 되어버린 중소기업의 해외 진출 교두보로 국내 30여 개 국가 산단의 잉여 설비와 유휴인력을 활용해 세계 곳곳에 현지 맞춤형 K-국제 산단을 30여 개 조성한다. 최근 대기업의 대형 해외 인프라 수주와 대규모 해외 투자를 활용해 10개년 로드맵으로 민생경제 재건 사업을 추진한다. 재계 서열 순위별로 난이도가 높은 지역을 선정해 진출국의 개발 아젠다 맞춤형 사업장을 조성한다. 규제 완화, 법인세 및 일감몰아주기 증여세 인하, 경제인 사면 등 모두가 민간 주도로 경제 활성화(일자리, 일감확대)를 위한 명분으로 추진되는 정책이 아닌가. 정부의 경제정책에 호응해 10대 그룹도 향후 5년간 1,000조 원 투자와 33만 명 고용 계획을 발표(2022년) 한 바 있다.

여기서 일감은 은퇴자나 자영업자의 기술과 경험을 활용할 수 있는 사업장 곧 적정기술을 맞춤형으로 구성한 사업장이어야 한다. 이들 기술은 소수 엘리트가 보유한 IP보다 우리 국민 다수에게 체화된 현장의 실전 경험 노하우 형태로 남아있다. 국제 사회에 필요한 적정기술로 이 기술들을 전수하려면 반드시 우리 국민이 현지로 나가 멘토 역할을 해야만 가능하다.

중소기업의 유휴설비와 은퇴기술자와 폐업 자영업자 인력풀을 활용해 해외 현지의 개발 아젠다에 대한 맞춤형 개발사업을 기획(싱가포르의 SCE 국제 멘토링 사업 참고)할 수 있다. 이는 대·중소 동반 진출형 복합산업단지 조성(제조업+인프라+자원개발+환경사업을 융복합)으로 구현할 수 있다. 저개발국일수록 우리 중소기업과 취약계층이 보유한 낮은 단계의 기술과 업종(뿌리산업 등 외국 노동자가 맡고 있는 3D 업종)을 필요로 하는 수요도 높다. 대우조선 하청 노조 파업, 포스코 하청직원 정규직화 판례, 중소기업 구인난 59만 명 등 사실 3D 업종만 밖으로 나가도 국내 경제 문제 대부분은 해결된다.

왜 국가의 성공(10위권 경제 대국)이 민생 향상(국민의 행복)으로 이어지지 못할까? 민생위기는 복지 확대로 해결할 것이 아니라 경제 약자층의 기회 확장(성장 공간, 경제영토, 동반성장 사다리 등)으로 해결해야 한다. 영세 자영업자, 중소기업, 중·저신용자 등 서민층의 중·저위 기술(적정기술)을 쓰지 못하고 방치한 결과가 민생위기다. 중·저위 범용기술 기반 업종과 서민층의 경험 노하우를 활용해 생산한 제품의 기본 수요(판매보장)가 있고, 원가 경쟁 우위 조건(인건비 재료비 물류비)을 충족시킬 수 있는 시장과 업종(제품군)을 매칭시켜 맞춤형 산단을 기획한다. 제조업과 인프라 사업(건설업체)이 결합된 사업장을 조성한다.

퀵스타트 국제 멘토 양성 프로그램(파견 인력 사전연수 사업)

고금리 시대 부채 연착륙 및 1백만 명 국제 멘토 양성 사업

산단의 생산성은 숙련 기술과 노하우의 현장 이식에 달려 있는 만큼 시니어층을 기술 멘토로, 청년층을 초급관리자로 파견한다. 현지 오퍼레이션의 성패는 파견 인력의 역량에 달려 있다. 현지 적응 문제가 생기지 않게 하려면 밀도 있는 파견 전 교육이 필수이다. 30여 개 국제 산단 조성과 연계해 100만 명 국제 멘토(청년 실업자 30만 명+은퇴 기술 인력 70만 명)를 육성한다. 1980년대 우리 국민이 중동에 노무자로 파견되었다면 이제 현지 기술 멘토로 나가는 것이다. 1차로 향후 3년간 10개 단지를 기획하고 30만 명('현장 초급관리자' 청년 10만 명+'기술 멘토' 은퇴자 20만 명)을 교육시킨다. 산업단지 조성은 토목건설과 제조설비를 준비하는데 2~3년 정도 소요된다. 한편 국내는 향후 2~3년간 고금리와 경기침체로 민생위기(부채 폭탄)가 현실화할 것이다. 이 기간을 비상 경제 특별 구제 기간으로 선포하고 민생안정 긴급 구제 대책으로 현지에 파견될 인력을 사전에 모집해 교육(* 기업 투자가 결정되면 공장 건설 기간에 미리 필요 인력을 뽑아 6개월~1년 정도 지자체가 사전교육을 시켜주는 미국의 퀵스타트 프로그램 참고) 시킴으로써 취약계층의 부채 연착륙과 경기 회복기 성장 기제로 활용할 수 있다.

- **청년 일자리 2.0(취업 지원 → 직접 일자리 창출, 국내 → 해외로 확장)**

2023년 대학생 청년 취업률은 45%다. 청년 니트(NEET)족(취직도 하지 않고 교육이나 훈련도 받지 않는 청년 인구)의 비중이 20.9%(OECD 평균 14.9%, 15세~29세 기준 2020년)158만 명에 달한다. 중소기업은 눈높이에 맞지 않고 선호하는 대기업 일자리는 턱없이 부족하다. 청년 일자리 문제를 해결하지 못하면 입시제도를 아무리 바꾸고 사교육 대책을 백방으로 내놓아도, 수백 가지 저출생 대책도 소용이 없다.

벤처 창업계 고용(84만 명)이 4개 그룹(77만 명)보다 많다며 청년 일자리 대안으로 정부가 돈을 대주면서 청년들에게 창업을 권하고 있지만, 창업 성공 확률은 극히 낮다. 어느 나라나 마찬가지다. 노동 시장 초기 진입 직장이 전 생애의 커리어를 결정하는 현실에서 자칫 청년들이 정부 보조금에 기대어 착실하게 실력을 쌓아야 할 시기를 놓쳐버릴 수 있다. 지금 직업훈련을 받지 못한 청년들은 장년이 되어서도 경제력이 약할 가능성이 높다. 창업은 장려해야 하지만 청년 일자리 문제의 근본적 해결책이 될 수는 없다. 그렇다고 청년의 눈높이를 낮추려고 대학 진학률을 낮추는 것도 현실적으로 어렵다. 진학률이 70%에 달하면서 한국 사회에서 이제 대학 교육은 보편적 교육과정이 되어버렸다. 일자리는 기업이 만드니 규제가 기업 성장을 가로막는다며 규제개혁도 청년 일자리 대책에 단골 메뉴로 나온다. 특히 신사업을 규제에 막혀서 못 한다며 타다 등 몇몇 창업 실패 사례를 든다. 20대 고용률은 2008년 이래 60% 이하를 벗어나지 못하고 있다.

청년인구가 줄어드는 것을 감안하면 시간이 갈수록 그만큼 청년 일자리를 잃고 있다는 뜻이다. 청년 고용이 해결되지 않은 상황에서 정년 연장이 이슈로 떠오르고 있다. 현대차는 지난 10년 동안 1만 4,000명이 정년퇴직했지만, 신규 채용(주로 청년)은 수백 명 수준에 불과하다. 이를 어떻게 세대 상생형으로 해결할까? 결국 청년의 눈높이에 맞는 일자리를 많이 만들어내는 것이 키이다. 청년 실업자를 국제사업 현장에서 필요한 초급관리자 풀(국제 인턴)로 교육시켜 기술 멘토와 함께 패키지로 파견한다.

현재 연간 5,000~6,000명 수준의 각자도생 청년 해외 취업을 '국가 차원의 플랫폼'을 만들어 연간 국제인턴(현장 초급관리자) 3만 명 수준으로 늘린다. 정부가 AI 전문인력(2027년까지 1만 3,000명)을 육성하듯이 국제 사회 K-경제공동체를 조성하려면 시장에 정통한 지역전문가 풀이 절대적으로 필요하다. 삼성의 지역전문가 제도 같이 국제인턴 청년은 미래 한국의 지역전문가로 육성된다.

현지 오퍼레이션의 성패는 파견 인력의 역량에 달려 있다. 현지 적응 문제(현지인과 갈등, 안전사고 등)가 생기지 않게 하려면 밀도 있는 파견 전 교육이 필수다. 현지 파견 인력은 ① 토목 공사 및 시설 인프라 건설팀(용수, 전력, 교통물류, 숙소, 방역 등) → ② 현지인 사전 교육팀 → ③ 생산 담당 기술팀 → ④ 부대 서비스팀 순으로 나간다. 사전교육은 파견 직무와 사람에 따라 최소 6개월~최장 3년까지 기간을 달리한다. 교육 프로그램은 '현지 언어 기초+현지 문화 존중+국제사업 소명 의식'을 기본으로 하되 디지털 역량도 추가해 산업 전환기의 국민 재교육 기회로 활용한다. 연수 기간에는 일자리 예산, 실업급여 등 관련 복지예산을 교육 수당으로 전용해 기본 생활비(50~79세 고령층 취업 희망 70%, 월 급여 기대치 100만 원~250만 원 57.3%)를 지급한다.

인력 시장에서 나이 든 은퇴자의 경험을 쓸 곳이 없으니 몸 쓰는 일용직에 내몰리고 그마저 공사 현장은 외국인 젊은 근로자를 더 선호한다. 앞으로 베이비부머 은퇴자(현대차만 해도 매년 2,000여 명 정년 은퇴)는 모두 이 과정에 입과 하도록 제도화한다. 입과자는 교육생 신분으로 전환돼 즉시 실업자에서 제외될 뿐만 아니라 1~2년 후 해외 파견이라는 새로운 기회가 희망을 불러일으켜 민생위기를 극복하는데 사회의 긍정적 에너지로 작용할 것이다. 민관협업(민간 주도 정부 넛지)으로 정부는 파견 인력 모집과 채무조정, 국제 자금 유치 외교(현지인 퀵스타트 교육비, I2U2 삼각동맹 참고), 대기업은 후보 사업 기획(진출국, 업종 선정) 및 파견자 교육(30대 그룹별 3만~10만 명, 아마존의 임직원 10만 명 디지털 재교육 참고)을 담당한다.

부채 폭탄 연착륙 채무조정 프로그램

급한 불 끄기식 금융지원이 아닌 일감 확보 및 자원의 적정 배분 출구

채무조정 수혜 조건 및 대상(개인 및 중소기업체)은 '교육과정 수료 의무(국제 멘토 국가자격증 취득 조건)+현지 진출 의무'와 연계해 설계한다.

해외로 나가는 중소기업 및 개인 채무자가 국제 산단의 일감과 일자리로 부채 상환능력을 올릴 수 있어야 부채 연착륙이 현실화된다. 채무조정과 연계해 차제에 과밀 과당경쟁에 내몰린 소상공인 자영업자 구조조정도 병행한다. 해외로 나가는 중소기업 및 개인 채무자가 국제 산단의 일감과 일자리로 부채 상환능력을 키우고 재기 기회를 줄 수 있어야 부채 연착륙이 현실화된다. 부채 리스크를 안고 있는 취약 채무자들이 해외 진출에 적극 동참하도록 새 출발 기금과 같은 채무조정 프로그램(대출 만기 연장, 원리금 상환유예 등)을 인센티브로 제공한다.

• **과포화된 자영업 생태계 구조조정**

IMF 외환위기, 금융위기가 기업부채 위기였다면 이번 위기는 코로나19 장기화로 피해를 입은 영세 중소기업, 소상공인 및 자영업자의 파산 위기이다. OECD 평균 대비 2배 이상 많은 과다한 자영업자·소상공인(2022년 23.5%, 미국 6.6% 4배, 일본 9.6%의 2배)이 고물가(자재비 인상) 고금리(빚)로 줄폐업하고 있다. 연간 폐업이 1백만 명에 육박하고 있다. 중국 온라인 쇼핑 플랫폼의 초저가 공세도 생존을 위협한다. 근본적 문제인 자영업자 과밀 구조조정이 우선이다. 자영업자 지원 정책도 생명 연장 금융지원에서 재취업 지원으로 바뀌어야 한다. 특히 부채를 갚지 못해 파산이나 개인회생을 신청하는 이들 중에는 60대 이상이 44%로 가장 많고 50대가 33%, 20.30대가 6.7%다. 이들이 새로운 기회를 찾도록 출구를 열어주는 것이 진정한 새 출발 정책이다.

현재도 재정으로 연간 100만여 개 노인 일자리를 만들고 있다. 정부 재정에 의지하는 '작은 복지'가 아니라 지속적인 경제 성장을 통한 일자리 창출로 국민 삶의 베이스캠프를 한 단계 위로 끌어 올리는 '큰 복지'를 지향하는 길이기도 하다.

우리나라는 상품 제조수출형 산업 구조의 피크점을 지나 2번의 구조개혁 기회를 놓쳤다. 1997년 IMF, 2008년 금융위기에 이어 이번 구조적 내수 침체(수출 호전에도 불구하고)는 3번째 위기이자 마지막 기회다.

부채로 시한부 수명을 연장하고 있는 취약계층과 중소기업에 재기의 기회를 제공하며 한 단계 위로 국가 전체 산업 구조개혁의 물꼬를 틀 기회로 이번 위기를 전환시키는 해법이 나와야 한다. 서민경제 긴급 구제 대책은 부채 연착륙을 추진하는 디레버리징 정책이기도 하다. 민생경제는 돈을 풀고 복지 재정을 늘인다고 해결되지 않는다. 경기침체는 기업 일감과 국민 일자리 침체다. K-국제 산단 포맷으로 다수의 해외 사업장을 조성해 중소기업과 서민층에게 즉각적인 일감과 일자리를 제공한다면 경기 활성화를 도모하고 '새로운 경제 성장 엔진'을 가동할 수 있다.

한국 경제의 킹핀을 찾아서
성장 한계를 돌파할 결정적 열쇠

제1판 1쇄 2025년 7월 21일

지은이   박광기
펴낸이   허연   **펴낸곳**   매경출판(주)
기획제작 ㈜두드림미디어
책임편집 이향선   **디자인**   얼앤똘비악earl_tolbiac@naver.com
마케팅   한동우, 박소라

매경출판㈜
등록 2003년 4월 24일(No. 2-3759)
주소 (04557) 서울시 중구 충무로 2(필동1가) 매일경제 별관 2층 매경출판㈜
홈페이지 www.mkbook.co.kr
전화 02)333-3577
이메일 dodreamedia@naver.com(원고 투고 및 출판 관련 문의)
인쇄·제본 ㈜M-print 031)8071-0961
ISBN 979-11-6484-791-4 (03320)

책 내용에 관한 궁금증은 표지 앞날개에 있는 저자의 이메일이나
저자의 각종 SNS 연락처로 문의해주시길 바랍니다.

책값은 뒤표지에 있습니다.
파본은 구입하신 서점에서 교환해드립니다.